La responsabilité fiscale du notaire dans les pays membres du traité OHADA

GUEGUANG GHOMO
et GUEGUANG

La responsabilité fiscale du notaire dans les pays membres du traité OHADA

Avant-propos de Gilles Rouzet

Préface de Richard Crone

L'Harmattan
Cameroun

Des mêmes auteurs

La responsabilité des notaires. Pour un régime spécifique de responsabilité, L'Harmattan, 2018.

5-7, rue de l'Ecole-Polytechnique, 75005 Paris

http://www.editions-harmattan.fr

ISBN : 978-2-343-24757-1
EAN : 9782343247571

À

ma mère

GUEGUANG MANYI née WAKA Lucy

REMERCIEMENTS

Nous témoignons ici notre profonde gratitude à celles et ceux sans qui cet itinéraire aurait été sans fin. Nous pensons tout particulièrement :

- au professeur **Nicolas Laurent-Bonne**, de l'université Clermont-Auvergne, en France, qui a accepté de diriger mes travaux en thèse, qui portaient sur la responsabilité des notaires, et l'a fait avec patience, rigueur et méthode ;
- à maître **Mathieu GAILLOT** pour avoir accepté de m'apprendre le notariat français et pour la documentation qu'il a mise à ma disposition pour la réalisation de ce travail ;
- à maître DJIBO Aïssatou ma marraine à qui je dois la construction du notaire en perspective que je suis".
- à mon frère et à mes sœurs pour leur soutien matériel et moral incommensurable ;
- à tous les **notaires d'Afrique**, particulièrement ceux du **Niger** et du **Cameroun**, qui ont collaboré lors de la confection de ce travail ;
- aux organisations du notariat et au Niger qui m'ont permis grâce à l'école internationale des notaires de Niamey, de me rapprocher de mon rêve d'être un jour notaire
- à nos aînés, les professeurs Maurice KAMTO, Mustapha MEKKI, NTONO TSIMI Germain et Gérard PEKASSA NDAM, les notaires Abdoulaye HARRISSOU, Henri SAGAUT, NDOOH COLLINS, Mouhamed TCHASSONA TRAORE, DODO DAN GADO, SIDI CHAFFA WASSIRI IBRAHIM, Daouda ADAMOU AROUNA et RAMATOU WANKOYE, DJONGOUE Guy, KAMGA Joseph qui sont des exemples dans leur domaine et qui nous font rêver ;
- à **Nicolas AURIAULT, Gabriel DIONY** et **Madeleine HAPPY** pour le temps qu'ils ont bien voulu consacrer à la relecture de ce livre ;
- à tous mes amis ;
- à mes promotionnaires du master droit notarial et, aux membres de l'association des diplômés et étudiants notaires (ADEN-UAM) qui m'ont fait l'honneur de diriger notre association

- à tous mes camarades de promotion de **droit notarial de Niamey**, **l'ASSECANI**, aux étudiants, juristes et chercheurs sur les questions notariales, à mes anciens voisins de la cité universitaire Millenium ;
- à mon pays ;
- à toutes les personnes dont les noms n'ont pu être cités, mais qui ont de près ou de loin apporté leur contribution à la réalisation de ce travail. Qu'ils trouvent ici le témoignage de ma profonde reconnaissance.

SOMMAIRE

LISTE DES ABRÉVIATIONS

Al. : Alinéa

Art. : Article

A.U.D.C.G. : Acte uniforme relatif au droit commercial général

A.U.P.C.A.P. : Acte uniforme portant organisation des procédures collectives d'apurement du passif

A.U.S. : Acte uniforme portant organisation des sûretés

Bull. civ. : Bulletin des arrêts de la Cour de cassation, chambre civile

C.A. : Cour d'appel

CEMAC. : Communauté économique et monétaire de l'Afrique centrale

cf. : confère

CHR : Chronique

Civ. : Cour de cassation, chambre civile

C.O.N.A.C. : Commission nationale anticorruption

Com : Cour de cassation, Chambre commerciale.

C.P. : Code pénal (Cameroun)

CPCC. : Code de procédure civile et commerciale (Cameroun)

CPP. : Code de procédure pénale

Crim. : Cour de cassation, Chambre criminelle

Cs. : Cour suprême

Ibid : Au même endroit : même ouvrage, page différente

Idem : Ici même : même ouvrage, même page

L.G.D.J. : Librairie générale de droit et de jurisprudence

MINJUSTICE. : ministère de la Justice

OHADA. : Organisation pour l'harmonisation en Afrique du droit des affaires

OPJ. : Officier de police judiciaire

Ord. : Ordonnance

RCCM. : Registre du commerce et du crédit mobilier

SA : Société anonyme

SARL : Société à responsabilité limitée

Somm. : Sommaire

TA. : tribunal administratif

T.C. : Tribunal coutumier

TGI : Tribunal de grande instance

T.P.D. : Tribunal de premier degré

T.P.I. : Tribunal de première instance

Vol. : Volume

AVANT-PROPOS

Cet avant-propos est né d'un pur hasard. Il tient à la rencontre fortuite dans la *Revue Internationale d'Histoire du Notariat – Le Gnomon (RIHN – Le Gnomon)* de deux amateurs de l'histoire de la profession notariale. Gueguang Ghomo y présentait celle de son pays, le Cameroun. Il accompagnait sa publication de la photographie d'un ouvrage coécrit avec son père sur *La responsabilité des notaires*. Or, coïncidence, leur éditeur de 2018 avait illustré la couverture d'une enseigne de notaire française, objet sur lequel je m'étais penché dans un article contigu pour la distinguer du panonceau.

Mon attention avait été aussi attirée par le fait que mon voisin s'y présentait comme doctorant en droit privé à l'Université de Clermont-Ferrand et de Yaoundé 2. Ce qui supposait pour qui n'appartient plus à l'Université, un projet de thèse vraisemblablement sous un double sceau académique, avec promesse d'un travail riche de comparaisons entre les deux pays. Tant il est vrai que son article publié à la *RIHN – Le Gnomon* montre les liens qui se sont noués entre eux depuis les textes de 1960 et 1995 pour la partie francophone, le Cameroun en connaissant une autre, anglophone, soumise à la *common law* où exercent les *solicitors*.

L'avantage d'un avant-propos tient à ce qu'il invite à un hors propos. Particulièrement lorsque celui-ci s'accompagne d'une riche préface comme celle que mon (très) vieil ami Richard Crône a réservée à Maître Gueguang et à son fils. Tout a été dit, et bien dit. Elle impose donc de se limiter à la présentation des deux auteurs, sans juger du thème choisi ni de la façon dont il a été traité. Travail qui d'ailleurs sortirait de mes compétences puisqu'il s'agit de la responsabilité du notaire en matière de fiscalité, envisagée dans l'espace *OHADA*.

Quatre mains n'étaient pas de trop pour couvrir un sujet à l'échelle d'un continent !

Celles rompues à l'activité notariale appartiennent à Maître Gueguang. Son fils le présente comme licencié en droit de l'Université de Yaoundé, clerc puis premier clerc pendant sept ans et notaire à Bafoussam vingt-sept années durant. Durée de fonctions qui lui vaut maintenant de couler, selon lui, des jours heureux, et lui ouvrirait en France la voie de l'honorariat. D'autant qu'il leur ajoute des distinctions professionnelles suivies de la présidence de l'assemblée générale des notaires du Cameroun de 2009 à 2015 et que son adhésion à l'*UINL* justifie son ouverture à l'international.

Les moins expertes appartiennent à Gueguang Tsalefacq Ghomo. Privatiste lui aussi, il multiplie avec enthousiasme les diplômes universitaires et les stages-contacts professionnels, au Cameroun, à Paris et au Niger, avec l'objectif déclaré d'accéder au notariat. Sans cesse curieux d'apprendre et de s'ouvrir aux droits étrangers, quoique se prévalant de deux masters camerounais, il fait état d'une inscription à celui de droit notarial de l'Université de Niamey (Niger) et à la troisième année en doctorat de droit privé à celle de Clermont-Auvergne.

On l'aura compris. Ce postulant au statut de notaire, qui évoquait dans la *RIHN - Le Gnomon* les avancées, mais aussi les difficultés rencontrées dans son Pays pour remplir cette fonction, appelait des encouragements. Ce n'est pas son moindre mérite que d'étendre sa recherche à l'international contemporain, et de vouloir s'exprimer avec le solide appui de son père sur l'exercice du notariat, plus précisément à propos de la fiscalité, dans le vaste espace *OHADA*.

Gilles ROUZET

Docteur en droit
Notaire honoraire

PRÉFACE

Il faut sans doute beaucoup de courage et/ou une certaine inconscience pour vouloir rédiger un ouvrage sur la responsabilité civile professionnelle des notaires.

La matière est complexe, parfois très aride, difficile à synthétiser en raison de ses sources essentiellement jurisprudentielles, parfois très ésotériques.

Il m'a été donné à deux reprises l'occasion de m'y essayer ; sans doute l'exercice a été l'un des plus difficiles qu'il me fût d'accomplir.

La première fois, alors que j'étais encore rédacteur en chef de cette merveilleuse revue qu'est le *Répertoire Defrénois*, cela concernait la remise à jour du bel ouvrage du regretté doyen Jean-Luc AUBERT, *La Responsabilité civile des notaires,* aux éditions Defrénois, décédé quelques mois plus tôt. L'estime et l'amitié que j'avais pour lui m'ont conduit à accepter d'emblée cette mission.

La seconde fois, à la demande de deux universitaires amis, Philippe BRUN et Philippe PIERRE, tous deux grands spécialistes de ces questions de responsabilité, pour remettre à jour l'ouvrage de Madame Jeanne de POULPIQUET, professeur, sur la *Responsabilité civile des notaires* aux éditions Dalloz.

Je ne suis pas certain pour autant d'avoir une parfaite légitimité pour vanter les immenses mérites de leur ouvrage…

C'est donc avec beaucoup d'admiration que je mesure le travail accompli par les deux auteurs de cet ouvrage sur la responsabilité fiscale du notaire dans l'espace OHADA. Car ils ne sont pas partis d'un ouvrage existant, mais d'une feuille blanche…

Sans doute conscients du travail qui les attendait, les auteurs, le père et le fils se sont associés pour mener cette délicate tâche à bien.

Messieurs GUEGUANG et GUEGUANG TSALEFACQ GHOMO avaient, il faut bien le reconnaître, quelques qualités pour s'attaquer à un sujet aussi difficile. Les deux sont de la famille notariale et le fils a récemment été fait docteur d'État en droit en France, pour une thèse sur la responsabilité des notaires, ce qui constitue un gage de la solidité de ses raisonnements et arguments.

Si ces derniers sont abordés de manière assez classique, en commençant par les conditions de la responsabilité, pour se poursuivre par la mise en œuvre de la responsabilité. À partir de ce sujet éminemment difficile, les auteurs ont su rendre la lecture facile, par leur parfaite maîtrise de la langue et leur parfaite connaissance du sujet. Qu'ils en soient remerciés : leur ouvrage, très spécifique, est particulièrement agréable à lire et à comprendre.

Au surplus, leur ouvrage ne se limite pas à l'étude de la question dans un pays déterminé, mais dans l'espace OHADA : l'Organisation pour l'Harmonisation en Afrique du Droit des Affaires. Organisme important, l'OHADA constitue une belle réponse du droit écrit des États africains aux tentatives d'intrusion du droit anglo-américain sur ce continent. Majoritairement de formation continentale, les juristes de ces pays ont compris que seule une réponse globale pouvait être apportée en la matière.

L'Europe soutient largement cette initiative, tant elle a compris les enjeux majeurs pour les deux continents concernés, et c'est heureux.

On peut également souligner les immenses retombées que la présidence de l'Union internationale du notariat latin, qui regroupe désormais quatre-vingt-dix pays sur les cinq continents, grâce au travail acharné et à la pugnacité de son président, mon vieil ami et complice Daniel-Sédar SENGHOR, a eues sur les notariats des différents pays d'Afrique. Ces notariats ont désormais atteint une maturité et une crédibilité qui sont le gage d'une grande réussite pour l'avenir. La création d'une école de formation initiale des notaires commune à différents pays d'Afrique occidentale ne manquera pas de parachever cette réussite.

Au-delà de cela, tout notaire digne de ce nom aurait un intérêt majeur à acquérir et lire avec beaucoup d'attention l'ouvrage de ces deux auteurs.

Tout simplement parce qu'à partir de bien d'analyses qu'ils développent et des solutions qu'ils préconisent, le continent européen pourrait sans doute trouver des pistes pour des sujets de réflexion sur leur propre droit et leur évolution, tant le droit fiscal devient tentaculaire dans nos différents pays.

Un grand merci aux deux auteurs pour leur belle initiative. Ils méritent amplement le succès que cet ouvrage ne manquera pas d'avoir auprès des notaires des deux continents concernés.

Richard CRONE

Notaire honoraire
Certificat de spécialisation en droit international privé et en droit communautaire
Membre du Comité français de droit international privé
Chargé d'enseignement aux universités de Sceaux et de Paris-Dauphine

INTRODUCTION

« Je crois ce que je dis, je fais ce que je crois. »

Victor HUGO

La thématique de la responsabilité fiscale du notaire dans l'espace OHADA[1] est un sujet essentiel et d'actualité, au vu de l'ignorance de certains contribuables dans le domaine de la fiscalité notariale et du cortège de préjudices que cela occasionne dans la pratique. Certains semblent oublier que le notaire est un fiscaliste par essence, qui accompagne ses clients par son conseil fiscal pour qu'ils effectuent les meilleurs choix juridiques. Il est effectivement le conseil désintéressé des parties à un acte notarié et se doit d'éclairer les parties sur les conséquences juridiques et fiscales des actes qu'il instrumente.

Il est aussi le partenaire de choix de l'administration pour la collecte bénévole de l'impôt[2]. Cette tâche assignée aux notaires fait face, de nos jours, aux difficultés pratiques causées par des facteurs endogènes et exogènes à l'acte notarié. En effet, plusieurs problèmes viennent affaiblir la sécurité juridique de l'acte notarié en matière fiscale.

À la lecture de l'actualité juridique, nous sommes en droit de constater que le notariat, qui est censé apporter la sécurité juridique et la transparence pour un vrai développement des États de l'espace OHADA, est lui-même en insécurité. Car des considérations endogènes et exogènes viennent faire face à de vrais problèmes tant internes qu'externes à la profession[3].

---

[1] L'espace OHADA renvoie à l'aire géographique des pays signataires du traité OHADA.

[2] Maître TCHOUKEU (R.), notaire au tribunal de première instance YAOUNDÉ-EKOUNOU, sur les relations entre les notaires et l'administration fiscale, affirme sans ambages que « le *notaire est la courroie de transmission entre l'administration fiscale et les usagers de droit pour la collecte des droits fiscaux, par le truchement de son acte qu'il présente à la formalité d'enregistrement* ». Entretien recueilli par conversation internet en septembre 2019, inédit.

[3] Selon maître TCHOUKEU (R.), la raison en est souvent que « *chez le contribuable ou usager de droit, une confusion est rapidement établie sur la collecte des impôts par cet officier public. En effet, beaucoup d'usagers de droit du notaire croient que les sommes réclamées par ce dernier, par le biais de son état de frais, vont directement sur son compte bancaire. Ce qui fait qu'il n'est pas souvent aisé d'expliquer au client que le notaire fait le recouvrement pour le compte de l'État* ». Maître TCHOUKEU soulève ce problème à raison : cette incompréhension est l'une des causes majeures du climat de suspicion qui peut exister entre le notaire et le client en matière fiscale. Entretien recueilli par conversation internet en septembre 2019, inédit.

Le moins que l'on puisse dire est que cet état de fait occasionne des injustices et des préjudices considérables aux contribuables, à l'administration et aux usagers de droit. Cette situation grave ne vient pas jeter l'opprobre sur une profession digne, noble et définitivement essentielle à l'économie de nos pays dits « pauvres ». Ce temps orageux vient seulement nous rappeler qu'il est temps de mettre des manteaux ou de porter des parapluies pour nous couvrir face aux tempêtes d'injustice et d'insécurité qui menacent la force de l'acte notarié. Face à cela, il y a quelque chose à faire et il faudrait s'y atteler, non seulement à cause des désastres occasionnés, mais aussi pour réaffirmer l'importance de la sécurité juridique par-devant notaire.

Au rang des difficultés d'ordre pratique, les usagers de droit se plaignent régulièrement d'être déconcertés lorsqu'ils reversent les droits fiscaux au notaire et que l'administration fiscale effectue un redressement. Plusieurs questions reviennent souvent : « À qui la faute ? Qui me rembourse ? Qui paie cette erreur ? » Assez souvent, en pratique, l'usager s'empresse de porter plainte contre le notaire instrumentaire, en oubliant qu'il arrive que l'administration fiscale commette des erreurs, qu'elle soit faillible. Chaque fois que l'acte notarié échoue, la responsabilité du notaire est directement engagée par les contribuables, qui ne cherchent pas à savoir s'il est véritablement fautif. Dans certains cas, on oublie même ceux qui sont intervenus dans l'acte avant lui et qui peuvent être en partie responsables d'erreurs de calcul des droits fiscaux. Néanmoins, cette situation interroge, indépendamment des partis doctrinaux pris, sur certaines questions légitimes. En effet, à partir du moment où l'acte a échoué, qui est responsable ? L'administration fiscale ou le notaire ? Que dit la loi par rapport aux responsabilités entre l'administration fiscale et le notaire ? De quels moyens disposent les usagers de droit pour se défendre ?

Dans l'espace OHADA, parmi les plaintes des usagers de droit, beaucoup estiment être insuffisamment éclairés sur les conséquences fiscales des actes qu'ils prennent par-devant notaire, ce qui représente pour eux une injustice en cas de préjudice, du fait du manquement du notaire à une obligation fiscale nécessaire. Ces questionnements d'usagers de droit sont fortement débattus dans la doctrine et alimentent des tergiversations de toutes sortes. Certains estiment que le notaire a l'obligation de les éclairer et qu'en cas de préjudice pour absence de conseil ou mauvais conseil, sa responsabilité doit être engagée. D'autres estiment que la loi est censée être connue de tous et que le notaire n'a aucune obligation de conseil fiscal envers son client. De plus, la preuve du conseil donné n'a été admise ni par les législateurs ni par les cours des différents pays de cette zone géographique.

Au rang des difficultés extérieures à la profession, nous voulons citer la difficulté des contribuables, qui peinent à comprendre les mécanismes fiscaux des actes notariés. Certains ne savent pas que le notaire est un collecteur bénévole des impôts, qui reverse les droits perçus à l'administration[4]. Dans la pratique, des procès préventifs sont faits aux notaires, arguant que tout l'argent versé en leur étude leur appartient. Cependant, ce type d'affirmation, erronée, jette l'opprobre sur la profession en installant un climat de méfiance et de suspicion entre le notaire et les usagers de droit. À notre avis, les usagers de droit doivent obtenir un niveau de connaissance minimal, afin de réinstaurer un climat de sérénité entre le notaire et l'administration fiscale. Ce type d'information malencontreuse alimente les rumeurs les moins élogieuses sur le notaire. Le notaire devrait, dans un souci de justice fiscale, être l'intermédiaire de bonne foi entre l'administration fiscale et l'usager de droit : en plus du conseil, dans un souci d'équilibre, il devrait aider le client surtaxé dans son acte.

La pratique nous enseigne aussi que beaucoup d'usagers de droit se plaignent du laxisme des notaires à obéir à leur devoir de conseil. En effet, les litiges devant les cours et nos enquêtes sur le terrain nous renseignent sur le fait que beaucoup de notaires ne conseillent pas suffisamment leurs clients sur leurs choix et leurs conséquences fiscales. Tenus par leur obligation de conseil fiscal à leurs clients, leur responsabilité devrait pouvoir être engagée.

En particulier, on note une montée en flèche des litiges venant du fait que le notaire n'a pas respecté cette obligation fiscale de conseil. Cependant, certains notaires rejettent leur responsabilité lors des litiges fiscaux les opposant à leur clientèle, au motif que cette obligation n'a pas de base légale et ne saurait engager leur responsabilité. Le moins que l'on puisse dire est que l'absence d'encadrement juridique du devoir de conseil du notaire a occasionné une insécurité juridique à laquelle il faut remédier. En effet, comment un client, qui a véritablement subi un préjudice pour défaut de conseil fiscal, peut-il demander justice en l'absence de base légale ? Les législateurs des différents pays de l'espace OHADA n'ont-ils pas intérêt, au nom de l'efficacité et de la sécurité juridique, à légiférer sur le devoir de conseil du notaire ? Que devraient faire les usagers et les notaires pour améliorer l'efficacité et la sécurité juridiques du devoir de conseil, en l'absence momentanée d'encadrement du devoir de conseil ?

Parmi les difficultés fiscales de l'acte du notaire figure la méconnaissance des règles qui organisent les rapports entre les notaires et leurs clients. De nombreux usagers de droit sont néophytes en matière d'obligations fiscales et générales du notaire dans l'exécution de leur acte. Ils se réfèrent généralement à leur logique et à leurs sentiments, qui ne gouvernent en rien les rapports

---

[4] MARTIAL Nicolas, « La responsabilité du notaire face à l'impôt », in site, https://www.actu-juridique.fr/ professions/la-responsabilite-du-notaire-face-a-limpot/, publié le 05/06/2020, mis à jour le 08/06/2020 à 9 h 52.

entre notaires et clients. L'absence d'information sur ces rapports crée un climat de suspicion entre les notaires, leurs clients et l'administration fiscale.

On retrouve dans la pratique une autre source d'injustice et de frustration : le notaire, en sa qualité de collecteur d'impôts, ne bénéficie pas de rémunération ou de compensation pour le travail fourni lors de la collecte des impôts pour le compte de l'État[5]. Il travaille bénévolement, sans contrepartie pour cette prestation réalisée pour le compte de l'État, alors que tout travail mérite salaire. Les différents législateurs de l'espace OHADA n'ont-ils pas intérêt à ce que cette injustice soit corrigée ? La rémunération des prestations fiscales ne permettrait-elle pas d'endiguer la corruption par-devant notaire ? N'est-il pas injuste que d'autres professions reçoivent des contreparties pour des prestations fiscales fournies, et non le notaire ?

Un autre débat fait l'objet de controverses et de mésententes entre les juristes dans l'espace OHADA. Il s'agit de l'obligation du notaire de défendre son client lorsqu'il subit des préjudices, du fait des procédures administratives et fiscales en rapport avec les droits fiscaux perçus par l'acte du notaire. En effet, dans l'espace OHADA, la question de la nécessité du notaire de se mettre aux côtés de son client pour la défense de son acte, contre les mesures et les procédures administratives de redressement de son client qui subit un préjudice, fait rage dans la pratique. Tandis que certains soutiennent que les notaires ne sont pas avocats des clients pour les défendre lors des litiges fiscaux concernant leurs actes, d'autres estiment que le notaire, seul capitaine à bord de son acte, est le seul à pouvoir défendre efficacement son client. De plus, le client, néophyte et manquant de connaissances, doit être assisté de son notaire pour la défense des droits perçus lors de la confection de son acte. Et tout particulièrement lorsque les clients demandent à ces officiers publics, maîtres de leurs actes, de les défendre lors des procédures administratives de redressement ou de sanction. Dans certains cas, l'acte du notaire est redressé et seul le client se voit payer la note, ce qui constitue pour lui un préjudice certain. Cependant, il est à noter que dans le cas du Cameroun, l'article 306 de la loi des finances 2020 est venu donner la possibilité au client de payer lui-même l'enregistrement de ses actes.

L'administration fiscale se trouve souvent en difficulté pour collecter les droits des actes passés par devant notaire, car la loi permet aussi au client du notaire de les reverser lui-même à l'administration. Dans le cas du Cameroun,

---

[5] Selon Maître TCHOUKEU (R.), vu que la loi a institué le notaire comme collecteur, l'existence d'une prime de recouvrement pourrait endiguer le flot de problèmes et devrait être une tentative de solution aux problèmes de la fiscalité par-devant notaire. Car si on paie les agents des impôts pour les mêmes prestations, pourquoi ne pas le faire également pour les notaires ? Entretien avec maître TCHOUKEU (R.), notaire à Yaoundé, inédit.

on a même donné le droit d'enregistrement aux usagers de droit, qui ne sont plus obligés de le faire par-devant notaire[6]. Conséquence fâcheuse : lors du recouvrement, le fisc se retrouve dans la difficulté de recouvrer, car elle a deux redevables : celui institué par la loi, le notaire, et l'usager de droit. Il est à noter que le recouvrement des droits fiscaux de l'acte notarié n'est pas facile chez les clients, qui ne sont généralement pas solvables et qui par leur mobilité sont souvent introuvables. A contrario, en plus d'être solvable de par son activité lucrative, le notaire est obligé de résider là où il a été nommé. De surcroît, il bénéficie d'une assurance individuelle qui dédommage les victimes de ses actes en cas de responsabilité établie par le juge. Ainsi, que faudrait-il réformer pour que l'administration fiscale puisse effectuer un recouvrement efficace dans l'espace OHADA des actes notariés ? Devrait-on copier le modèle européen avec tous les droits payés par chèque par-devant le notaire ?

Dans beaucoup de pays de l'espace OHADA, déclarer efficacement ses impôts représente un sérieux souci pour un contribuable ou pour un notaire. Par exemple, indubitablement, dans beaucoup de pays d'Afrique francophone, la déclaration des droits de succession court à compter du jour du décès. Cependant, dans la pratique, ces délais s'avèrent insuffisants en raison des pesanteurs sociales et culturelles qui font que la plupart des contribuables ne déclarent pas à temps les successions. Le Code général des impôts ivoirien de 2014 le confirmait en son article 559[7], en précisant que « *les délais prescrits pour l'enregistrement des déclarations des droits de succession courent à compter du jour du décès. Ces délais sont de six mois lorsque le décès survient en Côte d'Ivoire et de douze mois en cas de décès hors de Côte d'Ivoire.* » Cet article illustre à merveille l'ambiance dans la majorité des pays de l'espace OHADA, qui n'ont pas toujours – à l'exception de certains – aménagé des délais plus raisonnables et adaptés aux réalités africaines. Car les ravages juridiques et fiscaux occasionnés par cet immobilisme ne sont plus à démontrer. Pour le vérifier, il suffit de regarder la quantité de successions qui n'ont pas pu être déclarées dans les délais.

Dans la même perspective, les lenteurs et les négligences administratives conduisent à ce que certaines déclarations ne puissent pas se faire dans les délais mentionnés par les législateurs des différents pays de l'espace OHADA. En effet, les plaintes concernant les dossiers et les documents égarés foisonnent dans l'actualité juridique de certaines administrations africaines de l'espace OHADA. Les préjudices fiscaux considérables de ces fautes administratives ne sont plus à démontrer. Pour une situation fiscale

---

[6] Art. 305, Code des impôts du Cameroun.

[7] La Côte d'Ivoire a aménagé cette disposition. Depuis 2018, le délai est porté à douze mois lorsque le décès survient en Côte d'Ivoire et à dix-huit mois lorsqu'il survient hors de Côte d'Ivoire.

performante, un aménagement de certains délais fiscaux aux réalités africaines semble nécessaire.

Par ailleurs, le non-respect des rapports de travail de la chambre des notaires ou des institutions qui la parrainent, à l'instar de la CAAF, par certains gouvernements des pays de l'espace OHADA contribue à polluer, ralentir et alourdir l'atmosphère et à ne pas considérer les solutions proposées par ces acteurs majeurs que sont les notaires. Cela s'apparente à soigner un malade sans lui demander ses symptômes et les causes de sa maladie. Comment peut-on espérer un résultat efficace ?

Le débat sur la responsabilité fiscale du notaire ne saurait avoir lieu sans aborder la controverse du « verrou de Bercy », copié dans le système français après les indépendances en Afrique francophone. Ce verrou est appliqué par mimétisme dans nos pays de l'espace OHADA. Il s'agit concrètement de l'exclusivité de l'action publique en matière fiscale par l'administration fiscale. En effet, seule l'administration fiscale a la possibilité de déposer des plaintes pour fraude fiscale auprès du parquet[8]. Cependant, dans la pratique,

---

[8]Lors de nos entretiens avec certains juristes camerounais spécialistes de la question, nous avons recueilli des avis divergents, tant sur la procédure, l'application et la notion de verrou de Bercy dans le contexte africain.
En effet, selon le docteur NAVANGA : « *En matière fiscale, l'action publique est conditionnée par la plainte de l'administration fiscale. Celle-ci apprécie l'opportunité de saisir le procureur de la République pour l'enclenchement de l'action publique* ». Il nous dit par la suite qu'en droit fiscal camerounais, « *le parquet ne peut enclencher l'action publique en matière de fraude fiscale et des infractions assimilées sans plainte préalable de l'administration. Il s'agit donc d'une condition sine qua non* ».
Le doctorant AKONO OLINGA affirme que « *le verrou de Bercy constitue une limite au principe de libre opportunité des poursuites par le parquet en matière de fraude fiscale. Pour autant, le déclenchement des poursuites pénales par le parquet reste subordonné au dépôt d'une plainte par le fisc, précédé d'un avis favorable de la commission des infractions fiscales* ». Même dans ces cas, une plainte du MINFI est nécessaire pour que le parquet enclenche valablement les poursuites. C'est l'une des spécificités de l'action publique en matière fiscale. Il ajoute : « *à mon sens, l'engagement de la responsabilité des autres incombe toujours, principalement, mais non exclusivement, à l'administration fiscale. Cette position est fondée sur la règle de "l'intérêt et la qualité pour agir". Il s'agit bien ici du contentieux des poursuites. Effectivement, en matière de poursuites de droit commun, notamment sur la fraude fiscale, en droit camerounais, l'initiative des poursuites appartient à l'administration fiscale après avis de la Commission des infractions fiscales. Il s'agit bien d'un avis conforme.* »
Il pense que « *pour ce qui est du Cameroun, le principe est la saisine du juge fiscal par le ministre des Finances après avis de la commission des infractions fiscales. Toutefois, le juge fiscal, après dénonciation des services de contrôle comme la CONAC ou le CONSUPE, peut s'autosaisir sous certaines conditions. En l'état actuel du droit camerounais, la responsabilité fiscale n'est pas prévue. Tout au plus, une action en responsabilité civile du point de vue du droit commun peut être envisagée* ». Le docteur AKONO OLINGA se réfère à l'article L114 du Livre de procédures fiscales camerounais.

nous rencontrons des atteintes à la transparence en matière d'actes notariés, du fait de l'exclusivité de l'administration. Par exemple, un client peut, dans un acte notarié, trouver qu'un droit fiscal qui lui est imposé n'est pas juridiquement légal. En effet, pourquoi l'administration fiscale devrait-elle être la seule à porter plainte en matière fiscale ? Cette exclusivité ne renforce-t-elle pas le sentiment d'injustice, vu le sentiment d'injustice qui croît chez les justiciables de l'espace OHADA ? Quels arguments plaident pour un tel maintien ? Dans certains pays, comme la France, cette mesure injuste et déséquilibrée[9] a pu être tempérée. Les dégâts sur la justice ne sont-ils pas trop importants pour maintenir ce verrou, source de controverses et d'injustices pour les usagers de droit et tous ceux qui gravitent autour de l'acte du notaire ? Plusieurs décisions de juridictions françaises tranchent sur les litiges fiscaux des actes notariés. Ce qui amène à plusieurs questions. Dans quelles circonstances le juge peut-il statuer sur un litige fiscal de l'acte du notaire en matière fiscale ? Comment la loi encadre-t-elle ces litiges dans l'espace OHADA ? De surcroît, le client peut-il porter plainte aux notaires pour les litiges fiscaux ou le notaire peut-il engager une procédure contre l'administration fiscale pour préjudice subi, suite à des sanctions abusives de celle-ci, avec le verrou de Bercy comme obstacle ?

Les risques, selon certains doctrinaires en matière d'actes notariés, se trouvent généralement dans les ventes immobilières, les successions et dans certains cas de démembrements de la propriété. Les dons et les legs ne sont pas en reste. Cependant, est-ce que les législateurs des différents États de l'espace OHADA identifient ces zones à risque pour pouvoir anticiper sur les problèmes, qui minent l'activité fiscale des notaires de manière systématique ? Cette absence d'anticipation occasionne pourtant d'importants dégâts dans la pratique puisque, les mêmes causes produisant les mêmes effets, le changement d'approche des législateurs OHADA devrait être plus global. Il

---

L'évolution de la législation et de la jurisprudence ouvre une possibilité au ministère public pour initier de telles poursuites. Les autres mesures de poursuites de droit commun portent pour l'essentiel sur les procédures de recouvrement (mise en demeure valant commandement de payer, saisie, vente), suivant les dispositions du CGI ou de l'acte uniforme sur les procédures simplifiées de recouvrement et des voies d'exécution. Cependant, en matière de poursuites particulières, les actes mis en cause étant des actes considérés comme administratifs, la saisine est celle du juge de l'excès de pouvoir.
Sur la seconde question, en rapport avec la mise en responsabilité de certains agents en matière de malversations financières, il faut tenir compte de la nature de l'infraction et de la juridiction compétente. S'il s'agit d'un litige fiscal, la compétence est celle du juge fiscal, administratif ou judiciaire, suivant la nature de l'impôt et le type de contentieux. Mais en matière de détournement des deniers publics, la compétence est celle des tribunaux d'instance (TPI, TGI) et du TCS, suivant le seuil de compétence.

[9] Loi de lutte contre la fraude du 23 octobre 2018 en France. Dans le même sens : « Qu'appelle-t-on le verrou de Bercy ? ». Disponible en ligne, in site https://www.vie-publique.fr/fiches/24152-quappelle-t-le-verrou-de-bercy. Dernière modification : 7 juin 2019 à 13 h 8 (visité le 18 janvier 2020).

suffit d'observer la récurrence de certains problèmes dans quelques secteurs d'activité fiscale du notaire, causant toujours les mêmes préjudices, sans qu'une réponse efficace de l'administration émerge.

En matière de vente immobilière, les fraudes se retrouvent très souvent dans les droits de mutation à titre onéreux. Généralement, le système déclaratif et les dessous de table sont des obstacles à la bonne gestion. Sans oublier le problème de la véritable valeur vénale du bien, il est vrai qu'il existe des mercuriales dans la majorité des pays de l'espace OHADA ; elles restent toutefois insuffisantes au vu de l'actualité juridique. L'autre problème se trouve dans les plus-values immobilières, avec les notions de résidence principale et de TVA immobilière, qui sont des flous juridiques auxquels il faut apporter des solutions concrètes.

Dans certains pays de l'espace OHADA, on observe une inadéquation entre les textes qui organisent le notariat et la loi de finances. Les notaires sont rarement consultés lors de la préparation des lois. On décide généralement sans eux et contre eux ; on décide ainsi contre leurs clients, qui seront les premières victimes de ces flous juridiques. Dans certains pays, les tarifs qui organisent la profession des notaires datent de 1995. Or la loi de finances qui régit les activités fiscales et la perception des droits sur leurs actes date de 2020. Les réalités économiques et monétaires de 1995 sont en déphasage total avec la loi de finances de 2020, notamment les prix déclarés dans certaines activités

Prenons un exemple pour comprendre l'imbroglio juridique des lois dans l'activité du notaire, sans que ce dernier soit consulté. Le timbre en 1995 coûtait 500 F CFA ; il coûte maintenant 1 000 F CFA. Le notaire doit-il considérer le timbre à 500 F CFA ou celui de la loi de 2020 à 1 000 F CFA ? Ces deux tarifs sont pourtant légaux.

De ces constats naissent plusieurs interrogations. Comment les notaires doivent-ils s'adapter à un climat fiscal d'insécurité ? Que faudrait-il faire face à ces difficultés ? Quelles sont les conséquences pour les usagers de droit ?

Concernant les successions et l'ISF, le problème se pose généralement avec les sous-évaluations d'actifs lors des cessions devant le notaire. Le problème principal réside dans les droits de mutation à titre gratuit. En effet, lors des successions ou des mutations, on rencontre des retraits suspects des donations, sans qu'ils soient signalés au fisc et souvent avec un dépôt tardif de la déclaration de succession. Autre problème : les opérations intervenant dans le cadre familial, telles que les contrats de mariage ou les donations entre époux et enfants. Ni le notaire ni l'administration fiscale ne peuvent les retracer, ce qui crée un manque à gagner certain pour le fisc. Il en est de même dans l'espace OHADA, où le fisc se trouve dans l'impossibilité de retracer certaines transactions économiques et juridiques, à l'instar d'une somme d'argent donnée par un parent à son enfant, ce qui déséquilibre le partage entre les successibles.

Ces insuffisances se retrouvent également en droit des sociétés, lors de leur constitution et de leur transformation, où les droits de tous les associés et les impôts relatifs présentent des problèmes. Il s'agit essentiellement d'un problème de passif fiscal, c'est-à-dire de traçabilité des opérations juridiques pour les professionnels.

La non-informatisation des services de l'État, de la justice et des professionnels du droit, dans l'espace OHADA, est une cause majeure d'injustices et d'insécurité juridique. En effet, cette non-informatisation entretient la lenteur administrative et la corruption, tout en étant nocive pour l'efficacité juridique. Ajoutons à cela que cette situation ne contribue pas à la transparence et la fluidité du commerce juridique des actes par-devant notaire. Ainsi, l'administration fiscale est dans l'impossibilité d'effectuer des vérifications efficaces ou de se faire aider par des logiciels spécialisés, pour entretenir des relations de confiance avec les notaires ou les contribuables. Il est à signaler que dans le domaine du notariat, on ne compte plus dans l'espace OHADA les plaintes concernant des dossiers perdus dans les services de l'administration ou la corruption. Il serait à notre avis capital et extrêmement urgent de remédier à cette situation.

Le chapelet des insuffisances que nous venons de présenter montre que l'étude de la responsabilité fiscale du notaire dans l'espace OHADA est un objectif primordial, au vu de l'actualité juridique et des conséquences désastreuses sur la profession, les usagers de droit et l'activité du notaire.

Il nous paraît cependant impérieux, après nos différentes analyses sur les insuffisances des notaires, de présenter les justifications ou les motifs souvent avancés par le notaire pour se faire innocenter. En effet, le notaire n'est pas toujours le seul responsable quand son acte a eu des défaillances fiscales. Elles peuvent souvent provenir de l'administration fiscale elle-même, de l'usager de droit ou encore d'un de ses collaborateurs, qui est allé au-delà de ses missions. Devant le juge judiciaire, il arrive que d'autres considérations entrent en jeu, différentes des règles et principes connus en matière de fiscalité. Elles sont souvent invoquées par les notaires ou les avocats pour justifier l'impossibilité du notaire de pouvoir instrumenter son acte convenablement et, surtout, de prouver que la défaillance de son acte n'est pas uniquement de son propre fait.

En réalité, comme la responsabilité des notaires n'est pas spécifique à leur fonction, cela implique qu'ils peuvent utiliser tous les autres principes du droit, tels que les principes civils et pénaux. Nous pensons particulièrement aux principes du droit civil au procès fiscal, tels que la force majeure, la faute de l'usager de droit ou encore celle de l'administration fiscale. Les causes d'exonération sont généralement délictuelles et très rarement contractuelles. La responsabilité fiscale du notaire est le plus souvent basée sur le statut d'officier public et très rarement sur la base d'un contrat entre lui, l'administration fiscale, la victime ou un tiers. Nous savons qu'il existe des contrats notariés avec des clauses fiscales engageant sa responsabilité. Il ne s'agit pas de le nier, mais simplement de dire que ces contrats sont rares. Concrètement, les usagers de droit, l'administration fiscale ou encore les contribuables engagent rarement la responsabilité fiscale du notaire sur la base d'un contrat. Ils invoquent bien plus souvent sa responsabilité délictuelle. Il existe rarement de contrat fiscal entre lui et les autres intervenants dans son acte ; parfois, des clauses fiscales contenues dans l'acte peuvent engager sa responsabilité. C'est l'une des raisons pour lesquelles les avocats et les clients engagent généralement une responsabilité délictuelle à l'encontre de cet officier public. Nous insistons sur le fait que le lien fiscal entre les personnes qui gravitent autour de l'acte notarié n'est pas un contrat, mais la plupart du temps un ensemble de droits et de devoirs essentiellement statutaires.

S'agissant des causes de dégagement par le juge de la responsabilité fiscale du notaire, nous pouvons citer le fait des personnes – comme le clerc ou le collaborateur du notaire ayant agi hors de ses fonctions –, le fait de la victime ou une cause étrangère à l'acte du notaire. Cependant, à la lecture des décisions de justice dans l'espace OHADA à l'encontre des notaires pour fraude fiscale, on constate une certaine sévérité des magistrats avec ces professionnels du droit. À tel point que l'on est obligé de s'interroger : existe-t-il des cas où le notaire est exonéré ? Est-il souvent déchargé de sa responsabilité fiscale ?

En effet, plusieurs chambres de notaires dans l'espace OHADA ont soulevé cette sévérité, souvent injustifiée, qui nuit à cette profession et à la sécurité juridique qu'incarne l'acte notarié. Néanmoins, comment le notaire peut-il se dégager de sa responsabilité fiscale quand nous savons les revirements jurisprudentiels et les tergiversations doctrinales qui dominent dans ce domaine ? Cet officier public peut-il être libéré par le juge judiciaire des accusations de malversations et de fraudes fiscales, après sa condamnation par l'administration fiscale ? Si oui, comment cela se déroule-t-il en pratique ? Sur quels motifs peut-il s'appuyer pour dégager sa responsabilité ?

Ce sujet est un intérêt crucial au vu des nombreuses décisions de justice qui accablent les notaires et les empêchent de travailler avec efficacité dans l'aire géographique OHADA[10]. De surcroît, l'absence d'un régime spécifique à cette profession apporte des difficultés pratiques et techniques qui font défaut à la sécurité juridique. Le législateur OHADA pourrait toutefois

---

[10] GUEGUANG et GUEGUANG GHOMO, *Responsabilité des notaires pour un régime spécifique de responsabilité*, L'Harmattan Cameroun, 2018, p. 19-24.

apporter une réponse satisfaisante en encadrant l'activité notariale dans son espace, en tenant compte des propositions de la doctrine et de la jurisprudence. Nous tenons à rappeler que notre recherche s'inscrit dans les difficultés du notariat des pays de l'aire géographique OHADA et non dans les textes du code OHADA. Ceci a pour objectif d'amener le législateur à comprendre l'urgence et à codifier l'activité notariale dans son espace.

La réponse à ces questionnements constituera la structure de nos travaux. Pour ce faire, nous étudierons les conditions de la responsabilité du notaire (première partie), puis le procès en responsabilité fiscale du notaire (deuxième partie).

PREMIÈRE PARTIE

LES CONDITIONS D'ÉTABLISSEMENT DE LA RESPONSABILITÉ FISCALE DU NOTAIRE

« Une valeur, pour comprendre les exigences des clients, leur assurer une sécurité juridique optimale à travers la maîtrise de la réglementation en vigueur et le respect de la déontologie. »

Auteur inconnu

Le notaire entretient des relations permanentes avec l'administration fiscale, notamment en ce qui concerne la procédure d'enregistrement[11] de ses actes ou encore la collecte de l'impôt[12]. À l'occasion de ces missions dites « *fiscales* », il apparaît que les manquements du notaire ne sont pas rares. Il suffit pour cela d'observer les litiges qui jalonnent le quotidien du notaire, l'opposant à l'administration fiscale ou à son client. À regarder de près, ces manquements ou fautes fiscales du notaire ne sont pas uniquement dus à son propre fait. En effet, plusieurs causes étrangères au notaire et à ses actes contribuent à cet état de fait. Le flou dans les textes, l'inflation normative, la mauvaise foi de certains clients et des agents incompétents de l'administration compliquent la mission de cet officier public. Nous reconnaissons que dans la corporation des notaires, le comportement de certains ne contribue pas à l'efficacité juridique des actes en matière fiscale. Négligences, imprudences et mauvaise foi amplifient les litiges entre les notaires, les clients et l'administration fiscale.

Par ailleurs, concernant les conditions d'établissement de la responsabilité des notaires, il faut rappeler que l'opportunité des poursuites, la première condamnation et l'exonération appartiennent exclusivement à l'administration fiscale, qui à l'occasion est juge et partie. En effet, le contentieux fiscal, dans la majorité des pays de l'espace OHADA, commence préalablement et obligatoirement devant l'administration fiscale, avant de se terminer éventuellement devant le juge administratif, en cas d'insatisfaction du justiciable.[13] Sans oublier le « verrou de Bercy »[14], qui donne l'exclusivité des poursuites fiscales devant le juge à l'administration[15]. Autrement dit, seule l'administration fiscale peut porter plainte devant le juge pour les contentieux fiscaux.

---

[11] Article 302, Code général des impôts 2019.

[12] Article 90, 305, Code général des impôts 2019.

[13] Article L 124, Code général des impôts du Cameroun 2019. L'article dispose qu'« *en cas de silence du ministre des Finances aux termes du délai de deux mois, le contribuable peut saisir d'office le tribunal administratif du centre des impôts de rattachement ou le tribunal administratif de sa résidence ou de son siège social* ».

[14] L'expression « verrou de Bercy » est une expression empruntée dans le droit français, qui désigne le monopole de l'administration fiscale ou du ministère des Finances ou du Budget — selon les pays de l'espace OHADA — sur les poursuites pénales pour fraude fiscale. Précisément, seul le ministère de l'Économie et des Finances dispose du droit de déposer plainte contre un individu soupçonné de malversations fiscales, un procureur ou une partie civile ne le pouvant pas. Cela peut apparaître comme une injustice et un obstacle à la transparence, parce que les citoyens ne peuvent pas saisir le tribunal pour des malversations ou fraudes fiscales, même avérées.

[15] Nous voulons dire ici que personne, à part l'administration fiscale, n'a le droit de porter plainte concernant les impôts. Par exemple, un voisin ne peut pas porter plainte concernant les impôts.

Il existe des circonstances où les parties à l'acte notarié peuvent se retrouver devant le juge. C'est le cas lorsqu'il y a persistance du sentiment d'injustice après la phase gracieuse devant l'administration, puis devant le ministre des Finances. La partie lésée[16] dans l'acte du notaire peut alors saisir d'office le tribunal administratif du centre des impôts de rattachement ou le tribunal administratif de sa résidence ou de son siège social[17]. L'usager de droit peut aller devant le juge civil si la mauvaise liquidation des impôts ou les conseils fiscaux du notaire lui ont causé un préjudice certain[18]. Il en est de même si le notaire n'a pas informé sur les risques fiscaux d'une opération ou encore sur l'opération juridique la moins onéreuse et la plus adaptée pour sauvegarder les intérêts de son client.[19]

Tout compte fait, en cas de litige fiscal concernant l'acte notarié dans l'espace OHADA, une phase gracieuse se déroule devant l'administration et, si le demandeur reste insatisfait, elle peut se poursuivre devant le juge. Si le notaire n'a pas respecté ses obligations fiscales, le justiciable ou l'administration fiscale peuvent invoquer sa responsabilité devant le juge.[20]

En clair, que nous soyons devant le juge administratif ou devant le juge civil, en matière fiscale, la responsabilité du notaire est très souvent tributaire de la réunion de trois conditions.[21] La première est de prouver que le notaire a manqué à une de ses obligations fiscales. La deuxième est de démontrer que la faute fiscale du notaire a bel et bien produit un préjudice certain. La troisième est de démontrer qu'il existe un lien de causalité entre la faute et le dommage. Cependant, il faut noter que cette trilogie s'observe généralement dans les litiges du notaire contre son client, alors que, dans les litiges du notaire contre l'administration fiscale, il n'existe pas d'obligation pour l'administration de respecter la trilogie susmentionnée. L'administration fiscale recherche généralement les faits matériels et intentionnels avérés,

---

[16] La partie lésée peut être le notaire, le client, les deux conjointement ou tous ceux qui sont dans son acte et qui y ont intérêt.

[17] L 146, Code général des impôts du Cameroun.

[18] « Redressement fiscal : manquement du notaire à son obligation d'information et de conseil », en ligne, in site, www.dalloz-actualité.fr (visité le mardi 3 décembre 2019) : « *La responsabilité professionnelle du notaire peut être engagée lorsque son client a subi le coût d'un redressement fiscal dont le fait générateur découle de ses conseils.* »

[19] Civ. 1re, 17 février 1981, n° 79-16.417, bull. civ. 1, n° 58.

[20] Plus précisément, l'usager de droit, client du notaire, peut porter plainte pour le préjudice subi du fait de l'acte du notaire et non pour les malversations fiscales, qui sont l'exclusivité de l'administration.

[21] Sauf au pénal, où le juge regarde si le comportement fautif touche à une infraction pénale, à savoir une infraction qui comporte l'élément matériel et l'élément intentionnel.

suffisants pour établir la fraude fiscale[22]. Singulièrement, elle a ses propres critères d'appréciation de la responsabilité fiscale, sans oublier qu'elle recherche, au-delà de tout, le recouvrement de l'impôt et non la culpabilité du contribuable. Les critères de procès en matière civile et devant le juge administratif ne sont pas les mêmes de par la nature des impôts querellés, de par la qualité des auteurs des infractions, ou encore de par les objectifs recherchés par les parties.

De manière générale, hormis le procès au pénal des infractions fiscales, nous sommes en droit de dire que devant le juge[23], la responsabilité du notaire est invoquée s'il est établi qu'il a commis une faute ou un manquement (chapitre 1), que cette faute est à l'origine d'un préjudice fiscal et qu'il existe un lien de causalité entre la faute et le préjudice fiscal (chapitre 2).

---

[22] Juridiquement, la fraude fiscale se définit comme la soustraction illégale à la législation fiscale de tout ou partie de la matière imposable d'un contribuable. En d'autres termes, le fraudeur paie peu ou pas d'impôts en ayant recours à des moyens illégaux.
[23] Le juge administratif et le juge civil.

CHAPITRE I

L'EXISTENCE D'UNE FAUTE FISCALE DU NOTAIRE

« Tout effort scientifique incite à la modestie : plus on sait de choses, plus on mesure l'étendue de son ignorance (...). La connaissance de ses propres limites ne doit pas, toutefois, incliner le chercheur au scepticisme, ni à plus forte raison à la démission. »

Auteur inconnu

Le choix de l'expression « faute fiscale », au lieu de fraude fiscale[24], peut paraître indigeste pour les puristes du droit fiscal, ce qui est légitime. Les manquements d'un contribuable ou d'un officier ministériel envers le fisc sont plus souvent qualifiés de fraudes fiscales par la majorité des doctrinaires. Cependant, dans l'activité notariale, particulière et complexe, se côtoient plusieurs règles et principes de droit qui rendent difficile l'unanimité sur la qualification du manquement du notaire à une obligation fiscale. Les cas de figure dans lesquels le notaire peut se retrouver ne permettent pas de qualifier ses litiges fiscaux uniquement de fraudes fiscales. En effet, nous savons que la faute fiscale, dans le cadre de l'acte notarié, est fondamentalement le manquement du notaire à une obligation préexistante, et pas uniquement la fraude entendue comme la soustraction illégale à la législation fiscale de tout ou partie de la matière imposable.

Dans le cadre de l'acte notarié, le notaire se retrouve dans les deux cas de figure, étant collecteur bénévole de l'impôt et redevable lui-même. Il peut être accusé de fraude fiscale s'il est l'auteur ou le complice d'un détournement « illégal » d'un système fiscal, afin de ne pas contribuer aux cotisations publiques. Il en va de même s'il est coupable de soustraction volontaire à l'impôt d'une somme d'argent, alors qu'elle aurait légalement dû être soumise à l'administration fiscale.

---

[24] PHALIP (C.), *La gestion du risque fiscal par la profession notariale*, Paris, éd. LexisNexis, p. 39. Selon cet auteur, la fraude fiscale est « *l'infraction fiscale, la violation directe ou non, délibérée ou non de la loi fiscale, permettant de se soustraire en tout ou partie à l'impôt normalement dû. Elle est synonyme de mauvaise foi, d'agissement illicite, et de manière générale de recours illégaux. Elle est donc de nature illégale* ».

En revanche, il commet des fautes fiscales s'il ne respecte pas certaines obligations qui conduisent à un préjudice fiscal certain pour les usagers de droit. Il s'agit généralement des manquements qui touchent à l'efficacité juridique de son acte, comme son devoir de conseil fiscal, de communication, d'investigation, etc. Concrètement et à titre d'exemple, un notaire qui omet de conseiller son client sur les conséquences fiscales d'un acte ne commet pas une fraude fiscale, mais plutôt une faute ou un manquement à une obligation jurisprudentielle.

La faute, en matière d'acte notarié, est généralement entendue par certains doctrinaires comme une action, volontaire ou non, qui porte atteinte au droit d'autrui en lui causant un préjudice certain.[25] Une telle référence apparaît beaucoup moins discutable, parce que moins floue que celle de la théorie générale de la faute.[26] Par conséquent, il est nécessaire d'être plus précis, en rappelant qu'en matière de responsabilité du notaire, la faute suppose un manquement de cet officier à une obligation professionnelle. En effet, Jean-Luc Aubert explique dans *La responsabilité professionnelle des notaires* : *« La faute du notaire suppose l'existence d'une obligation lui incombant et la méconnaissance de cette obligation. »*[27] Cet auteur souligne ici que la faute du notaire est un manquement à une de ses obligations professionnelles.

Ces propos de Jean-Luc Aubert se vérifient aussi en droit fiscal, dans l'espace OHADA, où la responsabilité fiscale du notaire est souvent engagée lorsqu'on arrive préalablement à prouver l'existence d'une faute[28], d'un manquement à une ou plusieurs de ses obligations professionnelles : en d'autres termes, une faute commise par le notaire dans l'exercice de ses fonctions. Ce manquement réside généralement dans l'inobservation de ses obligations professionnelles, à l'instar de ses obligations principales et de ses obligations accessoires. Nous entendons par obligations principales celles qui sont relatives à ses obligations de déclaration, d'enregistrement et de conseil ; par obligations accessoires, nous entendons ses obligations de vérification et de communication.

Il sied, dès à présent, de s'intéresser aux fautes qui sont indemnisables et celles qui ne le sont pas dans l'espace OHADA. Il est important de souligner qu'en matière d'acte notarié, l'avancée du droit a permis que la faute lourde

---

[25] BIGUENET-MAUREL (C.), « Responsabilité notariale : panorama de la jurisprudence récente », Solution Notaire Hebdo, 17 octobre 2019, n° 33, p. 15-19.
[26] GUEGUANG et GUEGUANG (G.), *Responsabilité des notaires : pour un régime spécifique de responsabilité*, Paris, L'Harmattan, 21 septembre 2018, p. 10-25.
[27] YAIGRE (J.) et PILLEBOUT (J- Fr.), *Droit professionnel notarial*, Paris, éd. LexisNexis, 15 mai 2009, p. 50-54.
[28] Nous parlons ici des hypothèses où le notaire a eu un manquement à une obligation fiscale et non de celles où il a commis une fraude.

ne soit plus exigée de cet officier public : la simple faute peut le condamner. En réalité, toute action fautive du notaire, lors d'opérations se rattachant aux choix, à la collecte et dans certains cas à la liquidation ou au recouvrement des impôts, est de nature à engager la responsabilité de ces officiers publics. Il n'est plus nécessaire, comme avant, de prouver une faute lourde. Cependant, toutes les fautes ne sont pas indemnisables, car il faut réunir certaines conditions plutôt draconiennes[29].

Il nous paraît important, en parlant de faute, de rappeler qu'il existe plusieurs types de fautes fiscales que peuvent commettre les notaires dans l'exercice de leurs fonctions. Nous avons identifié les plus récurrentes. Comme nous l'avons dit plus haut, ces fautes sont des manquements ou des absences à une obligation qui concourt à l'efficacité fiscale de l'acte. Les exemples sont nombreux et nous pouvons en citer certains qui nous ont paru pertinents, comme le manquement de cet officier public à ses devoirs de conseil fiscal, d'enregistrement, de déclaration, de communication et de secret professionnel. Ces fautes sont diverses, variées, complexes, et les relations entre elles sont souvent antagonistes.[30]

Certaines de ces fautes fiscales sont en même temps une faute et une fraude à la loi fiscale, car elles comportent les éléments de la faute et les éléments de la fraude fiscale. Elles sont en réalité au même moment un manquement de cet officier public à une obligation préexistante, mais aussi une fraude à la loi fiscale contenue dans le Livre des procédures fiscales. Citons par exemple le manquement au devoir de déclaration du notaire : s'il ne déclare pas ou soustrait l'impôt de son client, il est clair qu'il a manqué à une obligation préexistante, tout en commettant une fraude fiscale.

Le souci de mettre de l'ordre dans l'identification et dans le traitement des fautes des notaires nous amène à les classifier selon leur importance dans l'efficacité juridique de leurs actes. Nous identifions ainsi les fautes aux obligations principales des notaires, comme le conseil, la déclaration et l'enregistrement (section 1), et les fautes secondaires ou accessoires, à l'instar du devoir de communication et de secret (section 2).

---

[29] Il faudrait un préjudice certain, comme la faillite de l'entreprise par le mauvais calcul des impôts par le notaire, ou encore une causalité entre la faute et le préjudice, qui ne sont pas faciles à établir dans la pratique.

[30] Les exemples de relations antagonistes entre les devoirs du notaire sont nombreux, à l'instar du devoir de garder le secret et l'obligation de communiquer. Si les législateurs OHADA ont essayé de les encadrer, il reste beaucoup d'éléments à préciser en pratique.

SECTION I : LE MANQUEMENT DU NOTAIRE À SES PRINCIPALES OBLIGATIONS FISCALES

Les missions principales du notaire ont pour objectifs de conduire à la sécurité du trafic juridique ainsi qu'à l'efficacité des actes notariés. Cependant, ces concepts nobles dans la théorie n'ont pas trouvé la même noblesse en pratique. En effet, le notaire, alors qu'il effectue ses missions principales en matière fiscale, commet souvent des fautes relatives à son obligation de déclaration ou à son obligation d'enregistrement. Aussi, il arrive que cet officier public ne conseille pas efficacement les parties sur les conséquences fiscales des actes auxquels ils souscrivent, ce qui occasionne malheureusement des préjudices fiscaux importants à ses clients.

Il en ressort que les manquements du notaire à ses obligations fiscales principales concernent son obligation préalable de conseil fiscal des parties (paragraphe 1), ainsi que ses obligations de déclaration et d'enregistrement (paragraphe 2).

PARAGRAPHE 1 : LE MANQUEMENT DU NOTAIRE À L'OBLIGATION DE CONSEIL FISCAL

Le caractère constant et absolu du devoir de conseil a été mis en évidence, pour la première fois en France, dans un arrêt de la Cour de cassation en date du 21 juillet 1921 : « *Les notaires, institués pour donner aux conventions des parties les formes légales et l'authenticité qui en est la conséquence, ont également pour mission de renseigner les clients sur les conséquences des engagements qu'ils contractent ; responsables en vertu de l'article 1382 du Code civil, ils ne peuvent stipuler l'immunité de leurs fautes et par suite décliner le principe de leur responsabilité en alléguant qu'ils se sont bornés à donner la forme authentique aux conventions des parties.* »

Pour la Cour de cassation française, le notaire est tenu professionnellement d'éclairer les parties sur les incidences des actes qu'il a reçus, ainsi que de s'assurer de leur validité et de leur efficacité. Il ne peut décliner le principe de sa responsabilité en alléguant qu'il n'a fait qu'authentifier l'acte établi par les parties. Le juge a installé par cette décision l'obligation de conseil du notaire, surtout en matière fiscale. Il faut avouer que ce devoir de conseil en matière fiscale est essentiellement jurisprudentiel et présente des difficultés d'ordre pratique.

Nous reconnaissons cependant ne pas avoir trouvé de décision africaine sanctionnant un notaire pour absence de conseil fiscal. Si cette subtilité juridique est peut-être moins connue en Afrique, les lourdeurs financières et administratives dissuadent souvent les personnes de poursuivre le notaire pour les préjudices fiscaux causés par son acte. Dans tous les cas, l'engagement de la responsabilité du notaire en matière fiscale peut se faire sur la base d'une absence ou d'un mauvais conseil donné.

La suite de notre travail consistera à préciser dans un premier temps des fondements d'une telle obligation pour le notaire (A), avant d'évoquer comment l'adoption de l'obligation de conseil fiscal du notaire pourrait être consacrée par les différents législateurs de l'espace OHADA (B).

A- LES FONDEMENTS DE L'OBLIGATION FISCALE DE CONSEIL

La jurisprudence et la doctrine française imposent au notaire « *d'avertir ses clients sur les conséquences fiscales des actes auxquels ils souscrivent* »[31]. Seulement, en nous interrogeant sur les origines de cette obligation de conseil fiscal, nous allons montrer qu'elle ne repose sur aucun fondement normatif (1), mais qu'elle trouve plutôt sa source dans la jurisprudence et la doctrine (2).

1- L'absence de fondement normatif de l'obligation de conseil fiscal

Le devoir de conseil, à la différence du devoir d'authentification, ne possède aucune définition légale. Nul texte précis ne vient, dans ce domaine, indiquer les obligations du notaire, si bien que le devoir de conseil a été mis au point par la jurisprudence, qui n'a indiqué ni le contenu ni les limites de ce devoir[32]. La responsabilité du notaire pour absence de conseil ou mauvais conseil fiscal n'est donc pas encadrée. De plus, le contenu du devoir de conseil n'étant pas défini, il est compliqué pour le juge de statuer sur la responsabilité des notaires en matière fiscale.

Ce qui est problématique, c'est que le devoir de conseil du notaire en matière fiscale peut être perçu comme un « melting-pot », dans lequel on peut mettre n'importe quelle incrimination envers le notaire, pour le rendre responsable de tout. Le devoir de conseil s'apparente donc à une sentence faite à cet officier public du simple fait que l'acte a échoué. Autrement dit, il suffit que l'acte ne donne pas satisfaction à une des parties pour que le notaire soit accusé d'insuffisance de conseil, de mauvais conseil ou encore d'absence de conseil. Pire encore, le notaire ne peut pas se défendre en prouvant qu'il a

---

[31] Cass. civ. 3e du 30.11.13, n° 11-26074 ; ou encore Cass.civ. 1re du 20.12.12, n° 11-27959.

[32] Cour suprême Cameroun, Chambre civile, 12 décembre 2013, arrêt n° 65/Civ, succession BASSAMA c. dame NGO MBONDO FIDELE. Dans le même sens : Cour suprême du Cameroun, 10 avril 2014, n°59/civ, succession EDIMO c. KAMGNA JEAN-PIERRE.

donné des conseils fiscaux à son client. En effet, non seulement les conseils en matière fiscale sont donnés à son client de façon verbale, mais en plus la jurisprudence n'admet pas l'annexion aux actes notariés de preuves des conseils donnés, les conseils écrits aux annexes de l'acte n'étant pas admis.[33] Cela a pour conséquence de traîner ces professionnels dans les tribunaux pour des conseils qui ont été donnés dans bien des cas.

Les différents États membres de l'espace OHADA, malgré la doctrine et la jurisprudence, n'ont jamais adopté l'obligation de conseil dans leur corpus de loi. Ce vide juridique occasionne très souvent des conséquences fâcheuses pour les notaires et leurs clients. De surcroît, comment le juge peut-il trancher un litige portant sur cette absence de conseil donné, alors que la loi n'en fait pas mention ? Le sujet n'est pas ici d'évoquer les injustices faites aux contribuables à cause de l'absence de consécration textuelle de cette obligation de conseil donné dans l'espace OHADA. Cette absence de conseil donné pose un problème de preuve dans cet espace. Comment prouver que l'on a donné des conseils à son client ? Et comment le client peut-il prouver que le notaire ne lui en a pas donné, ou que ses conseils étaient insuffisants ?

Au regard de ce qui précède, il faut répondre au besoin urgent de mettre de l'ordre, notamment en encadrant ce devoir impératif à l'efficacité des actes notariés.

Nous venons de constater qu'aucun texte ne prévoit l'obligation de conseil fiscal du notaire. Cependant, cette obligation existe aussi bien dans la doctrine que dans la jurisprudence.

2- Le fondement jurisprudentiel et doctrinal de l'obligation de conseil fiscal du notaire

Le caractère constant et absolu du devoir de conseil a été mis en évidence pour la première fois dans un arrêt de la Cour de cassation en date du 21 juillet 1921 : « *Les notaires, institués pour donner aux conventions des parties les formes légales et l'authenticité qui en est la conséquence, ont également pour mission de renseigner les clients sur les conséquences des engagements qu'ils contractent.* » Plus précisément, c'est à partir du 28 novembre 1995 que la Cour de cassation a commencé à appliquer le principe du caractère absolu du devoir de conseil du notaire avec constance.

---

33 Il faut noter ici une nette évolution de l'admission des conseils donnés en tant que preuves en France, mais il reste du retard à les reconnaître dans l'espace OHADA. Nous pensons que cela serait nécessaire. Il en va de la transparence et de la sécurité juridique qu'incarne le notaire.

Dans la même optique, une décision plus récente de la Cour de cassation[34] soutient que « le devoir de conseil, qui est un devoir général d'information, oblige les notaires, d'une part, à assurer la validité des actes qu'ils reçoivent et, d'autre part, à veiller sur leur efficacité. » En vertu de son devoir de conseil, le notaire doit rendre les parties attentives aux risques qu'elles encourent. En d'autres termes, le devoir de conseil incombant au notaire consiste à éclairer les clients sur le contenu et les effets des engagements qu'ils ont souscrits[35]. Il est un avertissement donné aux parties sur la meilleure façon d'exercer leurs droits et sur les conséquences de cet exercice. En réalité, le devoir de conseil représente plus qu'un simple devoir d'information, dans la mesure où la jurisprudence a fait de ce devoir l'élément fondamental de la responsabilité notariale[36].

Cela se vérifie en matière fiscale. Dans de récentes décisions, il a été jugé que « *le notaire doit conseiller son client sur les conséquences fiscales d'un acte qu'il établit.* »[37] Mentionnons aussi cette décision française, dans laquelle le juge a estimé que « *le notaire est tenu d'éclairer les parties sur toutes les conséquences juridiques et fiscales des actes auxquels il prête son ministère.* » Par exemple, en cas d'acte constitutif de société, le notaire doit informer les parties des conséquences économiques, juridiques et fiscales du défaut de libération de capital. Aussi, et surtout une décision de la Cour de cassation française[38] fait du « *devoir de conseil du notaire un devoir absolu* ». Pour le juge, le notaire est donc chargé d'éclairer ses clients sur les formalités qui doivent être accomplies ainsi que sur les risques de l'acte.

Clémence PHALIP, spécialiste en droit fiscal notarial, estime que le devoir de conseil du notaire se résume en une formule triptyque : « *Chercher à savoir, faire savoir et savoir guider.* »[39] Pour cette auteure, le prérequis à tout conseil est de savoir s'informer, en cherchant l'information là où elle se trouve. Cependant, nous ne pouvons que déplorer que la majorité des pays africains ne disposent pas d'organismes spécialisés, chargés de délivrer une information spécifique à un temps opportun. Généralement, le notaire de l'espace OHADA se fie à l'administration fiscale, qui a d'autres missions prioritaires. Heureusement, la formation initiale au droit et la lente évolution de la loi permettent à ceux qui souhaitent des ressources de les trouver sans difficulté majeure. Nous pensons que l'heure est venue de mettre en place dans chaque pays de l'espace OHADA – ou au moins régionalement – des

---

[34] Cass, civ.1re du 3 avril 2007, bull. civ. I n° 43.
[35] PHALIP (C.), *La gestion du risque fiscal par la profession notariale*, Paris, éd. LexisNexis, p. 26.
[36] *Ibid.*, p. 29.
[37] Cass, civ. 3e, 4 févr. 2014, n° 12-21.429.
[38] Civ, 1re, 11 janvier 2017.
[39] PHALIP (C.), *La gestion du risque fiscal par la profession notariale*, Paris, éd. LexisNexis, p. 26-27.

organismes spécialisés dans la fourniture d'informations aux professionnels du droit.

Le deuxième aspect du conseil soulevé par Clémence PHALIP est de « faire savoir ». En d'autres termes, il s'agit de délivrer les informations après les avoir cherchées. Il s'agit en quelque sorte d'une mise en garde sur les éventuelles conséquences de l'acte qu'il projette. Elle « *consiste à informer les clients sur les possibilités qu'ils ont – dans les limites légales* ».

Le dernier aspect du devoir de conseil est de « *savoir guider le client dans ses choix et alimenter sa réflexion pour une prise de décision en parfaite connaissance de cause* ». Il s'agit de lui indiquer la voie qui paraît la meilleure.

Clémence PHALIP résume et divise le conseil en cinq temps majeurs :

« 1 - informer sur les techniques existantes de réglementation à respecter ainsi que les interprétations de l'administration fiscale et du juge en la matière ;

2 - mettre en garde sur les risques éventuels de redressement et les sanctions alors encourues, ainsi que sur les incertitudes et l'évolution prévisible du droit positif ;

3 - suggérer le cas échéant les alternatives ou parades à circonscrire le risque ;

4 - indiquer la voie la meilleure en termes d'opportunité, mais également de sécurité fiscale, et corrélativement déconseiller certains montages eu égard aux risques inadmissibles associés ;

5 - assister le client, en cas de redressement, dans les phases de contrôle, de procédure et de contentieux fiscal, en l'aiguillant sur les droits, les devoirs, la stratégie de défense et l'attitude à déployer. »

Mathias LATINAS et Jean-François SAGAUT vont dans le même sens, en affirmant à ce propos : *« C'est par le biais du devoir de conseil que le notaire se voit chargé d'assurer la validité et l'efficacité des actes qu'il reçoit, voire de l'adéquation de l'acte dressé avec les objectifs poursuivis par ses clients. »*[40] De ce fait, le notaire est tenu à une obligation de conseil relativement étendue.

---

[40] cf. *Déontologie notariale,* 2e éd. Defrénois, collection expertise notariale, p. 60-85.

De la même manière, Béatrice PARANCE[41], Stéphane PIEDELIEVRE[42] et Maurel BIGUENET[43], dans leurs ouvrages respectifs, estiment que le devoir de conseil du notaire est un devoir nécessaire et impératif, dans la mesure où ce devoir est fait pour protéger ceux qui avaient besoin de protection, à l'instar des clients du notaire et des tiers à l'acte notarié. Cependant, ils déplorent aussi les nombreux revirements jurisprudentiels et la sévérité du juge qui ont amené au renforcement du caractère absolu, mais aussi à l'imprécision sur le contenu et la portée de ce devoir de conseil. Cela a pour conséquence fâcheuse une certaine rareté des cas d'exonération du notaire. Dans l'espace OHADA, nous n'avons pas pu retrouver de décision qui condamne un notaire pour absence de conseil ou pour mauvais conseil fiscal donné ; il est pourtant clair que cela fait partie de ses devoirs impératifs. Cela reste dommageable au regard des pays à forte tradition notariale, dans lesquels les devoirs fiscaux du notaire sont un impératif, même quand le législateur ne les a pas consacrés.

Pour illustrer nos propos, voici plusieurs jurisprudences dans lesquelles le législateur a reconnu et sanctionné le notaire pour absence de conseil fiscal donné, en matière immobilière et en matière successorale.

En matière immobilière, il faut rappeler un arrêt important en France de la première chambre civile de la Cour de cassation du 20 janvier 2011.[44] Dans cette affaire, un homme a fait acquisition par-devant notaire d'un immeuble. L'acte authentique de vente contenait une clause mettant à la charge de cet acquéreur la taxe d'habitation afférente à l'année 2004. Il assigne en justice ledit notaire afin d'obtenir sa condamnation à lui payer des dommages et intérêts correspondant au montant de cette taxe. La Cour de cassation fait droit à cette demande, en retenant que la « *simple lecture de cette clause lors de la signature de l'acte de vente, sans que le notaire ne rappelle les règles fiscales auxquelles elle dérogeait, n'assurait pas, à elle seule, une information suffisante de l'acquéreur sur la portée de l'engagement qu'elle contenait* »[45].

Dans un ordre d'idée proche, il semble opportun de mentionner la décision de cette même chambre de la Cour de cassation du 30 avril 2009. En l'espèce, après l'acquisition d'un terrain à Saint-Denis de la Réunion, l'acquéreur a

---

[41] « La confirmation très nette du caractère absolu du devoir de conseil des notaires », *Lamy droit du contrat,* septembre 2007, p. 8-14. Dans le même sens : Cass.1re, civ. 3 avr. 2007, n° 06-12.831, P+B.

[42] « Plaidoyer pour une application raisonnée du devoir de conseil du notaire », *Lamy droit de la responsabilité*, décembre 2006, p.12-23

[43] *Le devoir de conseil des notaires*, Paris, éd. Defrénois, p. 352.

[44] PHALIP (C.), *La gestion du risque fiscal par la profession notariale*, Paris, éd. LexisNexis, p. 27.

[45] ALBAN (A.), « La responsabilité professionnelle des notaires pour manquement à leur devoir de conseil en matière fiscale », Defrénois, n°3, 15/022011, p. 249.

édifié, en décembre 2000, une maison d'habitation. À condition que cette construction soit conservée et affectée à l'habitation principale de cet acquéreur pendant une durée de cinq ans, celui-ci aurait pu prétendre bénéficier de la défiscalisation propre aux départements d'outre-mer prévue à l'article 199 undecies A du Code général des impôts. Or, ayant vendu le bien le 24 janvier 2005, le vendeur s'est vu notifier un redressement fiscal fondé sur le non-respect du délai de cinq ans. Lui reprochant un manquement à son devoir de conseil, ce vendeur a assigné son notaire en paiement de la somme correspondant à l'amende fiscale. La Cour de cassation approuve la cour d'appel d'avoir accueilli cette demande, au motif que le notaire « *ne pouvait ignorer l'éligibilité [de son client] aux dispositions de défiscalisation précitées, puisque l'acte de vente dressé par lui mentionnait que la construction était achevée depuis moins de cinq ans et avait été sa résidence principale à compter de cette date...* »

Ainsi est-il très fréquent, en pratique, que le notaire contrevienne à son devoir de mise en garde en n'attirant pas l'attention de ses clients sur l'existence de dispositions fiscales fondamentales régissant les opérations d'achat et de vente de biens immobiliers.

Ce principe de solution se retrouve également en matière successorale. On peut ainsi se référer à un important arrêt la cour d'appel de Douai du 22 février 2010[46]. Ici, les appelants « *font valoir que le notaire doit non seulement veiller à l'efficacité technique (conformité au droit), mais également à l'efficacité pratique (utilité réelle) des actes qu'il instrumente, qu'il a l'obligation de conseiller ses clients sur les conséquences, notamment fiscales, des actes qu'il rédige...* ». En outre, « *ils affirment que, la préoccupation fiscale constituant une motivation essentielle dans leurs choix patrimoniaux, [le notaire] se devait de vérifier toutes les conséquences fiscales et de proposer le meilleur choix...* »[47]. La cour a décidé de retenir la responsabilité professionnelle du notaire, car « *en vertu de son devoir de conseil, [il] aurait dû prévoir les conséquences fiscales de la donation litigieuse, au regard des actes qu'[il] avait précédemment dressés, à savoir d'une part l'acte d'acquisition d'un logement neuf destiné à être loué pendant une durée minimale de six ans, afin de profiter de l'avantage fiscal défini par l'article 199 nonies du CGI, d'autre part, les contrats de bail relatifs à cet appartement, alors que la doctrine administrative était constante, comme l'ont jugé le tribunal administratif, puis la cour administrative d'appel pour assimiler la donation de nue-propriété à une cession. [Le notaire] se devait d'informer les époux de la probabilité d'une remise en cause des abattements fiscaux dont ils avaient bénéficié*

---

[46] Cour d'appel de Douai, 22 février 2010, n° 08/06264.

[47] ALBAN (A.), « La responsabilité professionnelle des notaires pour manquement à leur devoir de conseil en matière fiscale », Defrénois, n°3, 15/02/2011, p. 249.

depuis la mise en location de l'appartement [...], s'ils poursuivaient la donation projetée. [...] Les époux n'avaient manifestement pas connaissance de cette disposition fiscale ni de l'interprétation administrative qui en a été faite. Il appartenait dès lors [au] notaire d'attirer leur attention sur ce point. »[48]

Le contentieux suivant, encore plus caractéristique que le précédent, permet de cerner le devoir de conseil en matière successorale. En effet, dans un arrêt de la première chambre civile du 9 décembre 2010[49], un notaire a procédé au partage des biens et à la déclaration de la succession d'un homme, décédé en laissant pour héritiers sa femme et leurs trois enfants vivants, ainsi que deux petites-filles venant en représentation de leur père, fils prédécédé du défunt. Or la veuve, vraisemblablement mue par un sentiment d'extrême prévoyance et un élan de générosité profonde, a pris en charge et réglé, par l'intermédiaire de l'officier public, l'intégralité des droits de succession pour un montant de 9 263 002 €, grâce à la vente d'actions qui lui avaient été transmises en pleine propriété. Toutefois, l'administration fiscale a estimé que le paiement de ces droits de mutation constituait une libéralité déguisée au profit de ses enfants. L'administration de l'enregistrement notifia alors une rectification à la veuve, qui allait décéder peu de temps après l'une de ses filles, qui avait elle-même trois filles. Ces dernières durent ainsi s'acquitter chacune de la somme de 236 958 € au titre des droits de succession et de la somme de 63 102 €, au titre des intérêts de retard. De plus, elles se retrouvèrent doublement lésées, car, même en payant ces sommes, elles ne pouvaient pas bénéficier de la succession de leur mère, car le patrimoine de celle-ci fut transmis à leur propre père par le jeu de la clause d'attribution de la communauté universelle au conjoint survivant, souscrite par leurs parents. Ces trois héritières décidèrent donc d'assigner le notaire en réparation de leur préjudice, sur le fondement d'un manquement à son obligation de conseil ou, plutôt, à son devoir de mise en garde. La décision des juges du fond de

---

[48] Cass. 1re civ., 14 oct. 2009, n° 08-17994, inédit : Defrénois 2010, art. 39 175, n° 3, p. 2215, obs. M. Latina. En l'espèce, deux époux ont fait donation entre vifs à titre de partage anticipé, avec réserve d'usufruit, de la nue-propriété d'un chalet à leur fils ainsi que d'une somme en numéraire de 800 000 F à leur autre fils. Ce dernier et ses parents ont postérieurement acquis en leurs qualités respectives de nu-propriétaire et d'usufruitiers des valeurs mobilières pour la somme de 800 000 F. Postérieurement au décès des donateurs, le fils ayant reçu la somme de 800 000 F en numéraire a fait signer son frère afin de dire que la donation-partage devait être réduite comme portant atteinte à ses droits d'héritier réservataire. La Cour de cassation censure la décision des juges du fond de ne pas faire droit à cette demande. La Haute cour rappelle, en effet, que « l*e notaire, officier public, est tenu d'informer et d'éclairer les parties sur les incidences juridiques et fiscales des actes qu'il établit* ». Or, en l'espèce, « *le notaire ne justifiait pas avoir attiré l'attention des parties sur les conséquences de l'acte et avoir satisfait à son obligation d'information et de conseil.* » Selon les juges de la Cour de cassation, l'arrêt de la cour d'appel a violé l'article 1382 du Code civil.

[49] Cass. 1re civ., 9 déc. 2010, n° 09-16531, Defrénois flash, 20 déc. 2010, p. 12 ; D. 2011, p. 12.

condamner le notaire à payer, à chacune de ces héritières, la somme de 10 000 € fut censurée par la Cour de cassation, en raison notamment du fondement retenu par la Cour d'appel, à savoir « *la perte de chance de voir [la] grand-mère opter, éventuellement, pour une autre solution fiscale* ».

La Cour de cassation retient, tout de même, qu'« en n'informant pas [la veuve] des solutions fiscales régulières au regard de son intention libérale, dont il n'était pas contesté qu'elles existaient, le notaire, qui a concouru à la donation déguisée en méconnaissance des dispositions fiscales, a ainsi exposé les héritières de la donatrice au paiement du redressement et des intérêts de retard, lequel constitue un préjudice entièrement consommé dont l'évaluation commande de prendre en compte l'incidence financière des solutions fiscales licitement envisageables ».

Il est à noter que le devoir de conseil du notaire induit un devoir de mise en garde, mais aussi que soit dispensé un conseil fiscalement optimisé.[50] Vérifions cela dans le domaine du régime matrimonial. La décision de référence dans ce domaine est un arrêt de la première chambre civile de la Cour de cassation du 15 février 2005. Le chapeau introductif de cette décision donne le ton : « *Le notaire est tenu d'une obligation particulière d'information et de conseil lui imposant, notamment, d'éclairer ses clients sur les incidences fiscales des actes qu'il a été chargé d'établir...* »[51]

Dans cette affaire, le litige porte sur la rédaction d'un contrat de mariage adoptant le régime de la communauté universelle, dans lequel le notaire a omis d'inclure une clause d'attribution intégrale de la communauté au profit du conjoint survivant, ce qui a eu pour conséquence de rendre la veuve redevable de droits de succession d'un montant de 51 832,67 €. C'est pour cette raison que celle-ci a assigné en responsabilité professionnelle son notaire, en vue d'obtenir de lui qu'il l'indemnise du préjudice subi. La cour d'appel n'a pas donné droit à cette demande, aux motifs que la veuve « *n'apporte aucun élément qui laisserait penser que les époux aient fait part au notaire de leur volonté exclusive de ne pas payer de droits de succession [et] que la preuve du manquement au devoir de conseil ne pouvait résulter de la seule absence dans un acte d'une disposition permettant un avantage fiscal* ».

La Haute cour a censuré cet arrêt, estimant qu'*« il appartenait au notaire que les époux (...) avaient chargé de dresser les conventions susmentionnées d'informer à tout le moins ces derniers de la possibilité d'insérer dans leur contrat de mariage une clause d'attribution intégrale de la communauté au*

---

[50] ALBAN (A.), « La responsabilité professionnelle des notaires pour manquement à leur devoir de conseil en matière fiscale », Defrénois, n°3, 15/022011, p. 249.
[51] Cass. 1re civ., 15 févr. 2005, n° 03-12553, inédit.

conjoint survivant, dont l'omission était nécessairement défavorable aux intérêts patrimoniaux de ce dernier ».

Le docteur ALBAN, dans son article « La responsabilité professionnelle des notaires pour manquement à leur devoir de conseil en matière fiscale », commente cette décision : *« Cette solution se comprend fort aisément en ce que l'avantage matrimonial que procure le régime de la communauté universelle, avec clause d'attribution intégrale au conjoint survivant, constitue l'outil civil d'optimisation fiscale par excellence, pierre angulaire d'une véritable stratégie matrimoniale d'habilité fiscale. »* Partant, *« le choix d'un régime conventionnel est souvent guidé par la recherche d'un avantage matrimonial. »*

En d'autres termes, l'avantage matrimonial apparaît donc comme une pièce maîtresse sur l'échiquier de l'« ingénierie fiscale du patrimoine » des époux. Or cette ingénierie fiscale représente un impératif aux yeux des époux, même si certains auteurs le déplorent. En effet, nul ne peut contester que, de nos jours, la survie d'un patrimoine à travers sa transmission n'est réalisable que si les paramètres fiscaux sont connus et maîtrisés. Dès lors, le notaire engage sa responsabilité professionnelle s'il n'est pas à même de dispenser un conseil fiscalement optimisé. Car en n'indiquant pas à ses clients la solution la plus avantageuse fiscalement parlant, l'officier public déçoit leurs attentes.

Le même type de préoccupation se retrouve en matière de libéralités. À cet effet, mentionnons une décision de la cour d'appel de Bordeaux du 15 mai 2006[52]. En l'espèce, le notaire a commis une faute en manquant à son devoir de conseil, pour n'avoir pas informé les donataires des conséquences fiscales de l'apport à un groupement foncier agricole (GFA) des biens objets de la donation, à savoir la perte du bénéfice des articles 793, § 2, 3o et 793 bis du CGI, avantage recherché par l'acte de donation. Ce manquement au devoir de conseil a été la cause directe du préjudice subi par les donataires, tenus d'acquitter des sommes importantes au titre du redressement fiscal dont ils ont fait l'objet. En outre, le notaire ne saurait avancer que les donataires ne proposent pas d'autre « montage juridique » que celui du GFA : *« Investi à l'occasion de cette opération d'une mission de conseil, c'est à lui qu'il appartenait de déterminer le montage permettant une application efficace des [dispositions fiscales] (...). Enfin, si le paiement d'un impôt ne constitue pas en lui-même un préjudice indemnisable comme résultant de l'application de la loi fiscale, tel n'est pas le cas en l'espèce du préjudice subi par [les donataires], du fait du règlement du redressement de droits qu'ils n'auraient jamais eus à acquitter si, en vertu du devoir de conseil qui était le sien, [le*

---

[52] CA Bordeaux, 15 mai 2006 : Juris-Data, n° 2006-315560.

notaire] leur avait évité de perdre le bénéfice de la fiscalité avantageuse, recherché dans le cadre de la donation-partage... »

Comme nous venons de le voir, le notaire a un devoir de conseil fiscal envers ses clients, qui consiste pour lui à les éclairer sur les conséquences fiscales des actes qu'ils souscrivent. Mais comment le législateur OHADA doit-il l'adopter et l'appliquer dans son espace, en tirant les leçons de la pratique dans les pays développés ?

B- L'ADOPTION DE L'OBLIGATION FISCALE DE CONSEIL DU NOTAIRE DANS L'ESPACE OHADA

L'adoption et l'application de l'obligation de conseil du notaire, en général et en matière fiscale, nous paraissent fondamentales. En effet, cette obligation contribuera à plus de justice pour les notaires et les usagers de droit. Cependant, nous savons que son application ne devra pas être un mimétisme de ce qui se fait ailleurs, sans tirer les leçons des conséquences, des usages et des insuffisances dans ces pays. Alors, il nous paraît plus qu'essentiel d'identifier les problèmes de conseil rencontrés dans ces pays, avant de tenter de proposer un système de conseil plus adapté aux réalités africaines.

L'obligation de conseil du notaire, comme nous l'avons dit plus haut, est une création prétorienne. Cependant, son application dans les pays développés présente des difficultés que nous devons d'abord identifier (1), avant de présenter comment les législateurs de l'espace OHADA pourraient l'appliquer efficacement (2).

1- Identification des problèmes relatifs à l'obligation fiscale de conseil du notaire

Au rang des difficultés que présente l'obligation de conseil du notaire, nous pouvons citer la non-consécration dans notre droit de cette obligation capitale. En effet, ce devoir de conseil du notaire, déjà présenté de manière consistante, demeure prétorien. Cette situation ne permet pas une certaine clarté ou du moins une fluidité dans les relations qui existent entre le notaire et ses clients. Aussi faut-il souligner l'épineuse difficulté que présente ce devoir de conseil du notaire, relative à l'absence de définition légale.

Qu'est-ce que le devoir de conseil fiscal du notaire dans l'espace OHADA ? Quelle définition pouvons-nous donner à cette obligation du notaire ? Ces problématiques occupent une place de choix dans l'actualité. Trouver des réponses est primordial, dans la mesure où elles permettront de poser les bases de l'encadrement de cette impérative obligation. On ne saurait rester de marbre face à un problème réel et persistant, qui cause de l'insécurité et des difficultés à l'efficacité juridique de l'acte notarié. L'indifférence devant ce problème ne sera en aucun cas la solution, mais formerait un gouffre avec la justice et la transparence qui doivent caractériser l'acte du notaire. Ce problème est présent en Afrique et dans le monde pratiquant le droit notarial latin.

À titre d'exemple, prenons la décision française d'Aix-en-Provence du 28 décembre 2010, n° 10/00219, prouvant l'existence d'un véritable problème du devoir de conseil. Le juge y précise : « *Le notaire doit alerter l'acheteur sur les conséquences économiques et fiscales de son investissement.* »

Les faits étaient les suivants. En 2007, après avoir été contacté par un conseil en gestion de patrimoine, un particulier a acheté sept lots de copropriété à Avignon, pour un montant de 432 920 €. Rapidement, il se retrouve confronté à de nombreux impayés de la part de la société exploitante. Cette dernière finit par être placée en redressement judiciaire, en avril 2008. Malgré la reprise des fonds exploités par une nouvelle société, l'investisseur subit de nouvelles pertes. L'acheteur entend alors rechercher la responsabilité du notaire ayant authentifié la vente, pour défaut de conseil et d'impartialité. Et pour cause : le notaire était lui-même copropriétaire dans une résidence exploitée par la même société et n'avait rien dit au sujet des difficultés financières de cette dernière. Il ne pouvait pas les ignorer. Le notaire soutient qu'il n'était débiteur d'aucun devoir de conseil, dès lors que la convention était déjà parfaite au moment de son intervention. Deux actes sous seing privé avaient été précédemment signés, dont un bail commercial liant le client à la société exploitante pour une durée de douze ans. Les juges du fond ayant rejeté sa demande, l'investisseur fait appel. La cour d'appel retient, au contraire, que le notaire a bien failli à ses obligations de diligence, de conseil et de mise en garde impartiale au profit de l'investisseur, en ce qui concerne les retards et impayés de loyers. Le fait que le notaire était copropriétaire dans une résidence exploitée par la même société et qu'il était informé des difficultés financières de cette dernière a été déterminant. Le notaire a été condamné à payer à l'investisseur 16 500 € à titre de dommages et intérêts[53].

Un autre enjeu de l'encadrement de ce devoir de conseil est celui de la détermination ou de la reconnaissance du bon, du mauvais, de l'insuffisance et de l'absence de conseil en matière fiscale. En effet, le notaire donne des conseils aux parties, mais il arrive dans bien des cas que le juge apprécie différemment le conseil donné par le notaire, en le requalifiant de mauvais conseil ou d'insuffisance de conseil. Cette requalification pose problème, dans

---

[53] LE ROY (P.), « Responsabilité professionnelle : le devoir de conseil s'étend aux risques financiers (commentaire de jurisprudence) », disponible in site, en ligne, http://leparticulier.lefigaro.fr/jcms/c_127556/responsabilite-professionnelle-le-devoir-de-conseil-s-etend-aux-risques-financiers-commentaire-de-jurisprudence ; publié le 06/05/2011 à 16:08 (visité le 29 août 2019).

la mesure où le notaire a prodigué des conseils sur la base de son expertise et de son expérience en droit notarial. Malheureusement, le juge, qui ne maîtrise pas aussi bien les rouages du notariat, qualifie le conseil de mauvais ou de conseil insuffisant. Cette attitude du juge nous amène à nous demander quels sont les critères du bon conseil. Car la requalification du juge pose d'ordinaire des problèmes d'ordre pratique. En ce sens, comment expliquer que la jurisprudence oblige le notaire à conseiller le client sur les risques pour le créancier de non-remboursement de son prêt ? Comment expliquer que le juge oblige le notaire à donner, en plus des conseils juridiques, des conseils économiques, au point qu'il est souvent assigné au tribunal pour inefficacité économique de ses conseils ? Au demeurant, le notaire, bien que généraliste du droit, essaie tant bien que mal de donner des conseils économiques à ses clients. Mais on ne peut pas requalifier ces conseils, puisqu'ils sont purement issus de son expertise. Dès lors, pourquoi le rendre responsable des conseils économiques ?

La jurisprudence et la doctrine ne s'entendent pas sur la relation qui doit exister entre le devoir de conseil et la perte de chance. En effet, certains auteurs pensent que le devoir de conseil du notaire devrait lui être préjudiciable, à partir du moment où, par la faute de cette absence de conseil, de mauvais conseil ou d'insuffisance de conseil, le client a perdu une opportunité. D'autres pensent que même si le conseil n'a pas fait perdre au client une opportunité, le notaire devrait être responsable à partir du moment où il existe un dommage, même s'il n'est pas considérable.

Nous venons de présenter les problèmes relatifs à l'obligation de conseil des notaires. Quelles mesures permettraient d'encadrer l'obligation de conseil du notaire ?

2 - Proposition d'adoption de l'obligation de conseil donné par le notaire dans l'espace OHADA

Cette suggestion de proposition puise son inspiration dans la doctrine et la jurisprudence des pays qui la pratiquent. Nous avons identifié les différentes difficultés rencontrées et les solutions pour y remédier, provenant aussi bien des praticiens que des doctrinaires.

Pour commencer, à la lumière de nos précédents développements, rappelons que le conseil du notaire en matière fiscale est une obligation qui doit être consacrée et encadrée par le législateur. Cette obligation accessoire à l'authentification est nécessaire et capitale à l'efficacité de l'acte notarié. C'est pourquoi la doctrine a essayé tant bien que mal de proposer des solutions à ce devoir impératif du notaire.

Tout d'abord, dans les différents pays de l'espace OHADA, les législateurs doivent imposer les règles impératives du devoir de conseil et les sanctions y relatives, qui engagent la responsabilité des notaires s'ils ne les respectent pas. Cela implique que le notaire est tenu d'éclairer les parties sur toutes les conséquences juridiques et fiscales des actes auxquels il prête son ministère.[54] Précisément, par le devoir de conseil, le notaire doit s'assurer de la validité et de l'efficacité des actes qu'il instrumente.[55] En vertu de son devoir de conseil, le notaire doit rendre les parties attentives aux risques qu'elles encourent et se protéger avec une preuve de l'avertissement donné, voire faire signer une décharge de sa responsabilité, lorsque les parties n'ont pas une compétence particulière. À défaut, il engage là encore sa responsabilité. Ainsi, l'impératif d'efficacité devrait l'amener à aviser entièrement les parties sur la véritable portée de leurs opérations juridiques, sur l'étendue de leurs engagements et sur leurs conséquences. Cette obligation devrait exister même s'il n'a eu pour mission que de donner la forme authentique.[56]

Ensuite, ce devoir de conseil implique neutralité et impartialité. Cela consiste à dire que le notaire choisi par un client a une obligation de loyauté, envers lui comme envers les éventuels autres cocontractants. Il doit conseiller de manière impartiale et équitable, de telle sorte qu'il ne privilégiera jamais un client habituel à un client occasionnel. De ce fait, le devoir de conseil du notaire doit être considéré comme un devoir professionnel impératif, que rien ne saurait dispenser, car il fait partie intégrante de l'exercice de la fonction notariale.

Enfin, le notaire doit impérativement constituer la preuve de la délivrance des mises en garde, par une preuve écrite, dont la rédaction doit être précise.[57] À cet effet, les notaires pourraient faire signer une « reconnaissance de

---

[54] BIGUENET-MAUREL (C.), « Responsabilité notariale : Panorama de la jurisprudence récente », *Solution Notaire Hebdo,* 17 octobre 2019, n° 33, p. 16.
Dans le même sens : NEGER (G.), « La responsabilité civile des notaires », in site, en ligne, www.village-justice.com (visité le 10 décembre 2019).
[55] SAGAUT (J-F), « Sécurité juridique : le rôle des notaires », in site, en ligne, lejdd.fr, publié le 7 avril 2018 (consulté 10 décembre 2012).
[56] Sommaire de Mons, arrêt n° JB07165_1, 2 mai 1991, JT, 1991, p. 794 et *Revue Not.* b. 1992, p.149, « *À un emprunt hypothécaire dont les termes auraient été négociés en dehors de son intervention. Commet une faute le notaire qui omet d'informer un prêteur du danger de conclure l'opération, compte tenu du rang hypothécaire occupé par l'un des immeubles offerts en garantie.* »
Dans le même sens : Cass. 1re civ. 11-2-2010, n° 0821.565 F-D
Dans le même sens : Cass. 1re civ. 27-2-2013, n° 12-16.891 F-PB.
[57] Cass. civ. 3e, 23 mai 2007, 06-11.889, publié au bulletin officiel, qui stipule : « *sur le plan fiscal, sans rechercher, comme il le lui est demandé, si les notaires n'avaient pas manqué à leur devoir de conseil en omettant d'éclairer les clients sur les risques qu'ils encouraient en s'engageant avant le permis de construire* ». En clair, la jurisprudence stipule : « *Le notaire de plus doit être en mesure de prouver qu'il a rempli son devoir de conseil et qu'il a mis en garde son client du risque qu'il encourt du fait de l'opération. À défaut il sera condamné pour n'avoir pas rempli son devoir de conseil* ».

conseils donnés » à leurs clients, qui doit être contenue dans un acte extérieur à l'acte principal.[58] Cette reconnaissance de conseil donné permettrait de se prémunir, dans le cas où le client outrepasserait ses conseils[59].

Il faut également que les législateurs de différents pays de l'espace OHADA disposent des hypothèses où le notaire est coupable d'absence de devoir de conseil et quand il ne l'est pas. Cette distinction nous paraît importante, car elle permet d'aiguiller le juge lors de la prise décision sur la responsabilité de cet officier public pour défaut de conseil. Nous proposons donc que le notaire soit fautif lorsque, connaissant le motif de défiscalisation des acheteurs, il ne les a pas informés des aléas de défiscalisation attendus.[60] Toutefois, « *le notaire n'a pas à informer le client de ce qu'il sait déjà.* »[61]

Néanmoins, selon nous, le notaire échappe à sa responsabilité envers le client qui ne justifie pas d'une perte de chance raisonnable.[62] En d'autres termes, le défaut du devoir de conseil du notaire n'est pas suffisant pour engager sa responsabilité professionnelle. Il faudrait, en plus de l'absence de conseil, prouver une perte de chance raisonnable.[63] Le devoir de conseil du notaire diminue, à notre avis, lorsqu'il s'agit pour cet officier public

---

[58] YAIGRE (J.), *Droit professionnel notarial*, 2e éd., Paris, Lexis Nexis-Litec, p. 18-22.
Dans le même sens : Cass. Civ., 9 avril 2002, n° 99-11.066, inédit : « *La clarté des renseignements délivrés par le notaire constitue une condition déterminante, mais pas nécessairement suffisante. [...] En outre, certaines circonstances de faits peuvent venir conforter le caractère insuffisant de la reconnaissance de conseil donné. Il peut ainsi être considéré que le document n'est pas suffisamment probant en raison du rôle actif joué par le notaire dans l'opération et de l'apparence de sécurité créée par l'acte notarié.* »

[59] Le notaire doit faire clairement constater, dans un document écrit, le fait que le client a outrepassé ses conseils, afin que les juges du fond puissent relever qu'il avait bien compris que son choix différait de celui préconisé par l'officier public.

[60] POULPIQUET (J.), « Responsabilité des notaires », Éd. Dalloz, Référence p. 20-25.
Dans le même sens : Cass. civ., 13 décembre 2005, n° 03-11433, où il a été jugé que « *le devoir de conseil du notaire comprend une obligation d'avertissement quant à l'incertitude affectant le régime fiscal applicable à une opération et au risque de perte des avantages fiscaux recherchés par l'investisseur* ».
Dans la même optique : Cass. civ., 26 janvier 2012, n° 10-25741.

[61] BIGUENET-MAUREL (C.), « Responsabilité notariale : panorama de la jurisprudence récente », *Solution Notaire Hebdo*, 17 octobre 2019, n° 33, p. 20.
Dans le même sens : Cass.3e civ., 20-6-2019, n° 18-10.502 F-D.
Dans le même sens : Cass.3e civ. 27-6-2019 n° 17-28.872 FS-PBI : SNH25/19 inf.6. En l'espèce, la décision stipule : « *Le notaire n'est pas responsable si le client avait connaissance de la nécessité de réaliser les travaux pour la défiscalisation et ne les a pas faits.* »

[62] Cour d'Appel Caen, 5 février 2013 : le juge a estimé que bien que « *le notaire ait donné de fausses informations aux futurs époux sur la liquidation de la communauté universelle, le notaire échappe à sa responsabilité envers l'ex-époux qui ne justifie pas d'une perte de chance raisonnable d'avoir pu choisir un régime matrimonial plus adapté* ».

[63] Cass. civ. 1re, 7 juillet 2011, n° 10-19766.
Dans le même sens : Cass. 1re civ. 21 nov. 2006, n° 05-15674.

d'imprimer l'authenticité d'un acte qu'il n'a pas préparé lui-même. Il lui appartient cependant de combler les lacunes ou omissions du projet et d'en redresser les erreurs.[64] La responsabilité du notaire peut être rejetée s'il est établi que le client connaissait le risque qu'il reproche au notaire de ne pas lui avoir révélé.[65]

Une décision de la cour d'appel de Nancy est fort éloquente sur le devoir de conseil du notaire. Les faits en montrent la rigueur et la teneur. Le juge devait se prononcer sur la demande du client d'engager la responsabilité du notaire pour absence de conseil en matière fiscale, et d'établir s'il y avait perte de chance pour le client d'avoir une éventualité favorable.

Pour illustrer notre propos, voici la décision de la cour d'appel de Nancy du 3 juin 2019, n° 17/00499. Dans cette affaire, *« H... K... a acquis et revendu des biens immobiliers au terme de plusieurs* actes notariés de vente établis par Maître B... E..., notaire à Pont-à-Mousson (54 700).

M. K... est décédé le 27 février 2009 et sa succession a fait l'objet d'une procédure de redressement fiscal pour un montant global de 157 174 euros. Se prévalant d'une faute commise par B... E... dans l'exercice de ses fonctions, Mme J... K..., fille de M. K... a fait assigner B... E..., notaire, par acte d'huissier délivré le 10 décembre 2014, devant le tribunal de grande instance de Nancy, sur le fondement de l'article 1382 du Code civil, aux fins d'engager sa responsabilité professionnelle et de le condamner au paiement de dommages et intérêts.

Par jugement en date du 5 décembre 2016, le tribunal de grande instance de Nancy a :

- déclaré mal fondée l'action en responsabilité diligentée par Mme K... à l'encontre de Maître E..., notaire,

- débouté Mme K... de toutes ses prétentions,

---

[64] ROY (L.), « Responsabilité professionnelle : le devoir de conseil s'étend aux risques financiers », en ligne, in site Le Particulier, publication Laurence ROY, disponible sur le site (consulté en mai 2015).

[65] DORY (J.), *La responsabilité civile du notaire*, mémoire master en droit notarial, (dir.) Pierre Van den Eynde, p. 28-30.

Dans le même sens : Cass. 3e civ., 10 mai 2007 n° 05-21.290 : « *Dès lors que l'infestation par des insectes xylophages est expressément mentionnée dans l'acte et a donné lieu à une répartition des frais y afférents entre les parties, ainsi qu'à une minoration du prix de vente tenant compte de leur présence, l'acquéreur avait parfaitement connaissance du vice et la responsabilité du notaire ne peut être engagée.* » Cet arrêt peut sembler sévère, dès lors qu'en principe la faute de la victime est une cause d'exonération.

- condamné Mme K... à supporter l'intégralité des frais et dépens de l'instance et à verser à Me E... une indemnité de 500 euros sur le fondement de l'article 700 du Code de procédure civile,

- rejeté toutes autres demandes plus amples ou contraires.

Pour statuer ainsi, le tribunal a d'abord considéré que l'action de la demanderesse n'était pas prescrite et que, contrairement aux affirmations du notaire, elle disposait d'un intérêt direct et personnel à agir.

Sur la responsabilité de Me E..., les premiers juges ont estimé que Mme K... ne démontrait pas la faute du notaire résultant d'un défaut d'information et de conseil, qu'elle déduisait simplement de l'opération de requalification établie par l'administration fiscale au préjudice du patrimoine de son père. Aucun élément ne lui permettait d'affirmer que son père, dûment informé, n'aurait pas engagé les opérations d'achat et de revente que l'administration fiscale avait considérées comme établies par un marchand de biens. Eu égard au nombre et aux circonstances des transactions réalisées, M. K... paraissait au contraire avoir agi de manière responsable en étant parfaitement avisé de l'intérêt économique de son activité.

Ils ont ajouté que seul M. K... aurait pu se plaindre d'une éventuelle insuffisance de son notaire sur les conséquences fiscales de son activité et qu'il n'était pas établi qu'il les ignorait, ni démontré que Me E... s'était abstenu d'attirer son attention à ce sujet.

Ils ont également retenu que M. K... n'était pas illettré. Ce dernier connaissait parfaitement le domaine de l'immobilier et les dispositions lui permettant de prospérer, d'y faire prospérer son activité, et qu'en réalité, il s'était livré de manière délibérée, pendant plusieurs années, à une activité spéculative à court terme, lui permettant d'améliorer ses revenus et compléter sa retraite en choisissant d'ignorer, ce qui était parfaitement son droit, les effets fiscaux et successoraux de ladite activité.

S'agissant du préjudice, le tribunal a relevé que Mme K... n'avait pas contesté le bien-fondé du redressement fiscal et que la perte alléguée résultait des agissements de son père et de l'option qu'elle avait prise, en toute liberté, de renoncer à la succession ; qu'elle ne pouvait se prévaloir d'aucun droit intangible sur le terrain situé à Dieulouard acquis par son père à des fins spéculatives et en méconnaissance de la législation fiscale et dont elle avait renoncé à ce qu'il entre dans son patrimoine.

Mme K... a interjeté appel de cette décision le 28 février 2017.

Par arrêt contradictoire du 14 mai 2018, la cour d'appel de Nancy a confirmé le jugement entrepris sur le rejet des fins de non-recevoir et l'a infirmé pour le surplus ; statuant à nouveau, a dit que Me E... a commis des fautes engageant sa responsabilité professionnelle et avant dire droit sur les préjudices allégués par Mme K... et sur sa perte de chance de recueillir la succession de son père, a ordonné la réouverture des débats.

Pour statuer ainsi, la cour a estimé, eu égard aux difficultés de compréhension de la langue française présentées par M. K..., qu'il appartenait au notaire de lui conseiller de se faire assister par un interprète, en particulier lors de l'acte du 6 mai 2005 auquel il était présent, ou à tout le moins de mentionner sur les différents actes qu'il avait informés M. K... du sens et de la portée des actes en cause, notamment sur leurs conséquences fiscales. Il est aussi précisé que le notaire, sans s'immiscer dans l'opportunité des opérations économiques réalisées par ses clients, doit néanmoins les éclairer et attirer leur attention de manière complète et circonstanciée sur la portée, les effets et les risques attachés aux actes auxquels il est requis de donner la forme authentique, au regard du but par eux poursuivi, afin de leur permettre de prendre leurs décisions en toute connaissance de cause, ce qui n'a pas été le cas en l'espèce.

Me D... ne justifie pas avoir informé M. K... qu'il risquait la qualification de marchand de biens en réalisant achats et reventes avec plus-values de biens immobiliers dans un temps très court et que cette activité aurait dû donner lieu à une déclaration de bénéfices industriels et commerciaux soumis à TVA.

La cour a également relevé plusieurs erreurs grossières du notaire en ce qui concerne les incidences fiscales des actes de revente passés par M. K..., en indiquant que les plus-values étaient exonérées de toute imposition et qu'aucune déclaration ne devrait être déposée à l'occasion de la publication ou de l'enregistrement des actes, ce qui a induit son client en erreur.

Une faute du notaire a été également retenue en ce que la vente a été enregistrée en tant que résidence principale, alors qu'il est établi que M. K... réside dans un autre lieu situé à Pont-à-Mousson ; des erreurs dans la rédaction des actes authentiques sont également relevées.

Sur le préjudice matériel subi par Mme K..., la cour a estimé que les fautes reprochées au notaire permettent de dire que Mme K... a pu perdre une chance d'accepter la succession de son père. Or, faute de produire des éléments suffisants permettant de connaître l'actif et le passif de la succession, la cour n'a pas été en mesure d'apprécier si les fautes du notaire ont rendu la succession déficitaire et ont contraint Mme K... à y renoncer, ce qui a justifié le prononcé d'une réouverture des débats.

Au dernier état de la procédure, par conclusions reçues au greffe de la cour sous la forme électronique le 18 janvier 2019, auxquelles il est renvoyé pour plus ample exposé des prétentions et moyens, Mme K... demande à la cour de :

- débouter Maître B... D... de l'ensemble de ses demandes, fins et prétentions,

- compléter l'arrêt avant dire droit du 14 mai 2018 en fixant le préjudice de Mme K...,

- condamner en conséquence Maître D..., notaire, à payer à Mme K... une somme de 83 320,82 € à titre de dommages et intérêts en réparation du préjudice subi, réparti comme suit

- 43 320,82 € au titre de la perte de chance de bénéficier de sa part successorale dans la succession de M. H... K...

À titre subsidiaire,

- surseoir à statuer dans l'attente de l'issue de la procédure pénale 18/197/14,

- condamner Maître D..., notaire, au paiement d'une somme de 10 000 € au titre de l'article 700 du Code de procédure civile,

- le condamner aux dépens.

Au dernier état de la procédure, par conclusions reçues au greffe de la cour sous la forme électronique le 17 décembre 2018, auxquelles il est renvoyé pour plus ample exposé des prétentions et moyens, Maître E... demande à la cour de :

- confirmer le jugement rendu par le tribunal de grande instance de Nancy le 5 décembre 2016 au besoin par substitution de motif,

- déclarer mal fondée Mme K... en son appel,

- déclarer Mme K... irrecevable en sa demande de sursis à statuer,

- rejeter toutes les demandes de Mme K... et l'en débouter purement et simplement,

- condamner Mme K... à payer à Maître E... la somme de 10 000 € à titre de dommages et intérêts pour procédure abusive,

- prononcer à l'encontre de Mme K... une amende civile d'un montant de 10 000 €,

- condamner Mme K... à payer à Maître E... la somme de 4 000 € au titre de l'article 700 du Code de procédure civile,

- la condamner aux dépens ».

Motifs de la décision

« Vu les écritures déposées le 18 janvier 2019 par J... K... divorcée C... et le 17 décembre 2018 par B... E..., auxquelles la Cour se réfère expressément pour un plus ample exposé de leurs prétentions et moyens ;

Vu l'ordonnance de clôture de l'instruction prononcée le 22 janvier 2019 ;

Vu l'arrêt de cette cour du 14 mai 2019 ;

Sur la demande de sursis à statuer.

Cette demande, à ce stade de la procédure, n'apparaît pas opportune et dès lors sera rejetée ;

Sur l'existence d'une perte de chance pour J... K...

Au terme de la décision sus-énoncée, les juges de cette cour ont considéré que B... E..., sur lequel portait la charge de la preuve, d'avoir averti son client H... K..., de manière claire et circonstanciée, des conséquences fiscales qu'il pouvait encourir par la multiplication des actes d'achats et de reventes immobiliers dans un court laps de temps et de sa possible soumission à la TVA et à la déclaration sur les bénéfices industriels et commerciaux, n'en justifiait pas, ce qui constituait une faute qualifiée de "défaut de conseil" ; il a également été relevé à son encontre des fautes qualifiées de "grossières" dans le domaine fiscal, dans les actes de reventes qui mentionnaient à tort l'absence de plus-values et qui n'avaient entraîné aucune déclaration de la sorte lors de la publication de ces actes ; une faute qualifiée de "lourde" par l'administration fiscale a également été relevée à l'encontre de B... E... dans le cadre de la vente de l'immeuble Ayard, qui a été désigné par le notaire comme étant l'habitation principale de H... K..., ce qui est totalement inexact ;

En conclusion, le jugement déféré a été infirmé en ce qu'il avait écarté toute responsabilité à l'encontre de B... E... et l'existence de fautes de nature à engager la responsabilité professionnelle de ce dernier a été constatée ;

Cette décision n'a pas fait l'objet d'un pourvoi en cassation ; elle est définitive à cet égard et s'impose à la présente juridiction, en charge de liquider le préjudice de J... K... divorcée C..., soit au titre du préjudice financier directement subi par l'appelante, soit sur la perte de chance de recueillir la succession de son père H... K... ;

J... K... divorcée C... a produit aux débats un acte de renonciation à succession de son père daté du 1er juillet 2010 ;

La pièce n° 16 produite par J... K... démontre ainsi que sa volonté de renoncer à la succession de son père résulte du redressement fiscal notifié par Mme A..., appartenant à la brigade de vérification ;

Il sera rappelé, à cet égard, que la rectification des services fiscaux du 30 novembre 2009 porte sur la somme de 34 236 € pour l'année 2006, et celle de 3 779 € pour l'année 2007, soit un total de 38 015 €.

Sur le plan bancaire, l'arrêt sus-énoncé relève une épargne de 29 802,05 € ;

Dans le dernier état de ses conclusions, J... K... fait état d'un actif successoral de 108 302,05 € ;

Selon elle, le passif successoral est uniquement constitué par la dette fiscale, à défaut de démontrer de quelconques autres dettes ; B... E... conteste la réalité de ces assertions, en faisant état d'une dette jugée définitivement envers la caisse de crédit mutuel portant sur un prêt en capital non remboursé de 78 500 €, dont J... K... divorcée C... est par ailleurs caution solidaire ; la succession comportait deux héritiers à parts égales, tous deux renonçant ;

Aussi J... K... divorcée C... indique avoir perdu une chance d'avoir accès à la succession de son père de l'ordre de 80 %, compte tenu du nombre d'héritiers et de leur position en ligne directe ; dès lors, elle chiffre son préjudice matériel à la somme de 43 320 € ; B... E... conteste ces affirmations en considérant que la faute qui lui est imputée est indemnisable, uniquement dans l'hypothèse d'une relation de cause à effet entre la faute et le préjudice allégué ;

En l'espèce, il est constant que la succession en litige présente un passif successoral, constitué notamment par une dette fiscale de pénalités de retard, issue d'un redressement au titre de la TVA sur des opérations immobilières répétées d'achat et de vente effectuées en 2006 et 2007 par H... K..., ainsi que d'un passif d'emprunt dont le montant n'est pas établi dans son quantum ; la preuve de l'existence d'un solde sur succession fait par conséquent défaut ;

Dès lors, il résulte de l'ensemble de ces éléments que la perte de chance de J... K..., divorcée C..., d'accepter la succession de son père est faible et sera fixée de manière régulière à la proportion de 10 %, soit à hauteur de la somme de 1 665 €, sur la base de sa part dans l'actif successoral, déduction faite de la dette de pénalités fiscales ;

Ainsi la condamnation de B... E..., pour laquelle la responsabilité professionnelle a d'ores et déjà été retenue, sera limitée à cette somme ;

Par conséquent, la perte de chance imputable à B... E... est établie et le jugement déféré sera infirmé à cet égard ;

Mme K... réclame en outre un préjudice moral justifiant, selon elle, le bénéfice de dommages et intérêts qu'elle chiffre à 40 000 € ;

B... E... s'y oppose en rappelant que l'appelante indique avoir délibérément menti quant au nombre d'héritiers en ligne directe, de manière délibérée, en occultant la présence d'un frère vivant ;

Cette manœuvre avait pour effet d'amplifier le préjudice de Mme K..., au regard du montant de la succession avant et après redressement fiscal ;

Dès lors, il ne résulte pas de son attitude la preuve de l'existence d'un préjudice moral pour celui qui s'en prévaut, ce qui justifie le débouté de ce chef de demande ;

Sur la demande reconventionnelle en dommages et intérêts et en paiement d'une amende civile

L'usage répété de procédures judiciaires par Mme K... ne démontre pas en soi l'existence d'un abus indemnisable ; dès lors, B... E..., dont la responsabilité a été retenue, sera débouté de sa demande en dommages et intérêts de ce chef ;

En outre, les dispositions de l'article 32-1 du Code de procédure civile, relatives à l'amende civile seraient applicables, dans l'hypothèse d'une volonté de tromper la juridiction, alors qu'il est démontré que le mensonge de l'appelante sur les héritiers directs a été perpétré dans le but de tromper B... E... et non pour escroquer une décision juridictionnelle ;

Par conséquent, elle ne saurait prospérer.

Sur l'article 700 du Code de procédure civile et les dépens

B... E... partie perdante au principal, devra supporter les dépens ;

En outre, B... E... sera condamné à payer à J... K... divorcée C... la somme de 1 000 € au titre de l'article 700 du Code de procédure civile, en sus de la somme déjà allouée en première instance ; enfin B... E... sera débouté de sa propre demande de ce chef.

Par ces motifs :

La cour, statuant par arrêt contradictoire prononcé publiquement par mise à disposition au greffe, infirme le jugement déféré et statuant à nouveau,

Condamne B... E... à payer à J... K... divorcée C... une somme de 1 665 € en indemnisation de son préjudice tiré de la perte de chance d'accepter la succession de son père ;

Déboute J... K... divorcée C... du surplus de ses demandes ;

Y ajoutant,

Condamne B... E... à payer à J... K... divorcée C... la somme de 1 000 € au titre de l'article 700 du Code de procédure civile ;

Déboute B... E... de sa demande, au titre de l'article 700 du Code de procédure civile ;

Condamne B... E... aux entiers dépens ».

En résumé, si le notaire « pèche par ignorance ou pusillanimité, s'il ne sait pas conseiller la voie la plus économique fiscalement, il risque d'engager sa responsabilité personnelle »[66]. Or, « la sanction de tous ces comportements, contraires aux diligences imposées au titre du devoir de conseil, réside dans une condamnation au paiement de dommages-intérêts qui sont généralement égaux au montant des pénalités que les héritiers [entre autres] ont eu à acquitter. »[67]

D'où la nécessité impérieuse pour le notaire d'avoir recours, le plus souvent possible, à des « *clauses probatoires* », que l'on dénomme parfois également « *clauses de précaution* »[68]. Ce sont des reconnaissances faites, par le client, du conseil donné par le notaire. Celles-ci peuvent être contenues dans l'acte rédigé par ce dernier ou être annexées à celui-ci. Toutefois, un acte distinct établi spécialement à cette fin s'avérera plus efficace, d'un point de vue probatoire, dans le cadre d'une éventuelle action contentieuse visant à mettre en cause la responsabilité professionnelle du notaire pour manquement à son devoir de conseil.

Ainsi, « *une lettre confirmant les informations données verbalement par le notaire est aussi un bon moyen de communication.* »[69] On notera enfin que de telles mesures préventives sont préconisées de longue date par la doctrine.

Il est évident que le notaire devrait conseiller efficacement ses clients pour l'efficacité juridique de ses actes. Cependant, qu'en est-il s'il manque à son obligation de déclarer et d'enregistrer les impôts ?

PARAGRAPHE 2 : LE MANQUEMENT À L'OBLIGATION DE DÉCLARATION ET D'ENREGISTREMENT

L'acte notarié fiscalement efficace est l'aboutissement que recherche le notaire chaque fois qu'il rédige son acte. Cependant, il sait que la confection d'un tel acte lui impose de le déclarer et de l'enregistrer convenablement. Par l'enregistrement, le notaire fait constater fiscalement son acte, ce qui lui donne aussi une date certaine. Alors que par la déclaration, le notaire fait connaître les impôts inhérents aux actes produits par ses soins auprès de l'administration fiscale. Que ce soit dans l'accomplissement de son obligation de déclaration ou d'enregistrement, le notaire se doit d'éviter toute insuffisance ou

---

[66] COZIAN (M.), « Éloge de l'habileté fiscale », *Revue notariale fiscale*, janvier 2006.

[67] POULPIQUET (J.), *Responsabilité des notaires : civile, disciplinaire, pénale*, éd. Dalloz, 2009, p. 75.

[68] BIQUENET-MAUREL (C.), « *Le devoir de conseil des notaires* », éd. Defrénois, coll. Doctorat et notariat, n° 523. 2006, t. 16, p. 205.

[69] PILLEBOUT (J.-F), « Déclaration de succession – Information des héritiers sur leurs obligations fiscales », *Revue notariale fiscale*, n° 5, mai 2008, p. 4.

dissimulation affectant les actes soumis aux impositions, sinon il manquerait à une de ses obligations principales et, par voie de conséquence, pourrait être exposé à toutes les sanctions, notamment d'ordre fiscal, qui peuvent en résulter.

Le manquement du notaire à son obligation principale renvoie à dire que cet officier public n'a pas bien déclaré (A) ou n'a pas bien enregistré son acte (B).

A- LE MANQUEMENT À L'OBLIGATION DE DÉCLARATION

L'obligation de déclaration du notaire est prévue aux articles L1 à L2 du Livre de procédures fiscales camerounais. Le manquement à l'obligation de déclaration est précisé aux articles L95 à L100. Il est constitué par des omissions, des inexactitudes ou encore par l'insuffisance ou l'absence de déclaration du notaire lors de la confection de son acte, qui affectent la base ou les éléments d'imposition et qui ont conduit l'administration à effectuer des redressements.[70] Les difficultés relatives à l'obligation de déclaration dans l'activité notariale sont généralement accentuées par l'absence de souscription de déclaration de succession. Il ne faut pas oublier que la finalité de la déclaration de succession est de permettre la liquidation de l'impôt exigible, en raison de la transmission, lors d'un décès, des biens d'une personne à ses ayants droit.[71] Cependant, nous constatons de nombreux litiges contre les notaires pour absence de déclaration des impôts, et souvent pour concussion.

En bref, le manquement du notaire à son obligation de déclaration renvoie à l'insuffisance de la déclaration des impôts par le notaire (1) ou à l'absence de déclaration de ces impôts (2).

1- L'insuffisance de déclaration des impôts

L'insuffisance de déclaration est reconnue par l'administration fiscale à partir du moment où l'infraction est établie. Précisément, cette infraction est établie quand l'administration fiscale découvre une inexactitude ou une omission dans les déclarations effectuées par le notaire, pour son compte ou celui de son client. L'administration vise spécifiquement le non-versement des retenues à la source, la déduction des charges non liées à l'exploitation et la dissimulation des produits imposables, sans que cette énumération soit

---

[70] ATECK (F.), *Droit du contentieux fiscal*, Paris, réédition, L'Harmattan, 2017, p. 127. Dans le même sens : art. 95, Code général des impôts du Cameroun.

[71] Ferrand (F.), *Le notaire et le règlement de la succession*, Paris, 3e édition, LexisNexis, p. 145.

exhaustive.[72] Cette insuffisance de déclaration est sanctionnée selon que le notaire, en sa qualité de sujet fiscal, est de bonne ou de mauvaise foi, ou s'il a eu recours à des manœuvres frauduleuses. Ces notions ne sont utiles que pour catégoriser les majorations[73] inhérentes aux sanctions du manquement du notaire dans l'accomplissement de cette obligation de déclaration.[74]

Pour mieux cerner la notion de bonne ou de mauvaise foi, il faut retenir que la bonne foi est le fait pour le notaire d'avoir involontairement porté sur son acte des inexactitudes ou d'avoir omis d'y mentionner certains impôts. De ce fait, le Code général des impôts, dans la majorité des pays de l'espace OHADA, recommande que la bonne foi soit toujours présumée. De même, il appartient plutôt aux agents du fisc d'établir la preuve[75] de la mauvaise foi du notaire ou du contribuable, en tenant compte des critères de redressement et de récidive. Cette récidive, pour l'administration fiscale, est établie si le notaire a répété plusieurs fois les mêmes erreurs et dans la plupart des cas volontairement. Dans ce cas, la bonne foi ne peut plus être retenue. Les critères de redressement interviennent quand le notaire n'a pas versé totalement ou partiellement les impôts qu'il a collectés auprès des contribuables.

En ce qui concerne la mauvaise foi, le juge camerounais réclame deux éléments pour caractériser ainsi le comportement du notaire ou du contribuable. Pour le juge fiscal, il faut d'abord un agissement fautif du contribuable. Autrement dit, il doit s'agir d'une action positive et non d'une omission ou d'une abstention. Ensuite, il faut que cet agissement ou ce montage ait eu pour but d'égarer l'administration fiscale ou de rendre difficile l'exercice de son pouvoir de contrôle.

S'agissant des manœuvres frauduleuses, il s'agit pour le notaire, souvent en complicité avec le contribuable ou même contre son client, de mettre en place des stratégies qui visent à tromper fiscalement la vigilance de l'usager de droit ou de l'administration fiscale. En effet, l'officier public se rend coupable par la mise sur pied de techniques et de malversations qui ne visent pas l'optimisation fiscale, mais la fraude fiscale. Dans la plupart des cas, les omissions et les insuffisances sont rencontrées dans les successions. Il arrive

---

[72] *Idem.*

[73] Art. L 96, Livre de procédures fiscales du Cameroun : « *Les insuffisances, omissions ou dissimulations qui affectent la base ou les éléments d'imposition et qui ont conduit l'administration à effectuer des redressements, mention expresse devant en être faite dans la dernière pièce de procédure, en sus de l'intérêt de retard prévu à l'article L 95 ci-dessus, donnent droit à l'application des majorations suivantes : 30 % en cas de bonne foi ; 100 % en cas de mauvaise foi ; 150 % en cas de manœuvres frauduleuses, sans préjudice des poursuites pénales prévues dans le présent Livre.* »

[74] *Idem.*

[75] Art. L 23, Livre de procédures fiscales du Cameroun.

lors des successions que certains faits postérieurs au décès fassent rentrer dans la succession des valeurs qui n'en dépendaient pas au jour de son ouverture, et que certains officiers publics ne fassent pas de déclaration complémentaire, comme l'exige la loi. Ce type de comportement est une insuffisance de déclaration du notaire, qui n'a pas tenu compte des informations postérieures et complémentaires[76].

Autre problème important dans les déclarations des notaires relatives aux successions : les délais ne sont pas souvent respectés par certains officiers publics dans l'espace OHADA. Ces violations aux règles relatives aux délais occasionnent des sanctions, telles que la majoration[77] ou les intérêts de retard[78], qui causent des préjudices aux justiciables.

Nous venons d'aborder l'insuffisance de déclaration, qui constitue l'un des manquements du notaire à ses obligations principales. À présent, il convient d'analyser le défaut de déclaration du notaire.

2- Le défaut de déclaration du notaire

Le défaut de déclaration ou l'absence de déclaration est l'infraction qui sanctionne le contribuable qui n'a pas souscrit sa déclaration dans les délais légaux et qui continue de s'abstenir après une mise en demeure de déclarer. Dans le cadre de l'acte notarié, on rencontre cela lors de la souscription de la déclaration de succession. Il s'agit, pour le notaire, de déposer tardivement la déclaration des actes qu'il a produits ou de s'abstenir de les déposer, généralement après avoir reçu tous les droits relatifs à l'acte sans les reverser au fisc. Après la mise en demeure de déclarer[79], un notaire qui se garde de déclarer commet une infraction de défaut de déclaration et s'expose à des sanctions, notamment fiscales.

Le défaut de déclaration renvoie à l'absence de déclaration. Il est énoncé à l'article L 97 du Livre de procédures fiscales du Cameroun : « *Le contribuable qui, après une mise en demeure de déclarer, n'a pas souscrit sa déclaration, fait l'objet d'une taxation d'office.* » Ainsi, le fautif fait ensuite l'objet d'une

---

[76] FERRAN (F.), *Le notaire et le règlement de la succession*, Pratique notariale, 3e édition, Lexis Nexis, p.159.

[77] FERRAN (F.), *Le notaire et le règlement de la succession*, Pratique notariale, 3e édition, Lexis Nexis, p. 159. : la déclaration est due en matière de succession si elle n'est pas déposée dans les 12 mois à compter du décès.

[78] *Idem* : il estime que le défaut ou l'insuffisance dans le paiement ou le versement tardif des droits de mutation par décès donnent lieu au versement d'un intérêt de retard qui est dû, indépendamment de toutes sanctions. Il ajoute que l'intérêt de retard s'applique sur les montants des sommes mises à la charge du contribuable ou dont le versement est différé.

[79] Art. L3 du LPF, 18 (1), 74, 90, 101, 102 et 104 du Code général des impôts du Cameroun, 2019.

taxation d'office, conformément aux dispositions des articles L 29 et suivants du Code général des impôts camerounais. Le défaut de déclaration vise certains aspects bien précis : le retard dans la déclaration, l'absence de déclaration et certains défauts de déclaration spécifiques au notaire et à ses actes.

S'agissant du défaut de déclaration spécifique à l'acte du notaire, nous pouvons prendre l'exemple de trois situations. La première vise le notaire qui a utilisé frauduleusement un numéro d'identifiant unique[80]. La deuxième est celle où le notaire a exercé son activité sans immatriculation préalable ou a passé un acte sur une société sans au préalable vérifier que ladite société était immatriculée. La troisième est celle du non-dépôt par cet officier public, dans les délais légaux, d'une demande d'immatriculation ou de modification des éléments ayant servi à une immatriculation initiale, ainsi que toute déclaration d'immatriculation comportant des indications manifestement erronées[81]. Le cas le plus récurrent, en pratique, reste l'absence de déclaration de souscription.

Telle a été la logique dans une affaire concernant un coffre-fort bancaire appartenant à deux concubins décédés[82]. Le notaire a commis une faute en omettant de révéler son existence aux héritiers du concubin et en procédant à son ouverture en la seule présence des héritiers de la concubine. Il a été jugé que les héritiers spoliés ne pouvaient pas prétendre à une réparation de ce préjudice de la part du notaire, car ils n'étaient pas en mesure de justifier qu'ils avaient fait une demande aux héritiers de la concubine et qu'elle avait échoué.

De plus, les juges ont considéré qu'un héritier ayant subi un redressement fiscal, en raison de l'oubli du notaire de déclarer trois contrats d'assurance-vie, ne peut pas réclamer au notaire l'intégralité des intérêts de retard dus au fisc. Il peut seulement demander la différence entre ces intérêts et l'avantage financier procuré par la conservation de ces contrats dans son patrimoine jusqu'au recouvrement des droits de succession dont il est redevable[83].

Il est impératif de rappeler que le juge français nuance et indique, s'agissant de l'obligation de déclaration du notaire, que même si le notaire est le conseil fiscal de son client, il n'est pas responsable de toutes les obligations déclaratives de ce dernier. En effet, dans une décision de la Cour de cassation[84], une SCI acquiert un terrain à bâtir afin de réaliser une opération immobilière qu'elle déclare soumettre à la TVA d'abord, en qualité de redevable légal de cette taxe, puis, par une déclaration rectificative du

---

[80] Art. L100 du Code général des impôts, 2019.
[81] *Ibid.*
[82] Cass. civ. 1re, 20 mars 2013, n° 12-15751.
[83] Cass. civ. 1re, 5 avril 2012.
[84] Cass., 1re civ., 20 déc. 2017, n° 16-13073

31 janvier 2008 consécutive à sa transformation en société à responsabilité limitée, en qualité de redevable habituel. Après avoir loti ce terrain, cette société cède les cinq premiers lots, en vertu d'actes authentiques qui mentionnent, au titre des déclarations fiscales, que ces mutations entrent dans le champ d'application des droits d'enregistrement, conformément à l'article 257, 7°, 1, a, alinéa 3, du Code général des impôts français, comme étant effectuées au profit d'une personne physique, en vue de la construction d'un immeuble destiné à l'usage d'habitation. L'administration fiscale, estimant que le vendeur exerce une activité habituelle de lotisseur et relève, par sa structure juridique, de l'impôt sur les sociétés, lui notifie une proposition de rectification au titre de la TVA sur la marge, qui conduit au recouvrement d'une somme de 47 479 euros. Reprochant au notaire, notamment, d'avoir manqué à son devoir d'information et de conseil sur le régime fiscal applicable à ces opérations, le vendeur l'assigne en responsabilité et indemnisation du préjudice ayant résulté pour lui de l'impossibilité de répercuter financièrement cette taxe sur les prix de vente des terrains[85].

La cour a retenu : « *Le notaire est tenu d'informer et d'éclairer les parties, de manière complète et circonstanciée, sur la portée et les effets, notamment quant aux incidences fiscales, de l'acte auquel il prête son concours. Viole l'article 1382, devenu 1240 du Code civil, la cour d'appel qui énonce encore que le notaire n'est pas comptable des manquements déclaratifs du vendeur qui, en sa qualité d'assujetti à la TVA, se devait de remplir ses déclarations CA3, alors que ces manquements déclaratifs étaient consécutifs à une information incomplète délivrée par le notaire sur la fiscalité des mutations en cause.* »[86]

Le juge précise que le notaire n'est pas responsable de toutes les obligations déclaratives. Il existe dans les actes notariés des déclarations fiscales qui sont de la responsabilité de l'usager de droit. Prenons l'arrêt du 19 septembre 2019 de la cour d'appel de Douai, n° 18/04040, pour illustrer nos propos.

Dans cette affaire, « *Jacques G... est décédé le 8 avril 2009 à Céret (Pyrénées-Orientales). Maître D... B..., notaire à Céret, a été chargé du règlement de sa succession. Par acte d'huissier en date du 20 octobre 2017, M. H... G..., fils J... G..., a fait assigner Maître D... B... et la SCP B... et B... devant le tribunal de grande instance de Dunkerque aux fins de :*

---

[85] BERLAUD (C.), « Responsabilité du notaire en matière de fiscalité de l'opération immobilière », issu de *Gazette du Palais* - n°02, 16/01/2018 Id : GPL311j7 Réf : Gaz. Pal. 16 janv. 2018, n° 311j7, p. 37.
[86] Cass. 1re civ., 20 déc. 2017, n° 16-13073.

- voir dire et juger que Maître B... a engagé sa responsabilité professionnelle en ne déposant pas la déclaration de succession J... G... dans le délai de 6 mois et, à titre subsidiaire, en ne l'alertant pas sur les conséquences du défaut de déclaration de succession dans le délai visé à l'article 641 du Code général des impôts,

- en conséquence, condamner, in solidum Maître D... B... et la SCP B... et B... à lui régler les sommes de 6 036 € à titre de dommages et intérêts liés aux pénalités réglées suite au redressement fiscal, et ce avec intérêts au taux légal, à compter de la mise en demeure du 11 juillet 2016, 5 000 € en réparation de son préjudice moral et 5 000 € sur le fondement de l'article 700 du Code de procédure civile, outre les entiers dépens d'instance.

Selon jugement rendu contradictoirement à l'égard des parties le 29 mai 2018, le tribunal de grande instance de Dunkerque a :

- rejeté la demande de révocation de l'ordonnance de clôture ;

- déclaré irrecevables les conclusions de Maître D... B... et de la SCP B... et B... postérieures à l'ordonnance de clôture ;

- condamné, in solidum, Maître D... B... et la SCP B... et B... à payer à M. H... G... la somme de 6 036 euros avec intérêts au taux légal à compter du jugement ;

- débouté M. H... G... de sa demande de dommages et intérêts au titre de son préjudice moral.

Sur la faute de déclaration du notaire, la cour d'appel commente en s'appuyant sur l'article 1240 du Code civil, ancien article 1382 du Code civil : les appelants font à juste titre grief au jugement de première instance d'avoir retenu qu'il appartenait à Maître D... B... de déposer la déclaration de succession J... G... dans le délai de six mois à compter de son décès, alors que selon eux cette obligation ne pèse nullement sur le notaire, mais sur les héritiers, conformément à l'article 800 du Code général des impôts.

Le jugement sera toutefois confirmé en ce qu'il a retenu que Maître D... B... était tenu d'aviser M. H... G..., en sa qualité de notaire chargé de la succession J... G..., d'informer M. H... G... de ce qu'il devait déposer une déclaration, fût-elle provisoire, dans le délai de six mois à compter du décès de J... B... et de l'informer des conséquences pécuniaires du défaut de dépôt d'une telle déclaration dans ce délai, et ce quand bien même M. H... G... était lui-même assisté de son propre notaire maître C... F..., laquelle ne disposait pas des informations nécessaires pour procéder à une telle déclaration. Aucune des pièces versées aux débats ne prouve que Maître D... B... a délivré cette information, alors même qu'il était d'ailleurs pleinement conscient de cette obligation d'information, puisque dans le projet d'acte de notoriété qu'il avait préparé et transmis le 13 décembre 2010 à Maître C... F..., il reprenait cette mention “les requérants déclarent avoir été avertis par le notaire soussigné de l’obligation de déclarer à l’administration fiscale le patrimoine de la succession dans le délai de six mois à compter du jour du décès, la déclaration devant être accompagnée du règlement des droits s’il y a lieu”, ce qui conduisait d’ailleurs Maître F... à demander la suppression de cette clause, l’information n’ayant pas été donnée. Au vu de ces éléments, la responsabilité de Maître D... B... est donc bien engagée sur le fondement de l’article 1240 du Code civil. »

En somme, le manquement du notaire à une obligation fiscale consiste non seulement pour ce dernier à ne pas observer les règles relatives à son obligation de déclarer, mais aussi, et surtout à son obligation d’enregistrement.

B- LE MANQUEMENT À L’OBLIGATION D’ENREGISTREMENT

L’enregistrement consiste, selon DUPLINEAU, à « *la reproduction textuelle en analyse d’un acte sur un registre public* ». L’enregistrement est un écrit ou une opération juridique sur les registres tenus par les fonctionnaires publics. Cette formalité, qui a essentiellement pour but la perception de l’impôt, est en réalité un impôt perçu sur les mouvements de la fortune. Le notaire, acteur majeur des flux économiques, est à coup sûr une pièce maîtresse des droits. On parle dans le jargon spécialisé de droit d’enregistrement, qui se définit comme une taxe ou un impôt perçu à l’occasion d’un acte juridique, appelé droit d’enregistrement. Ces droits d’enregistrement sont établis par la loi dans la majorité des pays de l’espace OHADA. Dans le cadre des actes notariés, ils sont perçus sur plusieurs types d’actes et d’opérations juridiques, à l’instar des opérations sur la propriété immobilière, les actes et les opérations de succession ou encore dans le cadre de la cession d’un fonds de commerce.[87] Cependant, la perception de tels droits n’est pas toujours aisée en pratique, car les litiges qui jalonnent le quotidien des notaires des clients sont nombreux et multiformes. Les jurisprudences étudiées nous ont montré que lorsque le notaire est fautif, cela provient souvent du manquement aux exigences de forme et de délai, mais aussi de la méconnaissance de certaines règles substantielles.

Concrètement, le notaire qui désire un acte fiscalement irréprochable doit éviter tout manquement au formalisme de l’enregistrement (1), ainsi qu’aux exigences substantielles de l’enregistrement de son acte (2).

---

[87] « Droits d’enregistrement : définition, fiscalité, immobilier », en ligne, in site www.journaldunet.fr, disponible en ligne (visité le vendredi 13 décembre 2019).

1- Le non-respect des exigences de forme de l'enregistrement

Le manquement aux exigences de forme de l'enregistrement est perceptible à trois niveaux. Il peut s'agir du notaire, d'abord, qui a omis ou a volontairement refusé de porter sur son acte certaines mentions obligatoires ; ensuite, s'il n'a pas respecté les délais d'enregistrement de son acte ; enfin, s'il n'a pas respecté son obligation de conservation des documents passés dans son étude.

Le notaire, pour parfaitement enregistrer son acte, doit respecter certaines mentions obligatoires à tous les actes notariés qui passent à l'enregistrement. Ces mentions sont le numéro d'identifiant unique, les références de l'étude notariale, l'objet de l'acte et les parties à l'acte. L'absence de ces mentions dans l'acte du notaire conduit dans bien des cas au rejet de celui-ci par l'administration.

S'agissant du délai des actes passés devant le notaire, il est d'un mois à compter de la date de l'acte. Il peut être porté à trois mois lorsqu'il n'existe pas de centre des impôts à la résidence des officiers publics ou ministériels ou fonctionnaires rédacteurs[88]. Le délai est de trois mois à six mois à compter du décès du testateur pour les testaments déposés ou non chez un notaire. Le Code général des impôts camerounais, et en l'occurrence dans l'espace OHADA, précise que les actes des notaires et ceux des huissiers doivent impérativement respecter les délais, pour éviter de supporter un droit en sus qui est égal au montant des droits simples.[89] Le notaire qui contrevient à ces dispositions légales manque non seulement à son obligation d'instrumentation, mais cause aussi un préjudice fiscal certain à sa clientèle.

Concernant l'obligation de conservation des documents, elle est stipulée à l'article L4 du Livre de procédures fiscales du Cameroun, qui exige des contribuables de « *présenter à toute réquisition de l'administration fiscale, tous les documents et pièces comptables obligatoires complétés, le cas échéant, par les éléments de la comptabilité spécifiques à la nature de l'activité exercée, permettant d'établir la sincérité des éléments portés sur leurs déclarations* ». L'article L5 précise que les livres, registres, documents ou pièces doivent être conservés pendant un délai de 10 ans à compter de la date de la dernière opération qu'ils constatent ou la date à laquelle le document a été établi.

---

[88] Art. 276, Code général des impôts du Cameroun.
[89] Art. 316, Code général des impôts du Cameroun, 2019.

2- Le non-respect des exigences de fond de l'enregistrement

Le respect des règles de fond de l'enregistrement par le notaire requiert que cet officier public soit méticuleux en ce qui concerne l'insuffisance des prix et la dissimulation des prix.

S'agissant de l'insuffisance des prix, elle intervient lorsque le prix stipulé sur l'acte du notaire est inférieur à la valeur vénale du bien, c'est-à-dire sa valeur sur le marché au moment de l'établissement de l'acte. Il est ainsi stipulé aux articles 324 et suivants du Code général des impôts que si le prix ou l'estimation ayant servi de base à la perception du droit paraît inférieur à la valeur vénale des biens, l'administration fiscale peut requérir l'expertise en vue de fixer la valeur taxable. Il est aussi important de savoir qu'en matière d'insuffisance de prix, la sincérité de l'acte n'est pas mise en cause ou même la volonté des parties de frauder. L'administration remet seulement en cause le prix stipulé dans l'acte, en utilisant les moyens légaux mis à sa disposition[90].

Prenons pour illustration les fonds de commerce. La loi fiscale prévoit généralement que l'évaluation du fonds de commerce est en fonction du chiffre d'affaires, variable selon les professions. L'inobservation du notaire à une de ces exigences constitue un manquement à l'enregistrement.

Concernant la dissimulation des prix, elle est prévue aux articles 327 à 329 du Code général des impôts. Elle consiste à porter volontairement, dans un acte, un prix inférieur à celui réellement convenu, la différence étant payée en sous-main. Contrairement à l'insuffisance de prix, les sanctions ne peuvent être appliquées que si les services fiscaux apportent la preuve que le prix réel est supérieur à celui indiqué dans l'acte. La dissimulation des prix ne peut être constatée que sur la vente d'un immeuble, la cession d'un fonds de commerce ou de clientèle et la soulte d'un échange ou d'un partage. La dissimulation des prix est aussi constatée par l'existence d'une contre-lettre portant les signatures privées et l'augmentation du prix stipulé dans l'acte.[91] Le notaire qui se rend coupable de cette infraction fait non seulement une faute à l'enregistrement, mais s'expose aussi aux sanctions prévues aux articles 327 à 329 du Code général des impôts.

Nous venons d'identifier et d'encadrer les problèmes relatifs aux obligations principales du notaire. Logiquement, afin de poursuivre cette analyse, nous allons aborder dans la section suivante les obligations accessoires du notaire.

---

[90] ATECK (F.), *Droit du contentieux fiscal*, Paris, réédition, L'Harmattan, 2017, p. 135.
[91] *Idem.*

SECTION II : LE MANQUEMENT DU NOTAIRE À SES OBLIGATIONS ACCESSOIRES

Les obligations accessoires des notaires en matière fiscale sont des devoirs qui viennent compléter les obligations principales et impératives du notaire : son devoir d'authentification et de conseil. Ces obligations accessoires lui permettent une plus grande efficacité dans la confection de ses actes, à tel point que le notaire qui observe scrupuleusement toutes ces règles confectionnera à coup sûr un acte notarié parfait. Ces devoirs, même s'ils ne sont pas impératifs, participent à n'en point douter à un perfectionnement des actes notariés. Nous visons ainsi des attitudes ou comportements fiscaux qui empêchent le notaire de réaliser un acte parfait et d'authentifier les volontés des parties.

Parmi ces devoirs, nous allons citer les plus courants : l'obligation de vérification, l'obligation d'information, le secret professionnel et surtout les autres aspects complémentaires de la fonction notariale que le législateur se devrait d'encadrer. Parmi ces autres aspects, nous pensons aux problèmes liés à l'insertion des clauses limitatives de responsabilité dans les actes notariés ou aux problèmes liés à la charge de la preuve en cas de litige entre le notaire et son client. Il est important de préciser que, malgré l'importance de ces devoirs accessoires du notaire à la confection d'un acte parfait et le fait qu'ils soient les causes majeures des litiges entre le notaire et ses clients, ils ne font toujours pas l'objet d'un encadrement juridique par le législateur. C'est pourquoi nous proposons une tentative d'encadrement de ces obligations accessoires du notaire, afin de limiter ou réduire au maximum la survenance de litiges entre le notaire et son client.

Il conviendra d'analyser tout d'abord les obligations fiscales d'investigation et de secret professionnel (paragraphe 1), avant de scruter les autres obligations accessoires du notaire en matière fiscale (paragraphe 2).

PARAGRAPHE 1 : LA VIOLATION DES OBLIGATIONS ACCESSOIRES D'INVESTIGATION ET DE SECRET

Les obligations fiscales accessoires du notaire renvoient d'abord à son obligation de vérification et à son obligation de respecter le secret. Le manquement du notaire à une de ses obligations engage sa responsabilité. En réalité, ces devoirs contribuent à la confection d'actes notariés irréprochables.

En ce sens, la suite de notre travail consistera à analyser le manquement à l'obligation fiscale de vérification (A) et l'obligation fiscale de garder le secret (B).

A- LA VIOLATION DE L'OBLIGATION FISCALE D'INVESTIGATION

La sécurité juridique nécessaire en matière d'acte notarié requiert une vigilance de tous les instants de la part des notaires. C'est dans cette optique que la doctrine et la jurisprudence, en quête d'efficacité et de sécurité des actes notariés, ont recommandé à ces officiers publics l'obligation de vérification des informations qu'ils reçoivent en général et en matière fiscale en particulier. Les législateurs des pays OHADA n'ont pas fait de cette obligation de vérification un simple devoir, mais y ont ajouté des sanctions fiscales et pécuniaires en cas d'inobservation[92]. En particulier, le devoir d'investigation en matière d'acte notarié peut être vu sous deux angles.

Le premier angle est celui de l'obligation d'investigation du notaire lui-même sur les actes qu'il reçoit.[93] Pour le législateur fiscal, cette obligation d'investigation est un devoir obligatoire et impératif du notaire en matière fiscale.[94] Elle consiste pour ce dernier à contrôler la véracité des déclarations de ses clients et à effectuer les contrôles fiscaux nécessaires à l'efficacité juridique des actes.

En ce qui concerne le second angle, il faudrait que l'administration fiscale soit un véritable poste de contrôle des actes notariés, afin que les erreurs fiscales qui ont échappé au notaire ne puissent pas prospérer devant l'administration fiscale. En effet, l'administration fiscale, ayant tous les instruments nécessaires de contrôle, devrait aussi vérifier avant d'approuver le dépôt des actes notariés. Cependant, la pratique nous montre, à travers les litiges concernant les actes notariés en matière fiscale, que ce devoir d'investigation pose problème, notamment parce qu'il n'existe pas de véritable encadrement juridique des relations d'investigation entre l'administration fiscale et le notaire.

Les questionnements suivants vont nous permettre de mettre en lumière les zones d'ombre, de flou et de vide juridique. La première question revient de manière récurrente lors des litiges fiscaux en matière d'acte notarié : à qui appartient, entre l'administration fiscale et le notaire, la charge de l'investigation ? À partir du moment où l'acte a échoué pour investigation insuffisante, qui est le responsable ? Le moins que l'on puisse dire est que le

---

[92] FONT (G.), « Le notaire face aux exigences de l'État », *La lettre des notaires,* éd. Chambre des notaires du Cameroun, n° 008 de janvier-février-mars 1999, p. 9.

[93] Il doit être vigilant sur la cote.

[94] Cour suprême du Cameroun, 12 décembre 2013, arrêt n° 65/Civ, succession BASSAMA C/ DAME NGO MBONDO Fidèle.
Dans le même sens : Cour suprême du Cameroun, 10 avril 2014, n° 59/civ, succession EDIMO c. KAMGNA Jean-Pierre.
Voir également : « Le notaire : un conseil non un détective », *Revue Lamy droit civil,* novembre 2005, n° 21, p. 54.

législateur, dans la majorité des pays de l'espace OHADA, n'a pas réglé cette question. En vérité, à qui profite le devoir d'investigation ? Qui devrait enquêter et qui a les moyens d'effectuer de véritables investigations fiscales ? En cas de défaillance fiscale de l'acte du notaire, comment rapporte-t-on la preuve de l'absence d'investigation du notaire ou de l'administration fiscale ? Aussi, à qui appartient la charge de la preuve de l'investigation fiscale ?

La pratique notariale nous montre très souvent que ces questions demeurent sans réponses et ont tendance à créer un climat d'insécurité juridique. Il est évident que certains chercheront à clore ce débat, en avançant que le système, dans la majorité des pays africains, est déclaratif. Ce serait oublier le débat fondamental sur la manière dont devraient être encadrés l'investigation et le devoir de vérification en matière de relation entre le fisc et l'acte notarié. Dans d'autres espaces et pays, l'administration accepte certes les déclarations, mais rejette les actes qui ne respectent pas toutes les règles de formalisme. Ne devrions-nous pas arriver à cela pour éviter les litiges et les renvois incessants de responsabilité entre les notaires et l'administration fiscale ?

L'orientation de notre travail, dans cette partie, nous amènera à présenter en premier lieu la notion d'obligation fiscale d'investigation du notaire (1), puis les insuffisances de cette obligation fiscale de vérification (2).

1- La notion d'obligation fiscale d'investigation

Selon le juge français, le notaire doit s'assurer de la validité des actes. En effet, le juge stipule dans une décision qu'« *il incombe au notaire de prendre tous les renseignements utiles avant de prêter son ministère et de rédiger l'acte* ».[95] En d'autres termes, le juge français affirme que le notaire doit s'assurer de la validité de l'acte avant d'assurer son ministère[96]. Une autre décision plus récente, dans le même ordre d'idée, stipule : « *Attendu que, si le notaire, recevant un acte en l'état de déclarations erronées d'une partie quant aux faits rapportés, n'engage sa responsabilité que s'il est établi qu'il disposait d'éléments de nature à faire douter de leur véracité ou de leur exactitude, il est cependant tenu de vérifier, par toutes investigations utiles, les déclarations faites par l'une des parties et qui, par leur nature ou leur portée juridique, conditionnent la validité ou l'efficacité de l'acte qu'il dresse.* » Ces décisions montrent à suffisance l'exigence et l'obligation du juge faites aux notaires d'effectuer les vérifications nécessaires avant toute instrumentation des actes qui leur sont soumis.

---

[95] Sommaire de Liège, 1er mars 1984, R.G. n° 86/245, arrêt n° JB06333_1, JLMB, 1984, p. 349.
[96] Cass. 3e civ., 3 mai 2018, n° 17-14090.

En matière fiscale, le notaire devrait vérifier dans une certaine mesure si le contribuable est à jour avec les impôts. Par exemple, dans une vente immobilière, il doit vérifier que l'usager de droit ou le vendeur s'est acquitté de la taxe foncière. Concrètement, son devoir d'investigation consiste à rechercher toutes les informations nécessaires pour une meilleure confection de ses actes. Rappelons ici que ces actes doivent disposer de toutes les vertus nécessaires aux actes notariés, comme l'efficacité et la sécurité juridique.

En matière fiscale, cette obligation de vérification est un devoir qui amène les notaires à contrôler la véracité des déclarations des contribuables, pour éviter que les clients des notaires puissent faire de fausses déclarations dans le but clandestin de faire du profit ou de détourner l'impôt. La deuxième approche est celle qui oblige le notaire à contrôler pour découvrir des vices cachés, qui pourraient entacher l'instrumentation et surtout l'efficacité de l'acte. Cette obligation d'investigation a pour but d'obtenir des informations fiscales qui lui permettront de mieux éclairer ses clients sur les conséquences des opérations juridiques et fiscales qu'ils envisagent.

Il ne faut pas oublier que ce devoir d'investigation devrait aussi être mis en œuvre par l'administration fiscale, qui doit aider le notaire à vérifier son acte, et à le rejeter si elle estime que l'acte comporte des vices dommageables pour la société. Dans les pays où le notariat est plus développé, comme en France, le dépôt des actes se fait de manière électronique. Si l'administration fiscale découvre des vices, des erreurs ou des omissions, elle rejette l'acte.

Le législateur prend tellement ce devoir au sérieux qu'il a institué des sanctions si le notaire agit à l'encontre de ce devoir impératif. Il existe, à cet effet, un devoir de sincérité confié au notaire par l'administration, pour contrôler et déceler les vices qui peuvent entacher un acte notarié sur le plan fiscal. Cette obligation de vérification du notaire stipule que le notaire doit s'assurer de l'exactitude des informations qu'il détient, relativement aux actes qui lui sont soumis. Il doit aussi vérifier que les informations qui lui sont données relativement aux actes qu'il instrumente, sont exactes et ne pourront pas porter préjudice à l'acte, au notaire ou au client. Cela a pour but de renforcer la sécurité juridique des actes notariés, afin de permettre leur efficacité. C'est un devoir qui permet de s'assurer de la conformité ou de la légalité des actes qui lui sont soumis. Cependant, selon nous, le contrôle devrait aussi être réalisé par l'administration fiscale.

Après cette présentation de la notion d'obligation fiscale d'investigation, qu'en est-il des insuffisances ou des difficultés d'application que nous montre la pratique ?

2- Les insuffisances de l'obligation fiscale d'investigation du notaire

Le notaire est tenu par l'obligation de vérification. Mais il se trouve que dans certains cas, le notaire est dans l'impossibilité de remplir cette mission[97]. Maître Abdoulaye HARISSOU, à ce propos, déclarait que « *le notaire a l'obligation de vérifier, mais il ne peut et ne doit pas se transformer en enquêteur.* »[98] L'ancien président de la chambre des notaires du Cameroun touchait ainsi du doigt le véritable problème du devoir d'investigation du notaire. En effet, nous avons constaté la sévérité du juge envers cet officier public pour manquement à son devoir de vérification. Le juge se comporte comme si le notaire avait tous les moyens de vérification nécessaires à l'établissement d'actes notariés efficaces, mais refusait de se soumettre à cette obligation de vérification. Pourtant il n'en est rien. Le notaire ne dispose pas de tous les moyens de vérification nécessaires à l'efficacité souhaitée par le législateur et le juge dans l'espace des pays OHADA.[99]

Concernant l'origine des propriétés et les droits y relatifs, les notaires de l'espace OHADA ne disposent pas de véritables moyens d'investigation. En l'espèce, on constate que même l'administration fiscale n'a pas tous les moyens pour connaître l'historicité des terrains et les droits y relatifs, qui pour la plupart sont difficiles à maîtriser. De même, les notaires se retrouvent souvent dans l'impossibilité de vérifier la véracité des déclarations de leurs clients dans les opérations relatives à la constitution ou la transformation des sociétés. Le fait que certaines de ces informations ne sont pas informatisées ou viennent seulement de l'être rend difficile son devoir de vérification.

La mauvaise foi des clients en matière fiscale est un autre exemple. Dans bien des cas, le notaire sait que son client n'est pas en règle, mais il lui est souvent impossible de le prouver ou même de s'y opposer, par absence de preuves. En plus, le climat de corruption fait que dans certains pays de l'espace OHADA, un client peut fournir des quittances d'impôts qu'il n'a pas payés. Le vide juridique sur plusieurs aspects des relations entre le fisc et le notaire permet aux usagers de droit malhonnêtes de prospérer dans des pratiques malheureuses et préjudiciables aux actes notariés.

---

[97] Cass. 3e civ, 6 juillet 2005, n° 01-03590.
Dans la même optique : Cour d'appel du centre, 16 septembre 2009, Arrêt n° 363/ civ, BICEC c. Me KACK KACK Gerard.

[98] HARRISSOU (A.), « Pour une modernisation du droit immobilier », *Lettre des notaires*, éd. Chambre des notaires du Cameroun, n° 003, mai-juin-juillet 1997.

[99] Décision du tribunal de grande instance de Yaoundé, centre administratif, 22 -10-2014, n°1141/ADD.

Prenons l'hypothèse d'un client du notaire qui produit une fausse carte d'identité lors de la confection d'un contrat de vente. Par la suite, il est établi que cette fausse carte d'identité a permis au juge de prononcer la nullité de l'acte de vente. La logique voudrait, dans ce type de circonstances, que le client se retourne contre le notaire qui a instrumenté l'acte, nonobstant le fait qu'un notaire ne confectionne pas les pièces d'identité et qu'il n'a pas la moindre possibilité matérielle de distinguer une vraie pièce d'identité d'une fausse. En pareille circonstance, la responsabilité du notaire doit-elle être retenue[100] ?

Autre situation juridique : les ventes d'immeubles passées par-devant notaire sur des terrains ayant plusieurs titres fonciers. Le notaire, qui est dans l'impossibilité matérielle d'enquêter sur la pluralité des titres fonciers, peut-il être tenu pour responsable d'un dysfonctionnement de l'administration ? Devrait-il payer seul pour ce dysfonctionnement de l'administration, en cas de litige entre lui et son client ? Pourquoi ne poursuit-on pas les autres maillons de la chaîne ?

Qu'en est-il du notaire qui instrumente un acte sur la base de documents délivrés par les autorités compétentes et assermentées, qui se révèlent plus tard être des faux documents ? La responsabilité du notaire, dans un tel cas, serait-elle invoquée, alors qu'il a agi sur la base de documents qui présentaient toutes les caractéristiques d'authenticité ? De surcroît, ces documents lui ont été fournis par des personnes assermentées et souvent hautement qualifiées. Dès lors, en quoi consiste l'obligation de vérification ? Le notaire peut-il tout vérifier ? Sinon, où sont les limites de ce devoir de vérification ?

Tous ces flous donnent l'impression que le notaire est le ventre mou des professions juridiques, dans la mesure où il est souvent assigné au tribunal alors qu'il n'est qu'un maillon de la chaîne, victime des autres maillons qui ne sont pas, eux, inquiétés.

Selon nous, le devoir d'investigation du notaire en matière fiscale devrait se faire de façon optimale, d'abord de la part du notaire, ensuite de la part de l'administration fiscale. Nous pensons aussi que la technologie doit s'inviter dans les opérations par-devant notaire pour contribuer à plus de sécurité et de transparence juridique. Nous pensons aux technologies telles que la blockchain[101], un système fiable qui peut être mis à la disposition des notaires

---

[100] *Cameroun Tribune*, 15 janvier 2012 : « L'assemblée générale de la chambre nationale des notaires du Cameroun a dénoncé le nombre de fausses cartes d'identité fabriquées dans le pays », p. 6.

[101] La blockchain est un algorithme qui permet l'échange de valeurs sans intermédiaire. Ce système ultra sécurisant s'apparente à un registre informatique inviolable. Il s'agit littéralement

dans l'espace OHADA. Cette technologie serait la bienvenue, notamment si elle est mise au service du notariat et des institutions qui gravitent autour.

Après avoir abordé l'obligation fiscale de vérification du notaire et les insuffisances y afférentes, nous allons nous intéresser à l'obligation du notaire relative au respect du secret.

B- LE NON-RESPECT DE L'OBLIGATION FISCALE DE GARDER LE SECRET

La confiance est le socle du métier le notaire : c'est ce qui amène les personnes à faire appel à lui. Le notaire se doit de conserver les secrets de ses clients, non seulement pour le bon fonctionnement de son étude, mais aussi parce que c'est un devoir imposé par la déontologie notariale. En ce qui concerne le secret en matière fiscale, le notaire ne doit pas divulguer les informations relatives à ses clients, en ce qui concerne leur situation financière ou fiscale en rapport avec leurs actes. Lorsqu'ils doivent donner des informations fiscales de leurs clients, cela doit avoir lieu dans les conditions prévues par la loi. Aussi, il est bon de savoir que ce devoir, qui paraît simple d'utilisation, présente beaucoup de problèmes dans la pratique.

C'est pourquoi nous allons présenter les différents aspects de cette notion d'obligation fiscale de secret (1), avant de présenter ses difficultés d'ordre pratique (2).

1- La notion d'obligation fiscale de secret

Un notaire a déclaré que « *dans chaque fibre du notaire se développe une molécule du secret* ».[102] Cette affirmation célèbre permet de représenter l'importance du devoir de secret. En effet, « *être notaire c'est d'abord posséder la culture du secret* ».[103] Le notaire est donc une personne discrète, qui ne doit jamais révéler les secrets de ses clients – sauf exception prévue par le législateur – sous peine de sanctions. Il est ainsi un tiers de confiance à qui

---

d'une chaîne de blocs reliés les uns aux autres et qui regroupent les transactions effectuées par les utilisateurs du réseau.
Dans le même sens : Me Sophie SABOT-BARCET et Jean-Michel BOISSET, « Les notaires et la transformation digitale », club du droit, en ligne, disponible in www.notaires.fr (consulté le 17 décembre 2019).

[102] SAGAUT (J.-F.), « Notaires : la religion du secret », Dr. et patrimoine, sept. 2000, p.10, in DEBOISSY (F.), « Le secret professionnel et l'administration fiscale », LPA, 3 février 2005, n°24, p. 24.

[103] BASTARD DE Crisnay (C.), *Petits et grands secrets d'un notaire*, L'Archipel, 2012, p. 7.

le législateur a donné le pouvoir de recevoir les secrets de ses clients et de les couvrir du sceau de la confidentialité.

À l'épreuve des faits, nous constatons à la lecture de la doctrine et de la jurisprudence que ce devoir présente beaucoup de problèmes dans la pratique. Sinon, comment expliquer que cette question du secret du notaire engendre tant d'écrits et de controverses ? Sophie FROMAGE et Margaux LIATTI[104], à l'occasion de leur mémoire de master 2 en droit notarial à Grenoble, ont fait le constat suivant : « *Il faut se rendre à l'évidence, l'argument du secret professionnel a moins de poids face à certaines personnes. En ce sens que l'opposabilité du secret dépend de son destinataire, car la force du secret ne sera pas identique selon qu'il est opposé à une autorité publique ou à un particulier, et au sein des autorités publiques, à une autorité judiciaire ou administrative.* »[105]

Les actes des notaires sont tous couverts par le secret. En effet, selon certains doctrinaires, le notaire peut opposer le secret professionnel à l'administration fiscale, au client et même au juge. Selon Thierry Cassin, président de la commission éthique, statut et déontologie du Conseil supérieur du notariat : « *Le notaire, en vertu de son secret professionnel, ne dévoilera rien, même à la demande de son client.* »[106] En d'autres termes, même si le client donne l'autorisation au notaire de dévoiler sa situation fiscale lors d'un procès, le notaire n'est pas dans l'obligation de le faire[107]. Il existe des conditions bien spécifiques pour que le notaire le fasse, car son devoir de secret couvre toute son activité et est un devoir absolu.[108]

---

[104] *Le secret professionnel du notaire à travers le prisme du droit patrimonial de la famille*, mémoire soutenu le 4 septembre 2014 à Grenoble, p. 20-50.

[105] DEBOISSY (F.), « Le secret professionnel et l'administration fiscale », LPA, 3 février 2005, n°24, p. 24.

[106] Interview de Thierry CASSIN, « Le notaire de dévoilera rien », revue *Conseils des notaires*, décembre 2013, n° 432, p. 34, in site, https://www.notaires.fr/sites/default/files/U-REVUE%20CONSEILSREVUE%20 CONSEILSSITE%20NOTAIRESLUTECEselection%20articles%20432.pdf (visité le 17 décembre 2019).

[107] CASSIN (T.), dans une interview sur le secret professionnel du notaire, raconte une affaire de 1973 pour illustrer l'obligation absolue de secret du notaire : « *Un homme avait vitriolé sa femme et sa fille, qui avaient cependant échappé à la mort. Pour expliquer son acte, l'homme invoquait le fait que la femme menaçait de l'abandonner. De son côté, l'épouse affirmait que la dispute résultait d'un désaccord financier. Elle évoquait notamment l'entretien qu'ils avaient eu avec leur notaire pour constituer un dossier hypothécaire. Le magistrat, souhaitant des éclaircissements, convoqua le notaire qui refusa de dévoiler l'objet de la visite de ses clients en vertu de son secret professionnel. Résultat : le notaire fut condamné à une amende de 1 000 francs. Mais la cour d'appel infirme la décision, donnant raison au notaire et réaffirmant toute la force du secret professionnel.* »

[108] Dans le cadre de la France, les articles 3.4 et 20 du règlement national des notaires posent le principe du secret général et absolu.

L'administration fiscale et le juge ont le droit de le lever, dans certaines circonstances prévues par le législateur. En d'autres termes, le notaire peut-il opposer son secret professionnel au juge ou à un officier de police judiciaire ? « *Lorsque la procédure est civile, le secret professionnel prime, le notaire peut donc l'invoquer et refuser de répondre au juge. En matière pénale, le notaire peut faire l'objet d'une demande de communication de pièces ou d'actes, à laquelle il répond uniquement si la demande émane d'un juge d'instruction sur commission rogatoire. Il en est de même pour les perquisitions de l'office. Mais dans tous les cas, la loi a prévu des garde-fous, les présidents de chambre ou leurs délégataires devant obligatoirement être présents.* »

À bien des égards, le secret professionnel du notaire n'est pas suffisamment encadré. La compréhension de cette notion nous amène à soulever les difficultés relatives au secret professionnel.

2- Les difficultés relatives à l'obligation fiscale de secret professionnel

Le secret professionnel des notaires pose des difficultés de plusieurs ordres. Il existe notamment une ambiguïté entre le devoir d'informer et le devoir de secret du notaire en matière fiscale. À quel moment le notaire peut-il parler ? Et a contrario, à quel moment ne doit-il pas parler ? On pourrait affirmer, à la lecture du Code pénal camerounais[109], que le législateur a pensé à cette hypothèse. Mais il existe d'autres situations ou hypothèses qui rendent difficile son application.

Prenons un exemple de flou en matière fiscale. Avec les réseaux sociaux, le secret professionnel fait face à un défi d'une grande ampleur. En effet, les défis du secret professionnel sont multiples et protéiformes. Il demeure constant que la responsabilité large du notaire l'oblige à garder le secret ; sa responsabilité serait engagée s'il ne respectait pas ce devoir.

Dans un pays de l'espace OHADA, un notaire a passé un acte entre une haute personnalité de la République et une société, sur un immeuble portant sur des millions d'euros. La révélation de cette affaire sur les réseaux sociaux a scandalisé l'opinion publique. Si aucune plainte n'a été déposée contre le notaire ni contre les parties, ne devrions-nous pas poser la question de la responsabilité du notaire et de son obligation de secret professionnel, s'il est établi que c'est via son étude que l'acte s'est retrouvé sur les réseaux sociaux ? De même, un autre notaire, à la demande de son client, a publié les

---

[109] Loi n° 2016/007, 12 juillet 2016, Code pénal camerounais.

transactions et les situations fiscales de ce dernier sur les réseaux sociaux. Il s'est avéré plus tard que le client était un fraudeur à la loi fiscale dans une autre affaire. Ces deux exemples montrent qu'il existe de nouveaux défis en ce qui concerne le secret professionnel du notaire en matière fiscale.

Autre exemple : un notaire, à la demande de son client, ouvre une société familiale avec pour actionnaires exclusifs la femme et les enfants de ce dernier. Le client, invoquant l'obligation de secret professionnel du notaire, lui demande de ne pas révéler la présence ou même l'identité de l'un de ses enfants adultérins au rang des associés. Que devrait faire le notaire ? Vu qu'il est confronté à ce moment-là à deux obligations distinctes : informer pour l'équité entre les associés et garder le secret, comme le veut son client. Les éléments de réponse que nous avons évoqués plus haut ne sont pas encadrés par le législateur. Une consécration textuelle serait la bienvenue.

En effet, comment expliquer que le notaire soit tenu, selon les situations juridiques, d'informer ou de garder le secret professionnel ? Cela nous amène à constater, à la lecture de la doctrine et de la jurisprudence, que les problèmes relatifs à ces deux devoirs du notaire n'ont pas été suffisamment encadrés.

Il existe d'autres problèmes concernant le secret professionnel des notaires en matière fiscale, comme les atteintes portées par les autorités administratives. Par exemple, l'administration fiscale, à l'occasion de ses inspections, peut découvrir des informations couvertes par le secret professionnel du notaire. La question est alors de savoir si le notaire, mis en difficulté pour protéger le secret, doit toujours être tenu pour seul responsable de la divulgation de ce secret. N'est-ce pas là un sérieux empiétement à l'exercice du devoir du notaire de garder le secret professionnel, venant de l'administration fiscale ? Dans cette optique, les agents de l'administration qui ont eu connaissance de ces secrets devraient-ils aussi être responsables de leur divulgation, dans la mesure où ils sont également tenus par l'obligation du secret professionnel en matière fiscale ? Le notaire demeure-t-il le maître du secret donné par son client, quand il existe une possibilité pour l'administration fiscale d'avoir connaissance de celui-ci à travers les inspections ?

La réelle difficulté est de savoir si le notaire peut, dans le cadre d'un procès, révéler les secrets obtenus dans le cadre de sa fonction pour sa défense[110]. Assurément, la réponse divise. Les tenants du « oui » avancent que le notaire n'a pas à se transformer en martyr du secret professionnel lorsqu'un procès est intenté contre lui. Par la force des choses, il peut être obligé de révéler certaines informations couvertes par le secret professionnel, et ce uniquement

---

[110] Cass. Chambre, 1re civ, arrêt n° 667, 15 juin, 2016, n° 15-19-365 et 15-50.055. Dans le même sens : Cour Cass, arrêt n° 583, 1er juin 2016, n° 15-11.417 ; Cour de cassation, arrêt n° 362, 22 mars 2012, n° 11-11.925.

pour assurer sa défense. En revanche, certains voient dans cette obligation du notaire un devoir impératif, qui s'impose à lui dans le cadre de ses opérations, ainsi qu'en cas de procès. En clair, le notaire ne doit pas se transformer en délateur parce qu'il est en procès. Il doit, selon eux, demeurer ce tiers de confiance en qui la loi et ses clients ont placé leur confiance et qu'il ne doit point trahir, sous réserve de sanctions prévues par le législateur.

Nous venons d'analyser les obligations accessoires d'investigation et de secret du notaire. Qu'en est-il des autres obligations, dont le manquement engagerait sa responsabilité fiscale ?

PARAGRAPHE 2 : LE MANQUEMENT DU NOTAIRE AUX AUTRES OBLIGATIONS FISCALES

Les obligations que nous allons analyser portent sur plusieurs obligations du notaire qui posent moins de problèmes dans la pratique et sont plus rarement l'objet de litiges. Malgré cette rareté des litiges, l'inobservation des obligations concernées peut être lourde de conséquences pour le notaire.

Ces obligations sont relatives au non-paiement des impôts par le notaire, ou encore à l'inobservation de son obligation de respecter les tarifs (A). Aussi est-il important de mentionner que l'inobservation de ces obligations est la résultante du manquement à l'obligation de communication du notaire (B).

A- LE MANQUEMENT AUX OBLIGATIONS DE PAIEMENT ET DE RESPECT DES TARIFS

Le notaire, en sa qualité de redevable légal, doit entretenir une relation saine, permanente et confiante avec l'administration fiscale. Pour cela, il doit éviter certaines fautes qui peuvent non seulement entacher cette relation, mais aussi rendre son acte inefficace. Pour ce faire, il doit veiller à respecter certaines exigences du législateur fiscal.

Il s'agit en premier lieu de respecter les règles relatives au paiement des impôts (1), puis de respecter les tarifs, comme stipulé dans l'annexe du statut des notaires dans la majorité des pays de l'espace OHADA (2).

1- La violation du notaire à son obligation de paiement

Le paiement des impôts est une obligation à laquelle sont soumis tous les citoyens de l'espace OHADA. Le notaire, en tant que sujet fiscal, ne déroge pas à cette obligation. Cette obligation de paiement de l'impôt par le notaire est prévue aux articles L7 à L8 du Livre de procédures fiscales du Cameroun. Ces articles exigent de cet officier public qu'il sache quand on paie, comment on paie et à qui on paie. En plus de ces exigences, le notaire diligent se doit de connaître les règles qui gouvernent le paiement et les droits que confère ce paiement. Il nous paraît utile de préciser que le notaire peut payer ces impôts en qualité de redevable réel, dans la situation où il paie l'impôt pour son compte, et en qualité de redevable légal, quand il paie l'impôt pour le compte de ses clients. Que ce soit en sa qualité de redevable réel ou en sa qualité de redevable légal, le notaire doit s'acquitter des impôts suivant les modalités indiquées à l'article L7 du LPF.

En effet, ce devoir est un impératif pour le notaire. S'il ne l'observe pas, il cause non seulement des préjudices à lui-même et à ses clients, mais aussi à l'administration fiscale. Le paiement par le notaire peut se faire soit par voie électronique ou en espèces si le montant est inférieur à 100 000 F CFA, soit par autres moyens tels que le virement ou le chèque, dans l'hypothèse où le montant est égal ou supérieur à 100 000 F CFA.[111]

Le législateur fiscal, en son article L7, précise, s'agissant de l'obligation de paiement : « *Nul ne peut se prévaloir de l'existence d'une créance sur l'État pour se soustraire à ses obligations déclaratives et de paiement.* » L'alinéa 2 ajoute qu'en « *aucun cas, les impôts retenus à la source ou pour lesquels le contribuable n'est que redevable légal ne peuvent faire l'objet de compensation de quelque nature que ce soit* ». En d'autres termes, le notaire ne peut pas opérer une compensation sur une créance sur l'État pour des sommes qu'il aurait retenues au client pour le compte de l'État.

Le paiement par le notaire doit donner lieu à une quittance. Ces quittances sont exemptes du droit de timbre. Il en va de même pour un notaire qui a reçu le paiement des droits fiscaux d'un client dont il instrumente l'acte. Il se doit aussi, dans de telles circonstances, de lui donner une quittance ou un reçu comme preuve de paiement.

S'il est reconnu à l'égard du notaire le devoir de payer les impôts, ce paiement ne se fait pas ex nihilo, mais plutôt sur la base de tarifs que le notaire doit respecter.

2- La violation du notaire au respect des tarifs

L'obligation de respecter les tarifs est une des règles du notariat les plus enfreintes, notamment par la mauvaise foi de certains notaires, mais aussi par l'application désordonnée, incontrôlée et abusive de l'article 4 du décret organisant la profession des notaires et précisément le tarif des actes notariés. Cet article stipule : « *Pour les actes relevant de la profession de notaire et qui ne sont pas compris dans le tarif, ainsi que pour les services rendus dans l'exercice des fonctions accessoires que les notaires sont dûment autorisés à*

---

[111] Art. L 8, Code général des impôts du Cameroun, 2019.

remplir, les frais et honoraires sont, à défaut de règlement amiable entre le notaire et les parties et sauf opposition à taxe, taxés par le président du tribunal dans le ressort duquel réside le notaire. ». Cet article permet d'enfreindre les dispositions du précédent article 3, qui interdit aux notaires, « *à l'occasion des actes de leur ministère, de réclamer ou de percevoir une quelconque somme en dehors des émoluments ou déboursés prévus au présent tarif* ». Voici l'un des problèmes d'ordre juridique que pose la tarification par le notaire. Que devrait faire le notaire en pareilles circonstances ? Quelles sont les solutions à proposer face à cette difficulté ?

On note également une réelle difficulté pour les clients du notaire à avoir accès aux tarifs des actes qu'ils passent dans l'étude de cet officier public. Cette dissimulation est parfois volontaire et entraîne des conséquences fiscales fâcheuses pour les clients du notaire. Car derrière cette dissimulation, on note généralement une intention de surfacturation des émoluments de la part de certains notaires. Quelle solution serait la plus appropriée face à ce type de difficulté ? Certains notaires affirment que les prix sont disponibles sur internet, à travers le statut portant organisation de la profession des notaires. Effectivement, ce texte existe, mais un non-professionnel peut-il interpréter leurs dispositions ? Si le souci est d'informer largement le public, pourquoi ne pas afficher les tarifs dans les offices ?

Dernier problème relatif à la tarification, les chambres des notaires de l'espace OHADA, de nos jours, ne contrôlent plus le respect des tarifs par les notaires. Ceci a pour conséquence fâcheuse la violation des règles de tarification par certains notaires.

Le notaire qui veut faire un acte parfait doit s'astreindre au paiement des impôts et à respecter les tarifs. Cependant, qu'en est-il du manquement du notaire à son obligation de communication ?

B- LE MANQUEMENT À L'OBLIGATION DE COMMUNICATION

Le droit de communication, avant tout développement, doit être distingué du pouvoir de vérification de l'administration ou du droit d'enquête[112]. Le devoir de communication du notaire est différent de son obligation d'information. En effet, le mot communication, en droit fiscal, est généralement saisi comme le fait de porter un événement ou un élément d'information à la connaissance d'une personne déterminée, d'un groupe d'intéressés ou du public.[113] Dans le cas de l'activité notariale, il s'agit de donner des informations à l'administration fiscale en rapport avec son activité. Le notaire, officier public, est ainsi soumis à une obligation de communication, selon les différentes lois fiscales de l'espace OHADA, en ces termes : *« Sont soumises au droit de communication, toutes les personnes physiques ou morales versant des salaires, des honoraires, des droits d'auteur, encaissant, gérant, distribuant des fonds pour le compte de leurs adhérents... »*[114] Il s'agit d'un devoir du notaire envers l'administration et non envers son client. Il se doit de donner des informations à l'administration du fait des émoluments qu'il reçoit de la part de sa clientèle. Il ne doit jamais s'opposer au droit reconnu à l'administration fiscale de prendre connaissance et, au besoin, d'obtenir la copie des documents détenus par son office.

Seulement, il faut préciser que le manquement à cette obligation de communication peut être considéré comme un élément fondamental permettant d'engager la responsabilité fiscale du notaire, notamment lorsque, par quelque moyen que ce soit, il empêche de façon active ou passive l'administration fiscale d'avoir recours aux documents qui sont à sa portée (1), soit encore lorsqu'il a procédé à la dissimulation de sa comptabilité (2).

1- L'empêchement à l'accès des documents par le notaire comme manquement à son obligation de communication

L'administration fiscale, dans le cadre de ses compétences, a le droit de faire des contrôles sur pièces et sur place dans les offices notariaux. Le législateur des pays de l'espace OHADA, dans leurs différents codes des impôts, en définit les règles, les conditions et les contours. Cependant, tout ne se passe pas toujours comme prévu. Il arrive que certains officiers ministériels ou contribuables s'opposent à certains contrôles qu'ils trouvent irréguliers ou

---

[112] La vérification est différente de la communication, parce qu'ici la vérification est le droit pour l'administration fiscale de pouvoir vérifier la comptabilité notariale ou un examen contradictoire de la situation personnelle du notaire. De même, le droit d'enquête est différent du droit de communication, qui est une procédure d'intervention inopinée permettant de rechercher les manquements à certaines règles.

[113] G. CORNU, H. CAPITANT, *Vocabulaire juridique*, Paris, éd. PUF, 8e éd., 2009, p. 185.

[114] Art. L 43, Code général des impôts du Cameroun, 2019.

sans fondement juridique. Il est clair qu'entre l'interprétation des textes, les flous et les vides juridiques, cela ne contribue pas pleinement à la fluidité des contrôles et à l'obligation de ces officiers de communiquer.

Prenons un simple exemple dans l'activité notariale : est-ce qu'un contrôle fiscal donne droit aux agents des impôts d'ouvrir les testaments mystiques sur le prétexte du contrôle ? Il est évident que la loi ne précise pas si le contrôle se fait aussi sur le contenu des actes. Cependant, ce non-dit entretient une interprétation extensive et relative, selon l'angle dans lequel on se trouve. Il est à signaler que si le notaire brandit le fait que l'acte est couvert par le secret, en l'absence de textes précis, il pourrait être sanctionné pour le fait de s'être opposé à l'administration fiscale. La loi n'a pas identifié les actes couverts ou non par le secret, ce qui cause un flou juridique. En tout cas, en l'état actuel des textes, le notaire ne devrait pas s'opposer aux contrôles sans fondement juridique, même s'il peut faire tomber les contrôles s'il est vigilant sur les règles de forme et de fond.

Si le notaire peut voir sa responsabilité fiscale engagée, lorsqu'il empêche l'administration fiscale d'effectuer un contrôle sur les documents qui sont à sa charge, il est important de préciser que cet empêchement peut être soit actif, soit inactif. On parle d'empêchement actif lorsque le notaire, face à un contrôle de l'administration fiscale, manifeste son refus sans fondement juridique à ce contrôle. Tel est particulièrement le cas d'un notaire qui, sachant que son office fera l'objet d'un contrôle, s'absente sans raison valable, ou encore, ayant aperçu les contrôleurs des finances, ferme ses locaux pour ne recevoir personne.

D'un autre côté, le notaire peut empêcher de façon inactive ou implicite l'administration fiscale d'accéder à tout document à sa charge. En effet, le notaire, lorsqu'il fait l'objet d'un contrôle fiscal, se doit de collaborer avec ladite administration ou de coopérer avec celle-ci afin d'avoir une connaissance précise sur l'objet du contrôle.

En pratique, certains notaires sont réfractaires à toute idée de collaboration avec l'administration fiscale. À cet effet, au lieu d'aider l'administration, ils font preuve de désintéressement ou de désinvolture dans cette collaboration avec l'administration, rendant de ce fait presque impossible son travail.

En sus, il paraît évident que lorsque le notaire ne collabore pas avec l'administration fiscale dans son rôle de contrôleur, il peut voir sa responsabilité fiscale engagée. Il en est d'ailleurs de même, lorsqu'il a empêché la communication, soit en dissimulant, soit en trafiquant la comptabilité.

2- Le manquement au devoir de communication par la dissimulation ou le trafic de la comptabilité

Le notaire, expert fiscal agissant avec l'administration, est dans bien des situations tenté de dissimuler les montants reçus sur les actes qu'il enregistre. Cela a pour but de réaliser des profits frauduleux sur le dos de l'administration fiscale. Dans cette situation, en connivence avec l'administration ou avec l'expert-comptable, il peut trafiquer les comptes et les chiffres de son étude. Cette manipulation le rend coupable de faux en écriture et cause des difficultés à l'administration, non seulement dans la comptabilité, mais aussi rend impossible la perception de sommes dues. Le notaire qui se rend coupable de ce genre de manœuvre s'expose à des sanctions fiscales et pénales, prévues aux articles L95 à L114 du Livre de procédures fiscales. Ce genre de manœuvre va à l'encontre de l'un de ses devoirs impératifs : le droit de communication.

Le notaire engage sa responsabilité s'il y a eu des manquements dans la confection de ses actes ; en l'occurrence, un manquement à une ou plusieurs de ses obligations principales ou à l'une ou plusieurs de ses obligations accessoires.

Prenons une décision115 de la Cour de cassation française pour illustrer nos propos. Les faits sont les suivants : « Un client a porté plainte contre la SCP notariale Lieury-Kerneis-Seguin pour avoir omis de déclarer, lors du règlement de la succession d'André X…, trois contrats d'assurance-vie souscrits de son vivant par l'intéressé. M. Daniel X…, venant à la succession de son père, a assigné la SCP en paiement d'une somme équivalente aux intérêts de retard réclamés par l'administration fiscale ;

Attendu que, pour débouter M. X… de cette demande, l'arrêt énonce que la somme sollicitée à hauteur de 29 530 € correspond non pas à des pénalités, mais à des intérêts de retard et ne saurait constituer un préjudice indemnisable dès lors que ces intérêts tendent seulement à réparer le préjudice subi par le Trésor public, du fait du différé de paiement de l'impôt, le contribuable ayant conservé entre-temps la disposition des fonds et eu la possibilité de les faire fructifier ;

Qu'en statuant ainsi, alors que les intérêts de retard constituent un préjudice réparable dont l'évaluation commande de prendre en compte l'avantage financier procuré par la conservation dans le patrimoine de M. Daniel X..., jusqu'à son recouvrement par l'administration fiscale, du montant des droits de succession dont il était redevable, la cour d'appel a violé le texte susvisé.

PAR CES MOTIFS, sans qu'il y ait lieu de statuer sur la seconde branche du moyen unique :

---

[115] Cour Cass., 1re chambre civile, 5 avril 2012, arrêt n° 10-27.771.

CASSE ET ANNULE, mais seulement en ce qu'il déboute M. X… de sa demande, au titre du préjudice lié à des pénalités de retard, l'arrêt rendu le 7 septembre 2010, entre les parties, par la cour d'appel de Paris ; remet en conséquence, sur ce point, la cause et les parties dans l'état où elles se trouvaient avant ledit arrêt et, pour être fait droit, les renvoie devant la cour d'appel de Versailles ;

Condamne la SCP Lieury-Kerneis-Seguin aux dépens ;

Vu l'article 700 du Code de procédure civile, rejette la demande de la SCP notariale Lieury-Kerneis-Seguin, la condamne à payer la somme de 3 000 € à M. X… ;

[…] Il est à noter que la même Cour de cassation civile, se prononçant sur le moyen annexe du même arrêt[116] où il est fait grief à l'arrêt attaqué d'avoir condamné la SCP notariale LIEURY-KERNEIS-SEGUIN à ne verser à Monsieur X…. que la somme de 1 046,50 € en réparation du préjudice subi à raison de la faute commise par le notaire qui a manqué à son obligation d'information et de conseil ;

AUX MOTIFS QUE […] la Cour doit se prononcer sur la nature de la somme finalement réclamée par l'administration fiscale d'un montant de 29 530 €, sur laquelle les parties s'opposent, le notaire soutenant qu'il ne s'agit que d'intérêts de retard tandis que Monsieur Daniel X… la qualifie de pénalités ;

Qu'il ressort de ces pièces versées en particulier de la notification de redressement en date du 8 septembre 2005 que seuls des intérêts de retard prévus à l'article 1727 du Code général des impôts ont été réclamés à Monsieur Daniel X... sur le rappel de droits, lui étant spécifié que sa bonne foi n'était pas mise en cause et que ces intérêts de retard ne constituaient pas une sanction, mais visaient à réparer le préjudice subi par le Trésor public du fait du différé de paiement de l'impôt ;

Qu'au taux de 0,75 % par mois de retard et pour 53 mois de retard, le taux applicable au rappel de droit a été de 39,75 % et la somme réclamée de 116 823 € ;

Que suite aux observations présentées par Monsieur Daniel X..., par un nouveau courrier du 5 janvier 2006, et compte tenu de la modification de la base rectifiée, les intérêts de retard ont été ramenés à la somme de 34 749 € ;

Qu'enfin, après intervention de son conseil, le cabinet CLERMONT CONSEIL, Monsieur Daniel X... a obtenu que la somme réclamée à l'origine de 116 623 € soit ramenée à la somme de 29 530 € ;

---

[116] Cass. Civ.1re, 5 avril 2012, n° 10-27.771.

Qu'en conséquence, ladite somme correspond, non pas à des pénalités, mais à des intérêts de retard et ne saurait constituer un préjudice indemnisable puisqu'ils tendent seulement à réparer le préjudice subi par le Trésor public du fait du différé de paiement de l'impôt, le contribuable ayant conservé entre-temps la disposition des fonds et eu la possibilité de les faire fructifier ;

Que le jugement sera réformé de ce chef [...] ;

1° ALORS QUE l'obligation de payer des intérêts de retard sur une dette d'impôt constitue un préjudice réparable ; qu'en retenant, afin de ne condamner la SCP notariale à ne verser à Monsieur X... que la somme de 1 046,50 € en réparation du préjudice subi, que le paiement par Monsieur X... de la somme de 29 530 € au Trésor public à titre d'intérêts de retard ne tendait qu'à réparer le préjudice subi par le Trésor public du fait du paiement différé de l'impôt et qu'à compenser l'avantage qu'en a retiré l'assujetti, et, partant, qu'il ne constituait pas un élément de préjudice indemnisable, la cour d'appel a violé l'article 1382 du Code civil ;

2° ALORS QU'en toute hypothèse, la cour d'appel ne pouvait se borner à affirmer que le contribuable qui avait conservé la disposition des fonds avait eu la possibilité de les faire fructifier sans rechercher si les possibilités de gains étaient au moins équivalentes aux intérêts de retard payés au fisc ; que l'arrêt attaqué est ainsi privé de base légale au regard de l'article 1382 du Code civil. »

CONCLUSION CHAPITRE I

L'étude de la responsabilité des notaires, dans les différents États de l'espace OHADA, nous amène à comprendre que l'engagement de la responsabilité fiscale du notaire nécessite certaines conditions. En effet, la doctrine et la jurisprudence classique exigent un fait générateur, un préjudice et une causalité. Le préjudice et la causalité faisant l'objet d'un développement ultérieur, nous nous sommes attardés dans cette partie sur le fait générateur. Il s'agit d'un manquement de cet officier public à une obligation fiscale préjudiciable. Cependant, il ne doit pas y avoir de confusion entre la faute fiscale et la fraude fiscale, qui ne sont pas les mêmes concepts, malgré quelques points de similitudes. Certains faits sont en même temps une faute et une fraude à la loi fiscale, parce qu'ils portent en leur sein les éléments de la faute et ceux de la fraude fiscale.

Il ne nous a pas échappé, lors de l'analyse de la faute du notaire, que l'obligation de conseil fiscal du notaire pose de nombreux problèmes d'ordre pratique, qui dérangent son fonctionnement et son application. De ce fait, nous avons présenté une proposition de consécration et d'application de ce devoir impératif aux actes notariés. Précisément, nous avons analysé le fait que ce devoir implique neutralité et impartialité. Cela consiste à dire que le notaire choisi par un client a une obligation de loyauté envers lui, comme envers les éventuels cocontractants.

Parmi les manquements principaux des notaires, nous avons cité le manquement à l'obligation d'enregistrement et de déclaration. Nous avons précisé que ces obligations peuvent être entachées par l'insuffisance de déclaration ou encore le défaut de déclaration. S'agissant du manquement au devoir d'enregistrement, il se manifeste généralement par le non-respect des exigences de forme et de fond prescrites par les législateurs dans les différents pays de l'espace OHADA. Le défaut et l'insuffisance de déclaration se manifestent par l'insuffisance de prix, qui intervient lorsque le prix stipulé sur l'acte du notaire est inférieur à la valeur vénale du bien. Autrement dit, si le prix stipulé dans l'acte est inférieur à la valeur sur le marché au moment de l'établissement de l'acte par l'officier public.

Concernant le manquement du notaire à ses obligations accessoires, nous avons précisé qu'elles concernaient principalement l'obligation d'investigation et l'obligation de secret. En effet, le secret professionnel des notaires pose des difficultés de plusieurs ordres. Nous pouvons ainsi recenser l'ambiguïté entre le devoir d'informer et le devoir de secret du notaire en matière fiscale. Il en va de même de l'obligation de vérification du notaire, pour laquelle nous nous sommes demandé où elle commence et où elle s'arrête. Les législateurs, dans la majorité des pays de l'espace OHADA, n'ont pas encore apporté de solutions appropriées. À cela, il faut ajouter les fautes relatives à la violation du notaire, à son obligation de paiement des impôts et à son obligation de communication.

Ce chapitre nous a également permis de déceler que les clients des notaires ont difficilement accès aux tarifs des actes. Malheureusement, cette dissimulation est parfois volontaire et entraîne des conséquences fiscales fâcheuses pour les clients du notaire. S'agissant de son obligation de communication, les manquements se manifestent le plus souvent par l'empêchement à l'accès des documents par le notaire, ce qui forme une entrave à la manifestation de la vérité.

À la lumière de la pratique, nos analyses nous montrent à suffisance que le manque d'encadrement de ces devoirs impératifs occasionne de nombreuses difficultés. Cette carence est à l'origine d'injustices multiformes faites aux actes notariés en matière fiscale dans la majorité des pays de l'espace OHADA. Nous pensons que les États devraient penser de manière autonome à des solutions spécifiques à apporter à ces problématiques sur leur territoire.

CHAPITRE II

LE PRÉJUDICE ET LA CAUSALITÉ

« *Bien penser et bien dire ne sont rien sans le faire.* »

Auteur inconnu

« *Ne crois pas que tu t'es trompé de route quand tu n'es pas allé assez loin.* »

Claude Aveline

Le préjudice[117] et le lien de causalité[118] paraissent très problématiques en tant que conditions d'engagement de la responsabilité des usagers de droit en général et des notaires en particulier. En effet, en l'absence d'un régime de responsabilité spécifique, la responsabilité des notaires demeure réglée par le régime de droit commun, peu homogène. Elle n'est pas facile d'utilisation au vu des controverses, des flous juridiques et des litiges qu'elle cause dans la pratique.[119] Il en est de même en ce qui concerne les règles sur le préjudice des litiges fiscaux. Certains doctrinaires se demandent même si cette situation est possible, puisque l'administration fiscale, juge de l'opportunité, s'appuie rarement sur la trilogie fait générateur, préjudice et lien de causalité. En général, elle recherche si la commission ou l'omission d'un comportement réprimé par le Code général des impôts a été consommée par cet officier

---

[117] OLLARD (R.) « La distinction du dommage et du préjudice en droit pénal », *Revue de science criminelle et de droit pénal comparé*, 2010/3 (n° 3), p. 561 à 585. L'auteur dit que le préjudice, « *dans sa notion seconde, serait constitué par les répercussions de la lésion sur la personne de la victime, répercussions sur ses avoirs, préjudice patrimonial ou économique* ». Juridiquement, le préjudice se définit comme le dommage subi par une personne dans ses biens, son corps, ses sentiments ou son honneur. En matière contractuelle, et en matière d'acte notarié, la réparation du préjudice comprend à la fois la perte subie et le gain manqué. Le préjudice affecte la victime dans son patrimoine et elle consiste soit dans une perte, soit dans des dommages causés aux biens, soit encore dans la suppression ou la diminution de revenus.

[118] Le lien de causalité est le fait de pouvoir relier matériellement la faute et le dommage subi par la victime. En effet, la victime, pour obtenir réparation, doit prouver l'existence d'un lien de causalité entre le dommage qu'elle a subi et le fait générateur du dommage.

[119] GUEGUANG et GUEGUANG (G.), *La responsabilité des notaires : pour un régime spécifique de responsabilité*, éd. L'Harmattan, p. 32-61.

public. Cependant, devant le juge administratif et le juge judiciaire, la logique change, les principes aussi.

Le juge administratif ou judiciaire s'appuie sur la commission d'une faute, d'un préjudice et d'une causalité entre le fait générateur et le préjudice, comme condition d'engagement de la responsabilité. Cette trilogie se vérifie généralement quand les litiges de l'acte notarié portent sur certains types de litiges fiscaux et obligations fiscales du notaire. Nous pouvons prendre des exemples de procès portant sur un manquement du notaire à une obligation de conseil fiscal ou encore sur un manquement à une obligation d'investigation ou d'information, pour ne citer que ceux-là. Néanmoins, il faut que le demandeur[120], lors du litige fiscal d'un acte notarié, apporte par tout moyen la preuve que le préjudice qu'il a subi est certain et indemnisable. Dans certains cas, il peut s'agir de conséquences matérielles, à l'instar de la faillite de la société commerciale du client du notaire, consécutive à une mauvaise appréciation dans le calcul des droits fiscaux par cet officier public, lors d'une opération juridique de création ou de transformation de celle-ci.

Dans une autre hypothèse, le préjudice est aussi certain si la faute du notaire débouche sur un redressement fiscal, un paiement de pénalités ou d'amendes, contraignant le contribuable à liquider sa société ou à adopter des procédures collectives d'apurement du passif. Il est à noter que ce type de préjudice causé par le notaire cible aussi les troubles d'existence de la société, en raison d'un mauvais calcul ou un mauvais conseil fiscal donné par le notaire. Ces préjudices du notaire entraînent souvent la vente de biens, comme la vente de l'habitation principale du contribuable, pour apurer les pertes de sa société. Les préjudices fiscaux du notaire peuvent aussi entraîner des dommages qui portent atteinte, du fait du notaire, à la réputation de la société auprès des banques et de ses clients. Cependant, le préjudice doit être chiffré de manière objective et ne peut résulter du simple paiement de l'impôt. Nous tenons aussi à rappeler que le notaire n'est pas le seul à pouvoir être l'auteur d'un préjudice dans son acte. En effet, tout dépend du demandeur qui recherche justice. Précisément, il arrive que ce soit le notaire et le client qui recherchent la responsabilité de l'administration, ou le client seul qui recherche la responsabilité fiscale de l'administration.

L'autre condition en matière civile et administrative est qu'il doit exister un lien direct entre le fait générateur et le préjudice subi. Le contribuable ou

---

[120] Le demandeur ici peut être n'importe qui dans le litige fiscal de l'acte notarié. En premier lieu, le demandeur peut être l'usager de droit, si ce dernier veut engager la responsabilité du notaire. Ensuite, le notaire seul ou avec l'usager de droit, s'ils veulent engager la responsabilité fiscale de l'administration. Enfin, l'administration, si elle veut engager la responsabilité du notaire avec ou sans son client.

l'usager de droit, client du notaire dans certaines circonstances, doit démontrer par exemple que la faute commise par le notaire a directement conduit à un préjudice certain et indemnisable. La liquidation de sa société, par exemple, est un bel exemple, sauf si le juge précise que le préjudice n'est pas indemnisable si l'entreprise était déjà dans une situation financière délicate.[121]

Il nous semble nécessaire de dire que le préjudice du notaire en matière fiscale, dans l'espace OHADA, est l'atteinte du fait de son acte à un intérêt patrimonial ou extrapatrimonial d'une personne que l'on appelle victime.[122] Il n'existe pas de définition du préjudice fiscal notarial[123]. En effet, la responsabilité des notaires est régulée par les règles de droit commun, ce qui assimile le préjudice du notaire au dommage de droit commun. Cela n'est pas précis et cause des difficultés d'ordre pratique. Il demeure vrai que le dommage ou le préjudice, à eux seuls, ne suffisent pas pour engager la responsabilité du notaire ; il faudrait encore que cette faute fiscale soit à l'origine du préjudice fiscal. Il faut rappeler que la majorité des litiges fiscaux sont traités au pénal[124]. Cependant, le juge pénal, contrairement aux autres juges civils et administratifs, s'appuie sur deux choses fondamentales : l'élément matériel[125] et l'élément intentionnel.[126] Il faut que la faute du notaire ait produit un préjudice matériel et que le notaire ait eu l'intention, la volonté

---

[121] CE n° 306225, 21 mars 2011 ; BOI 13 O-1-12 du 2 février 2012.

[122] CORNU (G.), *Vocabulaire juridique*, 12e édition, Presses universitaires, collection Dicos de poche, 10/01/2018, p. 3.

[123] Nous souhaitons qu'une définition du préjudice notarial soit établie.

[124] La loi pénale est différente du droit civil et du droit administratif. En effet, elle est d'interprétation stricte. Elle n'autorise pas le juge à créer des infractions ou des sanctions, ni à prononcer des peines supérieures au maximum prévu par les textes. Elle ne dispose que pour l'avenir, c'est-à-dire qu'elle ne s'applique qu'à partir de sa publication. Les grands principes du droit pénal sont la légalité, l'interprétation stricte et la non-rétroactivité. Le principe de légalité des incriminations et des peines renvoie à dire que nul ne peut être puni pour un crime ou un délit dont les éléments ne sont pas définis par la loi ou par une contravention dont les termes ne sont pas fixés par le règlement. L'interprétation stricte de la loi pénale renvoie au fait qu'aucune sanction pénale ne peut être donnée si elle n'a pas été prévue par les textes. En d'autres termes, le magistrat est tenu de ne faire aucune interprétation de la loi. Il doit statuer dans chaque cas qui lui est présenté uniquement avec les textes.

[125] L'élément matériel est un acte positif réprimé par la loi. Généralement, l'infraction n'existe que si l'agent a tenté ou a obtenu le résultat recherché ; on parle alors de délit matériel. En revanche, le délit est formel si l'infraction existe indépendamment du résultat.

[126] L'article 121-3 du Code pénal français prévoit qu'il n'y a pas de crime ou de délit sans intention de les commettre. Les contraventions nécessitent l'existence d'une faute pénale ou d'un élément intentionnel. En principe, donc, les crimes et délits sont intentionnels, c'est-à-dire qu'ils ont été commis par un agent ayant la volonté consciente et délibérée de commettre l'élément matériel de l'infraction, étant entendu que la connaissance du caractère infractionnel du comportement est présumée en vertu de l'adage « nul n'est censé ignorer la loi ». En clair, il faut que la personne ait voulu ou ait eu conscience de violer la loi pénale.

des conséquences de l'acte.[127] Nous rappelons que cela dépend du type de litige et des juridictions en jeu.

Tout compte fait, en droit civil et administratif, on parle bien de fait générateur, de préjudice et de lien de causalité entre la faute et le dommage. En réalité, l'élément matériel, sauf quelques exceptions juridiques, est semblable au préjudice en droit civil et administratif.

L'existence du fait générateur, du préjudice et du lien de causalité entre la faute et le préjudice constituent dans certaines circonstances les trois conditions de mise en œuvre de la responsabilité fiscale des notaires. Le fait générateur ayant déjà été abordé dans le premier chapitre, il sera question dans ce deuxième chapitre des autres conditions : le préjudice (section 1) et le lien de causalité entre cette faute et le préjudice en matière fiscale (section 2).

SECTION I : L'EXISTENCE DU PRÉJUDICE DU NOTAIRE EN MATIÈRE FISCALE

« Sans persévérance, vous échouerez avant d'avoir commencé. »

Napoleon Hill

« Heureusement, la persévérance est un excellent substitut au talent. »

Steve Martin

Le préjudice est la conséquence patrimoniale ou extrapatrimoniale du dommage. En d'autres termes, intimement lié au dommage, le préjudice est le produit juridique du fait matériel, qui est le dommage. En clair, le préjudice relève du droit et le dommage relève des faits. Cependant, selon Gérard CORNU, toute atteinte causée aux intérêts d'une personne est considérée comme un dommage. Autrement dit, le dommage est la lésion subie et le préjudice est la conséquence de la lésion qui est portée devant le juge. De ce fait, pouvons-nous parler de la nécessité d'un dommage causé par l'acte du notaire, en matière fiscale, pour engager sa responsabilité ? La réponse ne saurait être tranchée. Cela dépend de la nature des litiges, des personnes en jeu et des circonstances prévues par le législateur et la jurisprudence. Ce qui est sûr, c'est qu'au vu de l'évolution du droit de nos jours, on ne saurait parler

[127] La principale caractéristique du droit pénal est la notion de responsabilité pénale, liée à l'idée de faute de la personne responsable. En principe, le droit pénal ne se trouve appliqué qu'à la personne qui a commis une faute, ce qui suppose un acte accompli avec intelligence et volonté. C'est à cette condition que l'acte infractionnel est imputable à l'agent. En matière pénale, on cherche d'abord, malgré la faute, à savoir si la faute lui est imputable.

d'indemnisation sans préjudice.[128] Le préjudice prouvé est indispensable pour indemniser le demandeur. En effet, s'il n'y a pas de dommage ou de préjudice, il n'y aurait pas d'intérêt à exercer une action en justice. L'action en justice vient du fait d'un sentiment d'injustice, causé en l'espèce par l'acte du notaire qui a porté préjudice à la victime, qui veut rétablir ses droits. Nous tenons à préciser que l'existence d'un préjudice et l'évaluation de celui-ci relèvent du pouvoir souverain d'appréciation des juges du fond.[129] Il n'existe donc pas de préjudice présumé ; on doit en prouver la réalité et l'étendue.[130] De même, une faute sans dommage ne donne pas lieu à une réparation.[131]

En clair, pour engager la responsabilité des notaires en matière fiscale, le préjudice doit être porté devant l'administration ou le juge pour obtenir réparation. Il reste à préciser que le préjudice fiscal n'est pas le plus important en matière de responsabilité fiscale des notaires ; le plus important est de rapporter la preuve de ce préjudice fiscal.[132]

Pour résumer, le déclenchement de la responsabilité fiscale des notaires nécessite un préjudice du notaire (paragraphe 1) et surtout la preuve de ce préjudice fiscal (paragraphe 2).

PARAGRAPHE 1 : LA NÉCESSITÉ D'UN PRÉJUDICE DU NOTAIRE

Il est nécessaire de rappeler que tous les principes du droit n'exigent pas un préjudice. Le droit pénal, par exemple, parle de l'élément matériel et de l'élément intentionnel[133]. Il en va de même du droit fiscal, qui ne fait pas particulièrement mention d'un préjudice pour engager la responsabilité des notaires. Cependant, comme nous l'avons dit plus haut, quel qu'en soit l'angle, la branche du droit ou le vocable utilisé, il est certain qu'un préjudice est nécessaire pour établir la responsabilité. En d'autres termes, il y a généralement condamnation parce que l'acte du notaire a causé un préjudice

---

[128] Cass. Chambre civile, arrêt n° 528, 13 avril 2010, pourvois n° 09-10.459 et n° 09-10.799.

[129] Cass. soc., 13 avril 2016, n° 14-28.293.

[130] Cass. soc., 17 mai 2016, n° 14-21.872. Dans cette décision, les juges ont débouté une dame de sa demande de dommages et intérêts en réparation du préjudice, résultant selon elle du défaut d'information sur une convention collective. En effet, pour le juge, tout le monde est censé connaître l'existence de la convention collective, qu'il est donc inutile de rappeler.

[131] Cass. Chambre civile, arrêt, n° 528, 13 avril 2010, pourvois n° 09-10.459 et n° 09-10.799.

[132] Cour d'appel du Centre, arrêt n° 344/civ du 2 juillet 2014, Cameroun.

[133] Il faut noter une évolution de la doctrine, qui commence à préconiser la prise en compte du préjudice en matière pénale, car l'indifférence face aux préjudices ne participe pas à une plus grande justice en matière pénale. Voir à cet effet OLLARD (R.), « La distinction du dommage et du préjudice en droit pénal », *Revue de science criminelle et de droit pénal comparé*, 2010/3 (n° 3), p. 561 à 585.

certain. Nous n'excluons pas l'hypothèse de la responsabilité sans faute ou l'hypothèse du délit général en droit fiscal, où le dommage entendu au sens matériel n'est pas nécessaire. Dans tous les cas, il faut bien se rappeler que le préjudice n'est pas toujours matériel ; il peut être moral ou psychologique. Le préjudice peut être de plusieurs types et spécifique en matière d'acte de notaire. Cela nous amène à identifier et analyser les préjudices que l'on rencontre dans les actes notariés en matière fiscale.

Avant tout développement, précisons que les préjudices que causent les actes notariés en matière fiscale sont généralement patrimoniaux ou extrapatrimoniaux. Ils sont patrimoniaux quand ils portent par exemple sur la perte de revenu ou la perte d'un bien immobilier ; extrapatrimoniaux, s'ils portent sur la réputation ou l'honneur du client.[134]

Il semble fondamental d'analyser les caractères spécifiques des préjudices fiscaux en matière d'actes notariés (A) et d'étudier les différents types de préjudices (B).

A- LES CARACTÉRISTIQUES DES PRÉJUDICES FISCAUX DU NOTAIRE

Traditionnellement, dans la pratique notariale, pour que le préjudice soit réparable, il faut qu'il soit le fait personnel du notaire ou de son office, ou encore que le préjudice réponde aux caractéristiques suivantes : certain, direct et actuel. Toutes ces exigences sont les caractéristiques des préjudices notariaux, préconisées par la jurisprudence et la doctrine[135]. Pour engager la responsabilité du notaire, il faut prouver que le fait générateur est occasionné par le notaire lui-même et que ce préjudice est direct, certain et actuel. Cependant, il faut s'assurer qu'il ne pourra pas justifier que le fait lui était irrésistible.

Nous aborderons en premier lieu le caractère personnel du préjudice fiscal du notaire (1), puis les autres caractères du dommage fiscal réparable (2).

---

[134] Les procès contre le notaire pour préjudice moral sont rares dans l'espace OHADA, mais sont courants dans les pays européens.

[135] GUEGUANG et GUEGUANG (G.), *La responsabilité des notaires pour un régime spécifique de responsabilité*, L'Harmattan Cameroun, 2018, p. 100-102.

1- Le caractère personnel du préjudice fiscal réparable

Pour que le préjudice fiscal du notaire soit réparable, il doit réunir en général deux conditions. La première est que le dommage fiscal soit le fait personnel du notaire ou de son office.[136] La seconde est que ce dommage fiscal porte atteinte à un intérêt légitime. En plus de ces caractéristiques formelles, il faut reconnaître que la jurisprudence a reconnu, en plus du caractère personnel, d'autres hypothèses pouvant engager la responsabilité de cet officier public. Il s'agit de l'hypothèse de la faute collective, quand le notaire n'est pas le seul à avoir causé le dommage. Il l'a alors causé avec d'autres personnes ou organismes, qui sont intervenus avec lui dans l'acte[137]. C'est le cas de sa collaboration dans un acte avec l'administration fiscale ou les services de la conservation.

S'agissant du caractère personnel, le dommage doit résulter de la faute fiscale de cet officier public : le fait générateur provient du notaire ou de son office. Il faut noter que c'est généralement le juge qui apprécie le caractère personnel du dommage du notaire.

En plus de cette condition, nous avons précisé que cette faute doit porter sur un intérêt légitime : la demande de réparation doit avoir un caractère licite[138] En matière d'acte notarié, la doctrine précise qu'elle doit être permise par un texte ou encore être conforme à l'ordre public et aux bonnes mœurs. Certains auteurs disent tout simplement qu'elle doit être conforme au droit.

Le fait personnel du notaire est un principe qui n'est pas d'utilisation absolue. En effet, il existe des hypothèses où le notaire n'est pas la seule personne poursuivie dans un acte. Même si la faute doit être le fait personnel du notaire, il existe des hypothèses où elle peut être en concours avec d'autres personnes en relation avec l'acte, à l'instar de l'administration, du client, d'un tiers ou de toute personne intéressée par l'acte. Nous voulons parler de l'hypothèse de la faute collective ou des concours de fautes, lorsque plusieurs personnes ont concouru à un même dommage[139]. Il peut s'agir du notaire qui s'est rendu coupable d'un manquement avec les autres organes administratifs qui sont intervenus dans l'acte, avant ou après lui. Par exemple, il peut y avoir

---

[136] Cour suprême du Cameroun, Chambre Judicaire, section civile dossier n° 271/civ/011, pourvoi n° 60, 7 avril 2010, arrêt n° 72/civ, 12 décembre 2013 ; affaire NGANE Isaac c el HADJ SALI GOMI ET la SCIP.
Dans le même sens : jugement 1271/civil, 24 novembre 2014, les ayants droit de la collectivité MVOG EKOUSSOU C/BEYEGUE Guy Apollinaire Guillaume et BINDZI Marie.
[137] Cour d'appel du Centre, arrêt n° 49/ci du 20 juin 2013 affaire n° 05/rg/20123 du 22 janvier 2013.
[138] Jugement n° 1107/civ du 9 octobre 2014, NOAH C ESSOMBA ESSOMBA ET HAPPY Julienne.
[139] POULPIQUET (J.), *Responsabilité des notaires. Civile. Disciplinaire. Pénale*, Éd. Dalloz, 1re édition, 2003, p. 109.

faute collective avec l'administration du cadastre, lorsqu'un notaire a passé un acte de cession sur un bien immeuble alors que le cadastre a mal réparti ou mal tracé les lots et morcellements.

Nous venons de voir qu'il faut un caractère personnel du dommage. Qu'en est-il des autres caractères du préjudice ?

2- Les autres caractères du préjudice fiscal réparable

La notion de préjudice est fondée sur l'article 1240 nouveau du Code civil français et 1384 du Code civil camerounais, qui disposent que : « *Tout fait quelconque de l'homme, qui cause à autrui un dommage, oblige celui par la faute duquel il est arrivé à le réparer.* » La jurisprudence constante, en France et dans l'espace OHADA, exige que le préjudice soit direct, actuel et certain. Il peut même être présent et futur, mais ne saurait être hypothétique.

L'exigence du dommage direct renvoie à l'existence d'un lien de causalité direct entre le fait générateur et le dommage.

Le caractère actuel du préjudice signifie, à la base, que le dommage doit être présent. En principe en sont exclus les dommages futurs et éventuels. Mais la lecture récente de la doctrine nous montre que ce caractère n'est plus exigé aujourd'hui, car on admet la réparation des dommages appelés à être réparés dans l'avenir, si on est sûr que la réparation se fera. À titre d'exemple, les juges ont considéré qu'un héritier ayant subi un redressement fiscal, en raison de l'oubli du notaire de déclarer trois contrats d'assurance-vie, ne pouvait pas réclamer au notaire l'intégralité des intérêts de retard dus au fisc. Il pouvait seulement demander la différence entre ces intérêts et l'avantage financier procuré par la conservation de ces contrats dans son patrimoine jusqu'au recouvrement des droits de succession dont il était redevable[140].

Pour la jurisprudence française, une fois le dommage actuel réalisé, il est forcément certain. Le juge, pour l'occasion, peut nommer des experts pour évaluer le montant du dommage. Jeanne POULPIQUET affirme qu'« *un préjudice dont la réalisation ne surviendra que dans l'avenir est un préjudice futur, dont l'indemnisation ne souffre d'aucune difficulté, à la condition que sa réalisation ultérieure soit parfaitement établie et qu'il soit d'ores et déjà possible d'évaluer le montant probable. Il ne s'agit pas alors d'un préjudice simplement "éventuel", mais d'un préjudice "potentiel", car il existe en*

---

[140] BRAHINSKY (R.), *L'essentiel du droit des obligations*, Paris, Éd. Lextenso, p. 93. Dans la même optique : MEKKI (M.), *Manuel doit des obligations*, Paris, 13e éd., Éd. Lexis Nexis, p. 462-476.

puissance et porte en lui-même toutes les conditions de sa réalisation[141]. » En clair, « *le préjudice futur est un préjudice certain. Sa potentialité en fait un dommage qui existe réellement, mais dont on ne connaît pas encore toutes les suites*[142]. »

S'agissant de la certitude du dommage fiscal, il faut remarquer que c'est le critère le plus exigé par la doctrine, surtout en matière d'acte notarié. En effet, « *sans préjudice subi, il n'y a pas droit de réparation. Un officier public ne peut donc voir sa responsabilité engagée lorsque sa faute n'a pas entraîné l'apparition d'un dommage*[143]. » Vu que le préjudice doit être certain, le préjudice hypothétique ou éventuel est ici exclu. Nous pouvons dire que seul un préjudice avéré, consécutif à la faute fiscale du notaire, peut être réparé par sa condamnation à des dommages et intérêts. Toutefois, il faut préciser que le dommage futur peut être réparable s'il apparaît comme la prolongation certaine et directe d'un état de fait actuel. Concernant le dommage éventuel, sa réalisation étant hypothétique, il n'est pas réparable.

À titre d'illustration, nous allons prendre des faits dans la jurisprudence française. « *Le dommage certain s'oppose ainsi au dommage éventuel, trop hypothétique pour être réparé. La victime doit rapporter la preuve de la matérialité et l'effectivité du préjudice. Selon les juges du fond, la simple exposition à un risque ne constitue pas un dommage certain. Il ne peut donc être indemnisé. Dans une affaire concernant un coffre-fort bancaire appartenant à deux concubins décédés, le notaire avait commis une faute en omettant de révéler son existence aux héritiers du concubin et en procédant à son ouverture en la seule présence des héritiers de la concubine. Mais il a été jugé que les héritiers spoliés ne pouvaient pas prétendre à une réparation de ce préjudice de la part du notaire, car ils n'étaient pas en mesure de justifier qu'ils avaient fait une demande aux héritiers de la concubine et qu'elle avait échoué.* »[144] Cette jurisprudence montre à suffisance l'exigence du caractère certain du dommage.

Après cette présentation des caractéristiques du dommage, notre analyse serait incomplète si nous n'abordions pas les divers dommages fiscaux que peut causer le notaire.

---

[141] POULPIQUET (J.), *Responsabilité des notaires. Civile. Disciplinaire. Pénale*, Éd. Dalloz, 1re édition, 2003, p. 106.
[142] *Idem.*
[143] *Ibid.*, p. 105.
[144] Cass. 1re ch. civ., 20/3/2013, n° 12-15751.

B- LA TYPOLOGIE DES PRÉJUDICES FISCAUX DE L'ACTE DU NOTAIRE

La doctrine et la jurisprudence affirment de manière constante qu'il appartient à la victime d'établir quels sont les préjudices qu'elle a subis pendant les litiges.[145] L'acte notarié ne déroge pas à cette exigence, même en matière fiscale[146]. Particulièrement, il est conseillé aux victimes de l'acte notarié de consulter la liste des préjudices prévus par la jurisprudence et la doctrine pour vérifier celle qui correspond à leur cas.[147] Nous tenons à préciser de nouveau que dans l'acte notarié, la victime peut être n'importe qui, à l'instar du notaire lui-même, l'administration fiscale, le client du notaire ou toute tierce personne qui a intérêt dans l'acte. Au regard de la pratique et des litiges qui sont tranchés dans les tribunaux dans l'espace OHADA, nous pensons qu'identifier les types de préjudices que peut causer l'acte du notaire est important, au vu de la multiplicité des dommages fiscaux notariaux qui existent dans la pratique. Vu cette multiplicité et la complexité de leur classification, nous pouvons seulement avancer que les préjudices de l'acte du notaire sont généralement patrimoniaux et très rarement extrapatrimoniaux.

Par préjudices patrimoniaux, nous entendons les dommages causés par l'acte du notaire sur le patrimoine de son client, à l'instar des pertes de revenus occasionnées par l'acte du notaire ou encore la perte d'un bien immobilier. Par préjudices extrapatrimoniaux, nous entendons que l'aspect fiscal de l'acte du notaire porte préjudice à la crédibilité ou l'honneur du client. En matière d'acte du notaire et de préjudice patrimonial, il faut opérer une grande distinction dans la classification des dommages entre les préjudices matériels et la perte de chance. Les préjudices extrapatrimoniaux, quant à eux, peuvent être des dommages moraux tels que la crédibilité ou l'honneur de l'usager de droit.

La suite de notre travail nous amène à aborder les types de préjudices qui touchent à l'acte du notaire en matière fiscale. Nous avons ainsi identifié les préjudices patrimoniaux (1) et les préjudices extrapatrimoniaux (2).

---

[145] Cass. 2e ch. civ., 19 juin 2003, bull. 2003, II, n° 203, p. 171, pourvoi n° 00-22.302.

[146] Cependant, la typologie des dommages fiscaux est difficile à établir, à cause de l'absence d'un régime spécifique des notaires qui aurait pu identifier les types de préjudices.

[147] Cour de cassation française, « Caractérisation du préjudice », en ligne, in site, https://www.courdecassation.fr/publications_26/rapport_annuel_36/rapport_2007_2640/etude_sante_2646/dommages_survenus_2650/reparation_dommages_2652/caracterisation_prejudices_11384.html#2.2 (consulté le 21 décembre 2019).

1- Le préjudice patrimonial

Le préjudice patrimonial est celui qui touche aux biens d'une personne. Ces biens peuvent être meubles ou immeubles, matériels, immatériels, corporels ou incorporels. Il peut constituer pour le demandeur, lors du litige fiscal de l'acte du notaire dans l'espace OHADA, la base de réparation pour un préjudice matériel, qui porte sur un bien meuble ou immeuble ou qui a occasionné un préjudice, tel que la perte de chance. Le préjudice ici ne porte pas sur l'aspect moral de la personne, la crédibilité ou l'honorabilité. Le notaire, grand acteur de l'authentification dans les contrats et dans les transactions juridiques, peut du fait d'un mauvais calcul amener son client à payer plus que nécessaire. De même, le mauvais calcul peut engendrer pour le client une perte de chance de vendre ou d'acheter un bien immobilier.

En matière d'actes notariés, un mauvais calcul occasionne principalement des dommages de trois types. Il existe tout d'abord les préjudices matériels corporels portant sur immeuble, comme la perte d'un terrain. Ensuite, les préjudices mobiliers tels que les pertes financières ou la perte de chance. Enfin, les préjudices matériels incorporels portant sur un ensemble de droits qu'a perdus le client – du fait de l'acte du notaire – ou du mauvais calcul de l'impôt. Il peut s'agir de la perte d'un droit d'usufruit ou d'un droit d'hypothèque lors de la liquidation d'une succession, ou encore la perte de certains droits lors de la constitution ou la transformation d'une société, par l'omission de l'inscription des droits sur l'acte du notaire.

Commençons par les préjudices matériels. Nous avons dit qu'il s'agit de la perte d'une chose par le client du fait du mauvais calcul fiscal des droits de l'usager de droit par l'acte du notaire. Ce mauvais calcul apporte un redressement au client, qui a comme conséquence la perte de la chose. À titre d'exemple, après un mauvais calcul des impôts par un notaire, son client a subi un redressement de l'administration qui l'a empêché d'entrer en possession du terrain. En effet, avec le redressement fiscal, le client s'est retrouvé dans l'impossibilité de payer les nouveaux droits fiscaux et a donc engagé la responsabilité de cet officier devant les tribunaux. Autre exemple : un usager de droit a payé ses droits fiscaux et son notaire ne les a pas restitués dans les délais légaux à l'administration fiscale. La conséquence est que l'acte du client est entré en forclusion et il a engagé la responsabilité du notaire dans les tribunaux de MBOUDA, dans l'ouest du Cameroun.[148] Il en est de même si c'est l'administration fiscale qui attribue des impôts injustes ou infondés en droit, qui portent préjudice à l'acte du notaire ou au client du notaire. Les

[148] Nous n'avons pas pu entrer en possession de cette décision, puisqu'elle est restée en latence sans jamais être jugée.

exemples sont assez nombreux dans la pratique concernant les pertes de gains occasionnées par le mauvais calcul des droits fiscaux par cet officier public.

S'agissant de la perte de chance, Patrick LINGIBE, dans son article « Peut-on être indemnisé en cas de perte de chance ? »[149], affirme : « *La perte de chance est une notion consacrée par la Cour de cassation dans un arrêt en date du 18 mars 1975. Elle se caractérise comme étant la privation d'une probabilité raisonnable de la survenance d'un événement positif ou de la non-survenance d'un événement négatif. La perte de chance représente donc une situation à mi-chemin entre le dommage certain qui est indemnisable et le dommage incertain, non indemnisable.* » La jurisprudence estime que « *la perte de chance implique seulement la privation d'une potentialité présentant un caractère de probabilité raisonnable et non un caractère certain.* »

Le préjudice doit aussi être indemnisable. Il doit être légitime, direct et certain. Ainsi, la personne responsable est tenue d'indemniser la personne à hauteur du préjudice subi. Ce préjudice peut être pécuniaire, moral ou même physique. En matière fiscale, la perte de chance est la perte d'une éventualité fiscale favorable. Contrairement au préjudice classique, dans la perte de chance, on n'est pas certain que le fait générateur soit à l'origine du dommage. Mais il est certain que le fait générateur a fait perdre à la victime une chance d'éviter le dommage. En l'espèce, il s'agit pour le notaire de faire perdre une chance à son client d'éviter le dommage en matière fiscale, ou pour l'administration de faire perdre une éventualité favorable au notaire ou à l'usager de droit. Cependant, pour que la perte de chance soit effective ou juridiquement valable, il faut que l'on soit devant une éventualité favorable et que la chance soit réelle et sérieuse.[150] Il faut que la disparition de la possibilité de la victime soit actuelle, sérieuse et qu'elle ne puisse certainement plus rattraper ce qu'elle a perdu. Toutefois, la réparation pour perte de chance peut être octroyée si la chance a réellement existé et si les probabilités de réussite étaient élevées. Plus les chances de réussite sont faibles, plus le préjudice est considéré comme éventuel. De toute manière, la jurisprudence a admis la perte de chance comme un dommage moral. Ainsi, en matière d'acte notarié, la perte de chance est la perte d'une éventualité favorable. En effet, le notaire peut donner de mauvais conseils fiscaux – ou insuffisants – à son client, ce qui cause à ce dernier un préjudice fiscal important. Généralement, le client engage la faute fiscale du notaire pour perte de chance dans le cas où ce défaut de conseil fiscal lui porte un préjudice.

---

[149] En ligne, in site, https://www.village-justice.com/articles/peut-etre-indemnise-cas-perte-chance,30015.html, publié mardi 20 novembre 2018 (consulté lundi 23 décembre 2019).

[150] Selon la Cour de cassation française de la 1re chambre civile, 21 janvier 2016.

Prenons l'exemple d'une décision[151] qui porte sur le mauvais conseil donné par le notaire à son client sur le régime matrimonial adéquat à son contrat de mariage. Une fois le divorce intervenu, il se retrouve à payer des dommages qu'il n'aurait pas dû payer et a fondé la responsabilité du notaire sur la perte de chance d'avoir un régime matrimonial plus adapté à son mariage. Autre exemple de décision[152] : le client du notaire a engagé la responsabilité de ce dernier pour ne pas l'avoir informé sur le risque de non-remboursement d'un prêt, ce qui lui a causé un préjudice fiscal important.

Il est à noter que la chance perdue doit être réelle et sérieuse, c'est-à-dire qu'elle ne doit pas se confondre avec le rêve, l'illusion. Le gain escompté doit avoir une certaine dose de probabilité. La perte de chance doit découler directement du fait générateur. Le préjudice peut également consister en la perte d'une chance de réaliser une action dont le résultat est aléatoire.

Nous n'avons cité ici que les préjudices les plus récurrents, sachant qu'il en existe plusieurs types dans la pratique. Nous allons continuer d'aborder les préjudices, cette fois-ci sous l'angle des préjudices moraux.

2- Le préjudice extrapatrimonial

La notion de dommage moral peut constituer une atteinte à l'intimité de l'individu, à sa correspondance, sa vie privée, son nom, sa réputation, ses sentiments, ses idées ou ses convictions religieuses. Dans l'acte notarié, il est rare que des personnes impliquent la responsabilité du notaire sur la base d'un préjudice moral. Cela reste néanmoins une possibilité. En effet, si l'acte du notaire a engendré un préjudice à son client, sur sa crédibilité, son nom ou sa vie privée, la victime est en droit d'engager la responsabilité du notaire. Généralement, cela arrive dans les opérations juridiques faites par-devant notaire, à l'instar des prêts avec affectation hypothécaire. Des erreurs ou des omissions du notaire, ou encore du retard dans les délais pouvant faire perdre au client ses droits et, par conséquent, sa crédibilité dans le monde des affaires. Il peut aussi s'agir de plusieurs actes passés chez le notaire, mais non aboutis ; ces erreurs peuvent créer un climat de méfiance entre le client et ses partenaires économiques.

Il en va de même si l'administration fiscale commet des erreurs qui portent préjudice à l'acte du notaire et à son client. Éventuellement, le notaire et son client, après des procédures indiquées par le législateur dans l'espace OHADA, peuvent engager la responsabilité de l'administration.

---

[151] Cass. Civ. 1re, 28 novembre 1995, n° 93-15.659.

[152] Cass. Civ. 1re, novembre 2000, n° 96-21.732 : Bull. Civ. I n° 282.

En clair, le préjudice extrapatrimonial vient sanctionner le préjudice moral de la réputation d'une personne. Généralement, le préjudice moral vise la relation du notaire avec ses collaborateurs ou salariés. Dans les pays développés et rarement dans l'espace OHADA, il peut arriver que les collaborateurs du notaire portent plainte contre lui pour harcèlement au travail. Celui-ci ne peut être établi que par une répétition ou un cumul de faits, comme des « *attaques humiliantes, dégradantes et récurrentes* » pouvant conduire à un état dépressif médicalement constaté[153]. On rencontre de nos jours des plaintes telles que le préjudice d'anxiété : cela peut arriver quand un salarié justifie d'une exposition à l'amiante, générant un risque élevé de développer une pathologie grave. Il peut alors être admis à agir contre son employeur, sur le fondement des règles de droit commun régissant l'obligation de sécurité[154].

Le notaire est au cœur des familles et du secret des justiciables. En effet, il a une position stratégique qui lui donne la primauté sur les informations personnelles de ses clients, ce qui l'oblige à être particulièrement vigilant, pour que les informations en sa possession ne se retrouvent jamais en public ou dans de mauvaises mains, en désaccord avec la loi. Nous rencontrons ces dernières années tellement de nouveaux types de plaintes de clients contre les notaires – parfois pour des préjudices fallacieux ou rocambolesques – qu'il est nécessaire de conseiller au notaire d'être prudent. Il doit l'être d'autant plus que s'il contrevient à des exigences de secret imposées par la loi, il s'expose à de très lourdes sanctions.

Il est aussi utile de rappeler que l'avènement des réseaux sociaux et la rapidité des informations complexifient un peu plus la tâche du notaire sur son obligation de secret. Il est ainsi facile pour un notaire de tomber dans le piège du préjudice moral de son client, si volontairement, involontairement ou par omission, les documents qu'il a en sa possession se retrouvent sur les réseaux sociaux et que cela touche à l'honneur de ses clients.

Avec les réseaux sociaux, des informations confidentielles peuvent se retrouver sur la place publique. À titre de comparaison, s'il arrive que des échanges diplomatiques couverts par le secret se retrouvent sur les réseaux sociaux, les actes notariés sont bien plus exposés, n'étant pas protégés par les mêmes moyens étatiques de contrôle. Si ce genre de cas concerne encore rarement le notaire, il se doit d'être vigilant dans un monde globalisé où ce genre de dérive est facilité. En clair, un notaire – tout comme l'administration fiscale – s'expose à des sanctions, s'il est établi juridiquement qu'il a mis des informations confidentielles qui portent atteinte à l'honneur de son client sur la place publique. Il s'agit dans certains cas de ventiler sur la place publique

---

[153] Cour de Cass., ch. soc., 27 octobre 2004, pourvoi n° 04-411008.

[154] Un employé peut porter plainte contre son employeur pour exposition à une maladie du fait de son travail.

des informations ou des documents nuisibles à son client, qu'il a pu obtenir grâce à son activité. Aussi, lors d'un contrôle fiscal, des informations censées être confidentielles peuvent être violées par l'obligation du notaire d'informer l'administration fiscale. Dans ce cas, l'établissement de la responsabilité du fautif est difficile à établir. Cependant, il faut reconnaître qu'il n'existe pas d'encadrement juridique spécifique au préjudice moral de l'acte notarié.

Une autre façon de comprendre le préjudice moral est d'assimiler ce dernier comme la suite d'un préjudice matériel. En effet, un certain nombre de doctrinaires pensent que le préjudice moral n'est que la conséquence d'un préjudice matériel préalable. En d'autres termes, selon eux, le préjudice moral est collé, annexé à un préjudice matériel préalable. En clair, il ne saurait y avoir de préjudice moral sans préjudice matériel. C'est la vision de Jeanne DE POULPIQUET, qui analyse le préjudice moral de l'acte notarié sous l'angle de l'abus de confiance : « *Le préjudice moral est conditionné par l'existence d'un préjudice matériel ou de son éventualité. Pour les notaires, il réside le plus souvent dans la crainte ressentie par le client d'être privé des biens détournés et dans les affres de la procédure qu'il a mise en œuvre.* »

Nous venons d'analyser le préjudice fiscal du notaire, indispensable pour mettre en cause le notaire, en étudiant ses caractéristiques et en énumérant les divers dommages du notaire. Ce préjudice fiscal reste toutefois insuffisant : il faut encore rapporter la preuve fiscale du préjudice.

PARAGRAPHE 2 : LA NÉCESSITÉ DE LA PREUVE DU PRÉJUDICE FISCAL

Le vocabulaire juridique définit la preuve comme la démonstration de l'existence d'un fait ou d'un acte dans les formes admises ou requises par la loi. Autrement dit, la preuve peut être comprise comme tout moyen utilisé pour rétablir l'existence d'un fait ou d'un droit dont on se prévaut. En réalité, en droit civil français, l'existence de la preuve est fondamentale pour prouver un préjudice ou réclamer un droit ; ne pas pouvoir prouver son droit revient à ne pas en avoir. Nous savons avec les analyses précédentes que le préjudice est nécessaire pour engager la responsabilité du notaire pour ses fautes fiscales. Cependant, comment rapporte-t-on la preuve du préjudice fiscale ? Quelles sont les règles qui gouvernent la preuve du préjudice ? Comment rapporte-t-on la preuve du préjudice devant l'administration et devant le juge ? La preuve est-elle de plein droit ? Quel est le sort des preuves irrégulièrement obtenues ? Tous les types de préjudices sont-ils admis en droit ? Aussi, et surtout, comment rapporte-t-on la preuve du préjudice en droit fiscal, en matière d'actes notariés ?

Ces questionnements nous amènent à présenter ce qu'est la preuve du préjudice en matière fiscale de l'acte notarié (A), qui est difficile à rapporter (B).

A- LA PREUVE DU PRÉJUDICE EN MATIÈRE FISCALE

En l'absence d'un régime spécifique à la responsabilité des notaires, le juge s'appuie généralement sur le régime de droit commun pour mettre en œuvre leur responsabilité. La preuve n'est pas exprimée de la même façon devant l'administration fiscale, le juge pénal ou le juge civil. Dans le civil, par exemple, les articles 1315 à 1369 du Code civil régulent la preuve en matière d'actes notariés. Ils précisent que pour pouvoir invoquer une preuve dans les droits subjectifs, il faut démontrer que l'on est bien le titulaire de ce droit. Cependant, les règles changent selon que les parties sont devant l'administration fiscale ou devant le juge. Aussi, les règles divergent en fonction de la nature du litige, de l'objet et des parties mises en cause.

S'agissant des preuves, il demeure clair que la loi, dans la majorité des pays de l'espace OHADA, distingue l'objet et la charge de la preuve (1), avant d'encadrer les modes de preuve (2).

1- L'objet et la charge de la preuve

En ce qui concerne l'objet de la preuve, il se résume en une phrase : le droit n'est pas à prouver ; ce sont les faits qui sont à prouver. Ainsi, le client du notaire n'a pas à prouver par les règles de droit, que le juge est censé connaître. Au-delà de cette exigence, ce dernier doit même connaître la coutume, c'est-à-dire les usages et les habitudes de la profession. Il faut reconnaître que cette exigence n'est qu'une vue de l'esprit, dans la mesure où le juge ne peut pas tout savoir. De surcroît, dans l'espace OHADA, les juges n'ont pas toujours les instruments juridiques adaptés pour apprécier les fautes ou les dommages des notaires[155].

L'objet de la preuve revient ou se limite donc aux questions de fait. Il revient donc au client du notaire de prouver le préjudice par les faits. S'agissant des faits qui doivent être prouvés, la règle est que chacun doit être capable de prouver ce qu'il allègue, à l'exclusion de certains types de dommages et de faits. Le Code civil donne une certaine liberté de preuve du dommage et la non-capacité à prouver ce qu'on allègue rend la preuve inutile. Aussi, certaines catégories de preuves ne sont pas admises, comme la preuve

---

[155] Les ouvrages, articles et doctrines sont peu abondants dans l'espace OHADA sur le notaire.

inopérante, la preuve impossible et la preuve interdite ; celles-ci sont des preuves couvertes par le secret ou impossibles à prouver.

Concernant la charge de la preuve, il s'agit de définir qui doit prouver. Le Code civil a instauré ce principe à l'article 1315, qui donne la charge de la preuve au demandeur. La loi consacre l'*actori incumbit probatio* : celui qui allègue une prétention doit la prouver. En revanche, il faut reconnaître que ce principe n'est pas d'utilisation absolue. En effet, l'article 2266 du Code civil énonce que la bonne foi est toujours présumée. En d'autres termes, celui qui invoque la bonne foi n'a pas à la prouver ; c'est à son adversaire de prouver le contraire.

Il est à noter qu'en matière fiscale, selon Didier BRONCHON, dans le cas de la France : « *Tout dépend du type de procédure d'imposition mise en œuvre. Ainsi :*

- *l'impôt a été établi conformément à la déclaration du contribuable. Si celui-ci entend le contester, il supporte la charge de la preuve ;*
- *l'imposition a été établie à la suite d'une procédure de redressement contradictoire (articles L 55 à L 61 du Livre des procédures fiscales) : deux possibilités :*
    - *soit le contribuable n'a pas manifesté son désaccord dans le délai de réponse à la proposition de rectification (30 jours éventuellement prorogés, sur demande, de 30 jours supplémentaires) : si ultérieurement il conteste, il conserve la charge de la preuve devant le juge ;*
    - *soit l'imposition a été établie malgré le désaccord du contribuable : la preuve est alors à la charge de l'administration fiscale. L'avis de la commission départementale des impôts directs ne joue pratiquement plus aucun rôle dans la charge de la preuve depuis l'entrée en vigueur de la loi de finances pour 1987 ;*
- *l'imposition a été déterminée d'office : il appartient toujours à l'administration de faire la preuve de la régularité du recours à cette procédure, mais c'est au contribuable "redressé d'office" qu'il appartient d'apporter la preuve du caractère exagéré de l'imposition ;*
- *si le contribuable vérifié n'est pas en mesure de produire une comptabilité en bonne et due forme ou des documents en tenant lieu, il assume lui-même la charge de la preuve ;*
- *quelle que soit la procédure suivie par l'administration fiscale, c'est à elle qu'incombe toujours la charge de la preuve lorsqu'elle entend établir l'existence d'une "activité" (professionnelle, commerciale...) non déclarée ;*
- *si intervient une contestation sur les pénalités, la charge de la preuve de la mauvaise foi ("manquements délibérés") ou des manœuvres frauduleuses, est à l'administration fiscale.*

Il existe cependant dans le Code général des impôts des dispositions attribuant une "présomption" pénalisant d'avance certains contribuables, et leur attribuant donc d'office la charge de la preuve. Ainsi :

- *le commerçant devra justifier des frais généraux qu'il a déduits (CGI, article 39-5) ;*
- *les articles 109 et suivants du même Code sont défavorables à certains contribuables comme des dirigeants de sociétés, pour lesquels il existera une "présomption" de distribution de sommes "redressées", contre lesquelles les contribuables concernés devront apporter la preuve contraire.*

Mais la charge de la preuve n'est en fait pas si simplement répartie, et c'est tantôt l'administration fiscale, tantôt le contribuable ou redevable de l'impôt. Le juge et la jurisprudence font en effet pencher la balance de cette charge entre administration et administrés. »

Nous venons d'analyser et expliquer l'objet et la charge de la preuve. Cependant, que pouvons-nous dire des modes de preuve fiscale ?

2- Les modes de preuve

Les modes de preuve sont les moyens par lesquels les parties au procès peuvent prouver un acte ou un fait. Il en existe cinq : la preuve littérale, la preuve testimoniale, la preuve par indice, la preuve par l'aveu et le serment. Dans les actes notariés et en matière fiscale, on retrouve le plus souvent la preuve littérale dans la pratique, puisqu'elle est une preuve parfaite. Elle provient en effet des actes authentiques fournis par les officiers publics, qui sont considérés par la loi comme des témoins privilégiés. Le serment et l'aveu sont aussi utilisés comme modes de preuve.

Au-delà des modes de preuve, il faut présenter le régime d'admissibilité de la preuve. Autrement dit : quelles sont les preuves qui sont admises et celles qui ne le sont pas ? Pour parler de ces modes de preuve de manière objective, il faut rappeler que comme l'acte du notaire est un acte authentique, nous présenterons exclusivement l'admission de la preuve par écrit par le droit dans l'espace OHADA. Nous aborderons également les discussions actuelles sur la preuve écrite par voie électronique. Nous écarterons la preuve orale en matière d'acte notarié pour les litiges fiscaux, qui reste un mode de preuve « léger ».

La preuve écrite, en droit notarial, est la preuve par excellence du dommage causé du fait de l'acte du notaire. Le principe ici est celui de la liberté de la preuve et de la nécessité d'un écrit. Il faut rappeler que l'acte du notaire est un acte authentique, ce qui signifie que cet acte parle par lui-même et n'a pas besoin que l'on prouve son contenu. On dit que l'acte du notaire a une force probante, ou encore que celui qui possède l'acte du notaire n'a plus besoin de prouver quoi que ce soit. C'est une preuve par excellence ; le seul moyen de contrer cet acte passe par l'inscription en faux, une procédure particulière et difficile. L'admission de ce type de preuve va de soi et le juge ne la conteste pas. Il a même l'obligation d'exécuter le contenu, puisque cet acte notarié dispose de la même valeur juridique qu'une décision de justice prise en dernier ressort.

La preuve écrite serait la plus proche de la perfection s'il n'existait pas de tergiversation doctrinale sur l'admission, en droit camerounais, de la preuve écrite par voie électronique. En clair, le droit dans la majorité des pays de l'espace OHADA ne reconnaît pas la signature électronique du notaire. En effet, plusieurs décisions en attente au tribunal du centre administratif tergiversent sur l'admission de ce genre de preuve. Certes, l'acte notarié est admis, mais l'admission de l'acte authentique par voie électronique n'a pas encore été tranchée.

Nous venons de présenter les règles générales de la preuve du dommage fiscal. Qu'en est-il des difficultés de la preuve du dommage fiscal dans certains aspects de la fonction notariale ?

B- LA COMPLEXITÉ DE L'EXERCICE DE LA PREUVE DU DOMMAGE

Subir un dommage est une chose ; le prouver en est une autre. Il suffit de constater les polémiques, dans la doctrine et la jurisprudence, sur la complexité de certains types de dommages. En effet, certaines personnes se retrouvent en difficulté pour prouver qu'elles ont subi un dommage dans certains types de préjudices, ce qui cause un sentiment d'injustice. En effet, le dommage et le préjudice sont tellement divers, variés et polysémiques qu'en établir la preuve est compliqué, au vu de la compréhension et l'entendement des uns et des autres. Cependant, nous savons que la doctrine a énuméré et identifié certains types de préjudices, qui peuvent aiguiller l'appréciation du juge, même s'ils demeurent dans certaines situations difficiles à établir.

Il en est de même en matière fiscale. Avec les critères d'appréciation qui divergent, selon que l'on se trouve devant l'administration fiscale, le juge administratif ou judiciaire, on constate une difficulté d'application d'ordre pratique. Cette difficulté se retrouve aussi sur les types de préjudices qui concernent l'acte notarié en matière fiscale. Si un contribuable veut démontrer un préjudice moral du fait de l'acte de notaire, il est clair que cela n'est pas évident, essentiellement parce que cela reste à l'appréciation souveraine du juge. D'autant que le particulier doit être capable de démontrer qu'il s'agit d'un préjudice fiscal réparable. Il en est de même dans l'espace OHADA, s'il veut démontrer une absence de conseil fiscal ou un mauvais conseil fiscal, puisque la loi et la jurisprudence ne reconnaissent pas la preuve du conseil donné.

Il est aussi à noter que le contribuable, comme c'est très souvent le cas en matière fiscale, ne dispose alors ni des connaissances ni des moyens nécessaires pour pouvoir apporter efficacement cette « preuve ». En plus, les procédures sont coûteuses, ce qui peut être rédhibitoire.

Nous savons qu'un livre ne suffirait pas pour parler de façon exhaustive des difficultés liées aux préjudices fiscaux des actes notariés dans la pratique. C'est la raison pour laquelle nous avons sélectionné deux aspects : les difficultés relatives à la démonstration de la preuve du dommage dans l'obligation de conseil fiscal (1) et dans l'obligation d'investigation (2).

1- Le difficile exercice de la preuve pour un préjudice consécutif au non-respect de l'obligation de conseil fiscal

Prouver le dommage du fait de l'absence du conseil du notaire n'est pas évident. En effet, comment prouver un dommage du fait de l'absence de conseil ou du mauvais conseil du notaire quand, dans la majorité des pays de l'espace OHADA, les législateurs respectifs n'ont pas encadré ce devoir de conseil ? Le devoir de conseil est une création prétorienne, intégrée dans la coutume française. Aussi, en l'absence de consécration législative et même jurisprudentielle, il est impossible de prouver un droit qui n'existe pas dans les textes ou qui n'a jamais été encadré par le législateur. Plus précisément, seul le régime de droit commun essaie de trouver une justification de dommage ou de préjudice, vu que les textes légaux ne reconnaissent pas cette obligation. Nous rencontrons tous les jours, dans la pratique, des clients de notaires en difficulté pour prouver le préjudice. En effet, comment le pourraient-ils en l'absence de texte spécifique ? En clair, on peut subir un préjudice et être dans l'incapacité de le prouver, vu qu'il n'existe pas de base légale sur laquelle se fonder.

Cet état de choses est encore plus dramatique en matière fiscale : comment prouver un préjudice sans pouvoir prouver le manquement ? Comment demander la responsabilité fiscale quand un élément de la trilogie manque, à savoir la faute ? Il est exigé pour un acte parfait que le notaire conseille fiscalement ses clients sur le risque qu'ils encourent et sur les effets des engagements fiscaux qu'ils ont souscrits. Seulement ce devoir, création prétorienne, ne possède pas de définition légale, en plus de ne pas être encadré. Sinon, comment expliquer que ce devoir fasse l'objet de litiges et de tergiversations dans la doctrine ? En fait, il n'existe pas de canevas d'appréciation de la notion de conseil fiscal ni de critères de reconnaissance du bon, du mauvais et du conseil fiscal insuffisant. Dans un contexte pareil, la preuve du dommage fiscal relative à ce conseil fiscal est difficile à apporter.

Ni la loi, ni la jurisprudence, ni même la doctrine n'ont apporté d'éclaircissements sur cette notion. Ainsi, la preuve que l'absence de conseil fiscal, qu'un mauvais conseil fiscal ou qu'un conseil fiscal insuffisant soit à l'origine du dommage est difficile à apporter.

Le problème du devoir de conseil fiscal devant un client compétent est également une question qui n'a pas reçu les éclaircissements nécessaires dans l'espace OHADA. En effet, à l'occasion de litiges relatifs à son obligation de conseil fiscal, le notaire rejette souvent sa responsabilité en alléguant qu'il avait face à lui un client compétent ou qui était assisté d'une personne compétente, que ce soit un avocat, un agent des finances publiques ou même un autre notaire. Malheureusement, dans certaines décisions, le juge lui donne raison[156], en estimant que la responsabilité fiscale du notaire est déchargée du fait de l'assistance de son client par des professionnels. Mais à regarder de près, ces décisions soulèvent des problèmes réels dans la pratique. Sinon, comment le client du notaire peut-il apporter la preuve du dommage fiscal de l'absence de conseil fiscal, alors qu'il était assisté ?

Ces décisions montrent les difficultés relatives à cette preuve. Du côté de l'Europe et précisément de la France, il est de notoriété publique que l'assistance du notaire par un professionnel ne le décharge pas de sa responsabilité. La décision de justice suivante nous paraît très explicite sur la position du juge par rapport au devoir de conseil. Cette jurisprudence relance par ailleurs le débat sur l'obligation de conseil du notaire. Voici les faits de l'affaire, commentée par Paul DUVAUX.

« Je vais essayer de résumer les faits sur la base des éléments figurant dans les éléments publiés, mais je ne prétends pas à une parfaite exactitude, car, manquant de certains détails, j'ai un peu brodé.

Un couple habitait en France puis part vivre en Suède, à la suite d'une mutation professionnelle. Le couple décide de vendre l'appartement français dont ils sont propriétaires et qui leur servait de résidence principale avant de quitter la France. Cette vente intervient peu de temps après leur mutation en Suède.

Ils font appel à un notaire français, qui prépare la vente et qui s'inquiète de savoir si la vente ne devrait pas donner lieu à une taxation, au titre de la plus-value. Il faut rappeler que ce sont les notaires qui sont en charge des ventes d'immeubles, mais aussi des déclarations de plus-values immobilières. Donc les notaires sont naturellement très concernés par la question du régime des plus-values immobilières.

---

[156] Cass. civ., 1re, du 28.11.95, n° 93-15659.

Dans ce cas d'espèce, il pouvait être considéré que le couple pouvait bénéficier de l'exonération des plus-values, applicable en cas de vente de la résidence principale. Le doute pouvait toutefois exister s'agissant d'une vente faite par des personnes n'habitant plus le bien depuis plusieurs mois et n'ayant plus la qualité de résident fiscal.

Par précaution, le notaire interroge le CRIDON, organisme notarial composé d'experts. Dans sa réponse, le CRIDON n'est pas d'une grande clarté, mais il indique que le couple peut bénéficier du régime d'exonération des plus-values des résidences principales. Tout le monde étant rassuré, la vente a lieu.

Mais quelque temps plus tard, le couple découvre que la plus-value ayant été réalisée alors que ses membres avaient le statut de résident fiscal suédois, il devait supporter l'impôt en Suède. Autrement dit, ils étaient bien exonérés d'impôt en France, mais ils devaient payer l'impôt en Suède. Ils attaquent alors le notaire en responsabilité en lui reprochant d'avoir omis de leur indiquer que la plus-value serait taxable en Suède.

Le notaire se défend en faisant valoir divers arguments. Il indique tout d'abord qu'il n'a commis aucune faute. Il indique qu'il n'a jamais donné de fausse information au couple. Il ne lui a pas fait croire qu'aucun impôt ne serait dû en Suède. Le notaire fait également valoir qu'il n'y a pas de préjudice indemnisable, car le paiement d'un impôt ne peut pas constituer un préjudice indemnisable.

La cour d'appel donne raison au notaire, en estimant que le paiement d'un impôt ne constitue pas un préjudice réparable.

La Cour de cassation annule la décision de la cour d'appel.

Elle rappelle d'abord que le notaire a l'obligation d'informer et de conseiller les parties à l'acte et notamment sur les conséquences fiscales de l'opération.

Elle fait valoir enfin "qu'un préjudice peut découler du paiement de l'impôt auquel le contribuable est légalement tenu lorsqu'il est établi que le manquement du notaire à son obligation de conseil l'a privé de la possibilité de renoncer à l'opération et de rechercher une solution au régime fiscal plus avantageux".

Autrement dit, pour la Cour de cassation, s'il avait été informé de l'existence d'une imposition, le couple aurait pu renoncer à la vente et rechercher une autre solution pour faire l'opération sans payer d'impôt. Donc son préjudice est peut-être égal à l'impôt dû.

Rappelons que la Cour ne se prononce pas sur les faits, elle fait juste valoir l'erreur de droit de la cour d'appel, qui a considéré à tort et de façon trop générale que le fait de payer l'impôt ne peut pas constituer un préjudice.

Il appartiendra à une autre cour d'appel de revoir le dossier et de s'interroger pour savoir si, au cas particulier, il y avait bien effectivement un moyen d'éviter de payer l'impôt.

Analyse de Paul DUVAUX

Le notaire a commis une erreur bien compréhensible, car il n'était pas évident pour lui d'anticiper le risque d'une imposition en Suède sur un bien français. Cela étant, c'est une faute technique incontestable. Il savait que le couple était résident fiscal suédois et il aurait dû se douter qu'il y aurait au minimum un risque d'imposition en Suède. Le notaire aurait dû au moins informer ses clients sur l'existence de ce risque. S'il l'avait fait, aucune action en responsabilité n'aurait été possible. Paradoxalement, le fait qu'il se soit inquiété d'une éventuelle imposition en France a eu pour effet de mettre en évidence sa carence sur le défaut d'information sur l'imposition suédoise.

Le préjudice indemnisable

Ensuite, la question est de savoir si, au cas d'espèce, l'impôt était un préjudice indemnisable et même intégralement indemnisable. Cela paraît discutable : si le couple avait décidé de vendre son bien, il était bien tenu de toute façon de payer l'impôt suédois.

Mais ce couple aurait-il renoncé à vendre s'il avait su qu'un impôt suédois serait dû ? Y avait-il un moyen d'éviter de payer l'impôt ?

Il est difficile de répondre à ces questions sans connaître les faits avec précision. Mais notons que si le couple avait pris la précaution de vendre son bien, avant de quitter la France et de devenir résident fiscal suédois, il aurait effectivement évité de payer tout impôt.

Peut-être aussi pourrait-il faire valoir que, s'il avait su qu'il aurait un impôt à payer, il n'aurait pas vendu et il aurait conservé le bien pour le récupérer à l'issue du détachement en Suède, à supposer que la mutation soit temporaire.

Peut-être enfin la réglementation fiscale suédoise permet-elle des schémas pour éviter l'impôt, par exemple, à l'image de ce qui existe en France, consistant à donner le bien à ses enfants avant de le vendre.

Il appartiendra à la cour d'appel de Metz, à qui est renvoyée l'affaire, de se prononcer.

D'une manière générale, il y a lieu de s'interroger sur la capacité d'un juge judiciaire français d'apprécier avec exactitude les possibilités offertes par la réglementation fiscale suédoise. Mais c'est un autre sujet. »

Nous venons de voir la difficulté de prouver le dommage en l'absence d'encadrement du devoir de conseil. Qu'en est-il des difficultés fiscales concernant l'obligation d'investigation du notaire ?

2- Le difficile exercice de la preuve pour un préjudice consécutif au non-respect de l'obligation d'investigation fiscale

La vérification et le conseil rencontrent presque les mêmes difficultés d'ordre pratique. En effet, les questions qui se trouvent dans le devoir de conseil se retrouvent également dans le devoir d'investigation. Quelle est l'étendue du devoir d'investigation du notaire ? Quelles sont les limites de l'investigation en matière d'actes notariés ? Qu'est-ce qui ne fait pas partie du champ de l'investigation du notaire en matière fiscale ? Où doit commencer le devoir d'investigation et où doit-il s'arrêter ? Qui est responsable en cas de défaut d'investigation ?

Il est important de rappeler que ces questions sont essentielles dans les actes notariés en matière fiscale. En particulier parce que le devoir ou l'obligation de vérification fiscale du notaire permet une plus grande efficacité de l'acte du notaire. En effet, cette obligation incite le notaire à être prudent et, surtout, l'oblige à contrôler, inspecter et observer toutes les diligences nécessaires à la rédaction d'un acte notarié parfait. La jurisprudence précise d'ailleurs à ce propos que le notaire engage sa responsabilité professionnelle dès lors qu'il omet d'effectuer une formalité essentielle. Il se doit ainsi de vérifier l'identité, l'état et le domicile des parties.[157]

Il existe toutefois des difficultés pour prouver que le dommage provient de l'inobservation de son obligation de vérification. Plusieurs situations ou décisions nous rendent très pessimistes sur la question. La première décision date de 2000 : elle oblige le notaire à *« informer son client sur le risque de non-remboursement d'un prêt »*[158]. Dix ans plus tard, une autre décision énonce qu'*« un notaire établissant un acte de vente n'a pas à vérifier l'exactitude des déclarations des parties faites de façon conjointe, comme l'accomplissement de travaux de mise en conformité, notamment en se rendant lui-même sur les lieux. »*[159] Ces deux décisions se contredisent sur les règles de vérification à observer par le notaire.

Devant une jurisprudence divisée, que doit faire un client qui voudrait rapporter la preuve de l'inobservation du devoir d'investigation ? Cette difficulté peut exister, par exemple, pour un client qui reconnaît que le notaire

[157] Cass., 1re ch. civ., 6 février 1979, n° 77-15.232 : Bull. civ. I n° 45.
[158] Cass. Civ., 1er novembre 2000, n° 96-21.732 : Bull. Civ. I n° 282
[159] Cass., 1re ch. civ., 16 septembre 2010, n° 09-69.157

a observé toutes les diligences nécessaires, mais qui voudrait que le notaire soit aussi responsable de l'efficacité économique des actes qu'il a diligentés. Autre exemple couramment avancé : celui du notaire qui ne s'est pas rendu sur le terrain ou les lieux pour vérifier et ainsi calculer objectivement les retombées fiscales de l'acte qu'il diligente.

Pour résumer, la difficulté de rapporter le manquement du notaire à son obligation fiscale de vérification vient d'un manque de clarté de la loi, de la jurisprudence et de la doctrine sur cette question.

Arrivés à la fin de cette section, nous avons établi que pour engager la responsabilité fiscale du notaire, il faut prouver l'existence d'une faute fiscale qui a produit un préjudice fiscal. Nous avons détaillé chacun de ces termes, en décrivant à la fois les procédures, les réglementations et les éventuelles carences légales y afférentes. Il reste à prouver que le dommage fiscal du notaire est en lien étroit avec le manquement fiscal, ce qui va être l'objet de la seconde section de ce chapitre.

SECTION II : L'EXISTENCE DU LIEN DE CAUSALITÉ ENTRE LE PRÉJUDICE ET LA FAUTE FISCALE

« Ce que j'ai réalisé dans ma vie est le fruit de ma persévérance. »

Stephenson

« Le succès est la somme des petits efforts répétés jour après jour. »

Robert Collier

Le lien de causalité, la faute et le préjudice sont des conditions exigées par les législateurs des pays de l'espace OHADA pour engager la responsabilité du défendeur, tant en matière civile qu'administrative. A contrario, si l'une des conditions n'est pas réunie, alors le demandeur sera dans l'impossibilité d'engager valablement la responsabilité du défendeur. Il en est de même en matière fiscale d'acte notarié, où l'exigence de ces trois conditions est impérative devant le juge civil ou administratif. Cette règle ne s'applique pas seulement devant le juge pénal. Selon le Code civil, en matière administrative, la réparation d'un préjudice n'est pas subordonnée à l'existence d'un dommage et d'une faute. Encore faudrait-il que ce dommage se rattache à un fait générateur, qui est le lien de causalité entre la faute et le dommage. L'exigence de ce lien de causalité n'est pas une création de la jurisprudence, ni même de la doctrine : elle se trouve dans le Code civil, aux articles 1382 à 1386.

Pour mieux comprendre ou cerner cette exigence du législateur, il faut dans un premier temps appréhender la notion de lien de causalité (paragraphe 1), avant de présenter sa mise en œuvre (paragraphe 2).

PARAGRAPHE 1 : LE LIEN DE CAUSALITÉ

Dans le cadre de la responsabilité du notaire, la causalité est un élément fondamental que personne dans la doctrine ne conteste, même si son absence n'est pas sanctionnée par les textes. Il doit y avoir un lien qui unit la cause à l'effet : un fait matériel entre la faute et le dommage. Il faut reconnaître que c'est une notion difficile à cerner par les juristes en général et par les notaires en particulier.

Pour mieux appréhender ou comprendre le lien de causalité, il nous faudra en premier lieu analyser la notion de lien de causalité en matière fiscale (A), puis énumérer les caractères du lien de causalité proposés par la doctrine (B).

A- DÉFINITION DE LA NOTION DE LIEN DE CAUSALITÉ

Le lien de causalité est une notion difficile à cerner, dans la mesure où aucun texte ne le précise ou ne lui donne une définition. Le dommage a forcément une cause, qui peut être directe ou indirecte, ce qui engendre des difficultés pour identifier les véritables critères de la causalité en droit. Comment reconnaît-on le véritable lien de causalité, quand plusieurs causalités sont susceptibles d'être au même moment éligibles ? Le demandeur devra convaincre le juge de la pertinence de la causalité, en mélangeant des causes proches, lointaines, directes et indirectes. Ce choix donné au juge est encore complexe, dans la mesure où il n'existe pas pour ce dernier une véritable grille de critères pour apprécier la causalité.

Les problèmes de preuve de la causalité ont des conséquences fâcheuses dans la pratique notariale. Démontrer la causalité au juge du fait de l'acte du notaire est un exercice ardu et complexe, sur lequel de nombreuses personnes ont trébuché, que ce soit des usagers de droit ou des notaires. Cependant, nous remarquons que plusieurs débats en doctrine sur cette notion ont donné naissance à des théories sur la compréhension du lien de causalité.

La suite de notre travail consistera à donner la signification du lien de causalité (1), avant d'aborder les théories en présence et leur compréhension du lien de causalité (2).

1- Signification du lien de causalité

Selon Corinne RENAULT-BRAHINSKY[160], l'appréciation de la causalité « consiste à rechercher, lorsque s'enchaîne une série d'événements, quels sont ceux qui peuvent être considérés comme causes du dommage ». Selon cet auteur, trois éléments composent la responsabilité civile : la faute, le dommage et le lien de causalité entre la faute et le dommage. En d'autres termes, la responsabilité ne peut être engagée que si la relation entre la faute et le dommage est établie[161]. Un lien doit unir la cause à l'effet : un lien entre la faute et le dommage. Le lien de causalité permet donc de relier matériellement la faute et le dommage subi par la victime ; il doit être prouvé, peu importe la nature, délictuelle ou contractuelle.

En matière de droit notarial, le lien de causalité renvoie au fait que le dommage est la conséquence directe de la faute. Aussi, nous devons préciser que la commission d'une faute par le notaire peut être contractuelle ou délictuelle, et que la doctrine ne s'entend pas sur la nature de la responsabilité des notaires[162]. Le lien de causalité en matière d'acte notarié suppose que le dommage causé par l'acte du notaire soit en étroit lien ou la conséquence immédiate de la faute du notaire.

Jeanne de POULPIQUET, à ce propos, appuie sur « *la nécessité d'une relation de cause à effet entre la faute et le préjudice. En application de droit commun de la responsabilité civile, le droit à l'indemnisation dépend d'une relation directe de cause à effet, entre la faute commise par le notaire et le préjudice subi. Chaque affaire donc, en elle-même, est un exemple de cette exigence classique*[163] ». Pour étayer ses propos, elle ajoute : « *la faute du notaire qui néglige de vérifier l'étendue du droit de propriété du vendeur est en relation causale directe avec le préjudice subi par l'acquéreur qui n'obtient pas l'entière propriété du terrain acheté*[164]. » Le même auteur précise cependant que « *l'absence de toute relation de causalité entre la faute et le préjudice exonère le notaire de sa responsabilité*[165]. » Le lien de causalité est pour elle obligatoire afin d'engager la responsabilité des notaires.

---

160 RENAULT-BRAHINSKY (C.), *L'essentiel du droit des obligations*, Paris, éd. Gualino Lextenso, p. 39.
161 Cass. civ. 2e, 2 mars 1956, D.1956, 341. Cité par RENAULT-BRAHINSKY (C.), *op. cit.* p. 31.
162 GUEGUANG et GUEGUANG (G.), *La responsabilité des notaires pour un régime spécifique de responsabilité*, éd. L'Harmattan Cameroun, 2018, p. 44.
163 POULPIQUET (J.), *Responsabilité des notaires. Civile. Disciplinaire. Pénale*, éd. Dalloz, 1re édition, 2003, p. 107 à 109.
164 Cass, 1re civ., 12 juillet 1978.
165 POULPIQUET (J.), *op.cit.*, p. 108.

Il est à rappeler que la pluralité des causes et des partages de responsabilité n'est pas à négliger. En effet, « *il arrive que plusieurs causes aient concouru à la réalisation du dommage. La faute commise par le notaire peut se trouver en concours avec la faute d'un client ou d'un tiers ou avec la faute de la victime elle-même. [...] La recherche du rôle causal joué par chacune des fautes est alors une question de fait laissée au pouvoir du bon sens des juges du fond. Tout dépend des circonstances de la cause et des différentes fautes en concours.* » En clair, plusieurs causes peuvent être la cause du dommage ou du préjudice. Quand elles sont en concours, le demandeur dit se prévaloir de la plus pertinente à l'appréciation du juge, qui délibère souverainement. Il en est de même lorsque la faute est partagée entre le notaire et le client ou l'administration : le juge apprécie et évalue le niveau de responsabilité de chacun.

Nous venons de présenter la signification du lien de causalité et les difficultés d'ordre pratique. Pour mieux cerner le lien de causalité, nous allons analyser minutieusement les théories qui gouvernent l'appréciation du lien de causalité par le juge.

2- Deux théories sur le lien de causalité

Il existe deux théories principales pour déterminer le lien de causalité. La première théorie, celle de l'équivalence, avance que tout ce qui a été nécessaire à la réalisation du dommage doive être considéré comme la cause. La seconde, la théorie de la causalité adéquate, n'accorde la qualité de cause qu'à certains événements liés au dommage par un rapport étroit.

La théorie de l'équivalence propose la prise en compte égalitaire des causes. Autrement dit, tous les éléments ayant contribué de près ou de loin à la mise en œuvre du dommage sont considérés comme étant chacun une cause au préjudice. Cette théorie consiste à considérer comme causal tout événement sans lequel le dommage n'aurait pas eu lieu. Par conséquent, tous les événements qui participent à la chaîne causale doivent être considérés comme causes du dommage. C'est en réalité une conception large de la responsabilité.

Pour certains auteurs, tels que Mustapha MEKKI, on dit qu'un fait est la cause d'un dommage au sens de l'équivalence des conditions : sans ce fait, le dommage ne serait pas survenu. On dit que le fait a été une condition *sine qua non* du dommage. Par une appréciation rétrospective, on essaie de se demander ce qui se serait produit si la faute n'avait pas été commise. Si le dommage s'était tout de même produit, alors il n'y a pas de causalité. Si, lorsqu'on enlève la faute, le dommage ne se produit pas, la faute est la cause du dommage. On parle de la théorie de l'équivalence des conditions. Avec cette théorie, un dommage peut avoir plusieurs causes, qui sont toutes considérées comme équivalentes si elles sont toutes des conditions *sine qua non*. Le fautif pourra être condamné à réparer l'intégralité du dommage[166]. Mais cette théorie est difficile à mettre en place, puisque des événements très lointains peuvent être pris en compte.

La théorie de la causalité adéquate ne prend en compte que les éléments ayant directement contribué à la survenance du préjudice. L'élément doit avoir joué un rôle déterminant dans la réalisation du dommage, ce qui permet de ne pas prendre en considération les éléments secondaires.

Aujourd'hui, les deux méthodes s'appliquent ; leur application dépend des cas d'espèce. La causalité doit être certaine et la victime doit la prouver[167]. Cependant, en matière de droit notarial, on constate dans les jurisprudences une tendance à utiliser plus fréquemment la théorie de la causalité adéquate que la théorie de l'équivalence.

Une dernière théorie existe, mais elle n'a pas reçu beaucoup de succès en doctrine : celle de la proximité de la cause. Avec cette théorie, on retient comme causes tous les faits proches qui ont contribué au dommage.

L'analyse du lien de causalité peut rendre perplexe, dans la mesure où la doctrine et la jurisprudence ne sont pas claires pour le déterminer. Néanmoins, il faut reconnaître qu'elles ont pu s'entendre sur ses caractéristiques.

B- LES CARACTÉRISTIQUES DU LIEN DE CAUSALITÉ

Le lien de causalité fiscale, comme la faute fiscale ou encore le dommage fiscal, doit obéir à certaines caractéristiques pour être juridiquement valable. Il s'agit du caractère de certitude (1), du caractère direct et du fait de porter sur un intérêt légitime (2).

1- Le caractère certain du lien de causalité

Le caractère certain du lien de causalité signifie qu'il y a continuité de l'enchaînement causal. Autrement dit, le dommage ne doit pas faire l'objet d'un doute ; exclusion faite ici du dommage éventuel. Ainsi, le lien de causalité signifie que le dommage avéré est mis en rapport avec une faute certaine, qui n'est soumise à aucun doute. En matière d'acte notarié, l'exemple souvent cité est celui du notaire qui a commis une faute dans la rédaction d'un acte, et que cette faute cause un dommage avéré à son client.

---

[166] MALINVAUD (P.), FENOUILLET (D.), MEKKI (M.), *Manuel des obligations,* Paris, éd. LexisNexis, 2014, p. 574-578.
[167] *Idem.*

L'exigence de la certitude du lien de causalité s'est vérifiée dans une décision de la Cour suprême du Cameroun[168]. En l'espèce, le notaire a fait passer une vente sur un immeuble qui appartenait à la communauté des époux, en violation de l'article 1422 du Code civil. En effet, cet article exige le consentement de l'autre conjoint avant de passer l'acte de vente sur l'immeuble en communauté entre les époux. Cette condition du Code civil n'ayant pas été observée par le notaire, l'autre conjoint a assigné la responsabilité du notaire en violation de ses droits. Le juge a estimé dans cette affaire que le lien de causalité était certain, dans la mesure où la faute du notaire a causé un dommage certain au conjoint. Cette certitude se manifeste par la perte de l'immeuble par le conjoint lésé. C'est ainsi que le juge a décidé que le notaire a eu tort de passer cet acte de vente, sans au préalable se munir du consentement de l'autre époux. Il a ainsi cassé l'arrêt n° 128/civ, rendu le 15 octobre 2010 par la cour d'appel du Littoral. Il devient clair, avec cette décision, que le lien de causalité doit être certain et non éventuel.

Quand le caractère certain pose problème, on utilise l'une des théories précédemment vues, même si nous notons une tendance du juge à utiliser la théorie de la cause adéquate.

En matière d'acte du notaire, il existe des situations dans lesquelles le notaire n'intervient pas seul dans l'acte : au moment du litige, on ne parvient pas à identifier qui est le véritable fautif, entre lui et les personnes qui sont intervenues dans l'acte avec lui. La jurisprudence, dans ces cas-là, a opté pour la solution de la responsabilité *in solidum*. En d'autres termes, le notaire et tous ceux qui sont intervenus dans l'acte sont responsables. Plus explicitement, chacun des coresponsables est jugé comme celui qui a occasionné tout le dommage. En conséquence, ils partagent la responsabilité intégrale, mais la victime peut assigner n'importe quel coresponsable seul devant la juridiction. Et celui-ci peut se retourner contre les autres.

Après l'étude de la certitude du lien de causalité, qu'en est-il de son caractère direct ?

2- Le caractère direct et légitime du lien de causalité

La caractéristique directe du lien de causalité fiscale renvoie au fait que la faute fiscale doit être la cause immédiate du dommage. En d'autres termes, il doit y avoir un rapport d'immédiateté entre la faute et le dommage. La jurisprudence, sur cette caractéristique, parle de l'enchaînement causal, pour signifier que la faute fiscale est la cause directe du dommage. La jurisprudence précise aussi que dans l'hypothèse où intervient une rupture, non seulement la

---

[168] Cour suprême du Cameroun, chambre judiciaire, section civile, arrêt n° 128/civ du 24 juillet 2014.

causalité n'est plus directe, mais cela fait disparaître le caractère direct du lien de causalité. Le rapport direct de la causalité fiscale signifie donc un enchaînement causal sans interruption.

Cela se vérifie dans le domaine notarial. En effet, l'acte du notaire doit être la cause directe du dommage, sinon la responsabilité fiscale du notaire est difficilement engagée[169]. Il faut reconnaître qu'il existe des conditions exceptionnelles pour lesquelles le dommage n'est pas direct, comme le cas de la prédisposition de la victime. En effet, dans bien des cas, la victime est prédisposée à la survenance du dommage. Nous pouvons prendre pour exemple le cas d'un client qui, malgré les conseils et les avertissements de son notaire, a insisté pour prendre le risque. Dans ce cas, le notaire n'est pas la cause directe, puisque la victime a participé à la commission du dommage. Il faut surtout retenir que cette situation change le caractère direct du lien de causalité.

Le lien de causalité doit porter sur un intérêt légitime : par cette exigence doctrinale, le législateur veut simplement exclure du champ du lien de causalité, les causalités qui portent sur des objets illicites ou interdits par la loi. En matière d'acte notarié, sont exclues du lien de causalité les conventions qui portent sur des objets prohibés par les lois.

Nous avons dans cette partie tenté d'appréhender la notion de lien de causalité. Nous allons maintenant analyser sa mise en œuvre.

PARAGRAPHE 2 : LA MISE EN ŒUVRE DE LA CAUSALITÉ

L'étude de la mise en œuvre de la causalité en matière fiscale d'acte notarié renvoie à l'établissement de cette causalité. Nous allons présenter les différents domaines fiscaux dans lesquels elle s'applique (A), puis la manière dont le juge apprécie la preuve de la causalité fiscale en matière d'acte notarié (B).

A- LE DOMAINE DE LA CAUSALITÉ

Le lien de causalité fiscale est un élément déterminant pour engager la responsabilité fiscale du notaire. Pour cela, le client du notaire doit pouvoir prouver une faute, un dommage et un lien de causalité entre la faute et le dommage, en relation avec l'aspect fiscal de la profession de notaire. Seulement, le lien de causalité dans l'acte notarié, dans l'espace OHADA,

[169] Cour Suprême du Cameroun, Chambre judiciaire, section civile, arrêt n° 148/civil du 12 décembre 2013.

s'exerce dans certains domaines précis. La doctrine a ainsi identifié deux domaines : le domaine contractuel (1) et le domaine délictuel (2).

1- Le domaine contractuel de la causalité

Le notaire et l'administration fiscale, dans l'espace OHADA, ne pratiquent pas des relations contractuelles. En effet, les contribuables ont l'obligation de payer les impôts ; nul besoin pour l'administration de le prouver avec un contrat. Il en est de même de la relation entre le notaire et le fisc : l'administration n'a pas besoin de prouver par un contrat l'obligation du notaire à payer les impôts. Ainsi, certains peuvent penser que la causalité contractuelle en matière fiscale ne saurait exister dans l'activité du notaire. Cependant, la responsabilité contractuelle est, avec la responsabilité délictuelle, une des deux variantes de la responsabilité civile. Elle est engagée en cas de mauvaise exécution ou d'inexécution totale ou partielle des obligations nées d'un contrat.

Ce régime de responsabilité est prévu à l'article 1147 du Code civil, qui dispose : « *Le débiteur est condamné, s'il y a lieu, au paiement de dommages et intérêts, soit à raison de l'inexécution de l'obligation, soit à raison du retard dans l'exécution, toutes les fois qu'il ne justifie pas que l'inexécution provient d'une cause étrangère qui ne peut lui être imputée, encore qu'il n'y ait aucune mauvaise foi de sa part.* » La mauvaise exécution et l'inexécution peuvent porter sur des obligations de faire ou de ne pas faire. Le dommage causé par la résolution relève aussi de la responsabilité contractuelle.

Les conflits entre l'acte notarié et le fisc sont plus souvent de natures délictuelle que contractuelle. Cependant, les contrats peuvent intégrer des clauses qui portent sur la fiscalité, qui font basculer de la nature délictuelle à la nature contractuelle. Dans ce cas-là, les stipulations du contrat prennent le dessus si elles respectent les dispositions légales. Ces hypothèses restent rares dans la pratique, même si elles ne sont pas impossibles.

En outre, la responsabilité contractuelle du notaire en matière fiscale doit être fondée sur l'existence d'un contrat préalable entre cet officier public et son client, qui a été mal exécuté ou inexécuté. Cette responsabilité contractuelle émane donc de la méconnaissance par cet officier public de ses obligations contractuelles. Pour certains auteurs, il n'existe pas de nature délictuelle dans les actes notariés, car les rapports entre le notaire et son client sont basés sur un contrat. À vrai dire, cette affirmation suppose un contrat préalable entre le notaire et son client.

Pour LOTZ, la responsabilité notariale ne saurait être que contractuelle : « *Si, dans la généralité des cas, le notaire instrumente, c'est qu'il en est chargé par ses clients. Il existe de ce fait, parallèlement, des relations contractuelles entre le notaire et ses clients, dans le cadre desquelles jouent des règles professionnelles. Il faudrait donc appliquer les principes de la responsabilité contractuelle, car dans les rapports entre le notaire et ses clients, ce sont eux qui priment*[170]. »

Nous constatons que le lien de causalité, dans les domaines fiscaux de l'acte notarié, peut être de nature contractuelle. Toutefois, qu'en est-il du domaine délictuel du lien de causalité fiscale ?

2- Le domaine délictuel

Concernant le domaine délictuel du lien de causalité, en matière de responsabilité civile des notaires, il faut savoir qu'il est étroitement lié à leur statut, très spécifique. C'est probablement pour cette raison que dans une grande partie des décisions, la jurisprudence retient la responsabilité du notaire sur le fondement de la responsabilité civile délictuelle[171]. Cela sous-entend que le notaire n'engage pas sa responsabilité, non parce qu'il est tenu par un contrat, mais bien parce qu'il est tenu à des obligations en raison de son statut[172].

Il faut aussi remarquer que c'est en fonction de l'article 1382 et 1383 du Code civil que les notaires sont responsables envers leurs clients des fautes commises, en tant qu'officiers publics dans l'exercice de leurs fonctions[173]. L'affirmation sur la nature délictuelle de la responsabilité des notaires est appuyée par les déclarations de L. CORNELIS et M. BEERENS[174] : « *Dès que le notaire intervient en sa qualité d'officier public, seule la responsabilité extracontractuelle est retenue. [...] Sa mission de réception d'actes authentiques, étant une mission légale, exclurait tout fondement contractuel.* »

---

[170] DORY (J.), « Responsabilité civile du notaire », année académique 2014-2015, p. 7.
Dans le même sens : GOEMAERE (J), « La responsabilité notariale », Chroniques notariales, vol 58, 2009, p. 307.

[171] Cassation française, 1re chambre civile, 3 avril 2007, n° 06-12.831.
Voir aussi : Cour de cassation, n° 09-15.451, 1re ch. civ., 17 juin 2010 ; cité par DOUET (F.), « Les conséquences fiscales d'une faute grave commise par le notaire », *op. cit.*, p. 56.

[172] Cassation. civ. 30 septembre 2008, n° 06-21. 183.
Voir aussi : Cass, Ch. civ. 1re, 5 mars 2009, n° 08-11. 374 ; cité par SIGNALET (G.), « La responsabilité civile du notaire », disponible sur le site www.conseil-droitcivil.com (consulté en avril 2016).

[173] Cassation. Civ.1re, 26 janvier 2012, n° 10-25741.
Voir aussi : Cassation 1re, 9 décembre 2010, n° 09-16.531 ; cité par YADAN (C.), « Le notaire échappe à sa responsabilité bien qu'il ait mal informé ses clients », disponible sur le site www.juritravail.com, modifié le 16-05-2014 (consulté en avril 2015).

[174] CORNELIS (L.) et BEERENS (M.), « Réflexions sur l'obligation d'information, d'avertissement, de conseil et d'assistance du notaire », *Revue du notariat belge*, 2003.

Dans la même logique, Jean-Luc AUBERT, citant Jeanne DE POULPIQUET, déclare : « *Se décider en faveur d'une responsabilité de nature délictuelle (...), c'est souligner la nécessité de la dépendance légale des notaires à leur statut, c'est prendre position contre la tendance à la commercialisation incluse dans leur profession, c'est insister sur le rôle légal du notaire, authentificateur, conseiller et conciliateur impartial.* » *Jeanne DE POULPIQUET poursuit ses propos en remarquant que l'essentiel de la fonction des notaires est constitué « par leur mission de service public et par l'ensemble des obligations auxquelles ils sont tenus en tant que rédacteurs d'actes et conseillers impartiaux des parties ».* En d'autres termes, la responsabilité des notaires est obligatoirement délictuelle, puisqu'ils sont tenus par leur statut et non par un contrat.

Les propos de ces auteurs, qui ont opté pour une nature délictuelle du régime de responsabilité des notaires, ont aussi influencé le juge, qui a pris des décisions dans ce sens. En effet, la jurisprudence s'est souvent illustrée à travers certaines décisions en faveur de la nature délictuelle du droit commun[175].

Au demeurant, notre préoccupation a été, dans cette partie, d'analyser les domaines où le lien de causalité s'applique : il s'agit des domaines contractuel et délictuel. Le domaine ne suffit pas, à lui seul, pour mettre en œuvre le lien de causalité. Nous allons ainsi présenter le deuxième élément nécessaire : la preuve du lien de causalité.

B- LA PREUVE DE LA CAUSALITÉ

Mustapha MEKKI, Philippe MALINVAUD et Dominique FENOUILLET, reprenant les propos de Florence G'SELL MACREZ dans sa thèse, parlent de la preuve de la causalité en ces termes : « *Il est impossible de définir de manière abstraite et mathématique le lien de causalité, parce qu'il s'y mêle toujours des considérations de fait ou d'opportunité morale. En vérité, un dommage est toujours dû à une conjonction fâcheuse de plusieurs causes entre lesquelles le juge est invité à choisir. À cet égard, il aura une tendance naturelle à trouver la causalité du côté de la faute*[176]. » Ces auteurs

---

[175] Cass. Civ. 3e, 27 juin 1973, bull. civ. III, n° 452, p. 328
Voir aussi : Civ., 1re, 12 mai 1976, bull. civ. I, n 168, p.134, cité par JOURNEL (C.), *Droit général et droit notarial*, Paris, éd. ELLIPSES, p. 213.
Voir aussi : Cassation française, 1re ch. civ., n° 06-12.831, 3 avril 2007.
Voir aussi : Cour de cassation, 1re ch. civ., n° 09-15.451, 17 juin 2010 ; Cour de cassation, 1re ch. civ., 14 octobre 2010, n° 09-14.446 ; Cour de cassation. Civ.1, 26 janvier 2012, n° 10-25741 ; civile. 1re, 9 décembre 2010, n° 09-16.531

[176] G'SELL-MACREZ (F.), *Recherches sur la notion de causalité dans la responsabilité juridique* : (dir.) Horiata Muir Watt, thèse, université de Lille (2005), p. 143

mettent en exergue le fait que le principe de la preuve est certes une notion concrète, mais qu'il existe encore des difficultés de preuve, en raison des causes concomitantes et en raison des causes successives. En effet, en matière fiscale des actes notariés dans l'espace OHADA, malgré le penchant pour la nature délictuelle de la causalité, la preuve de la causalité reste à démontrer.

Ainsi, la suite de notre travail traitera du principe de la preuve du lien de causalité fiscale (1), avant d'énoncer les difficultés relatives à la preuve de ce lien (2).

1- La preuve du lien de causalité fiscale

La preuve de la causalité nous interpelle sur la question suivante : à qui appartient la charge de la preuve du lien de causalité en matière fiscale de l'acte du notaire ? La participation de la jurisprudence a conduit à des arrêts, ce qui a permis d'utiliser les règles de droit commun. En effet, si on applique les règles de droit classiques, c'est au demandeur qu'incombe la charge de la preuve. C'est à la victime de montrer que les conditions de mise en œuvre de l'article 1382 du Code civil sont réunies. Il doit démontrer qu'il y a un lien de causalité, et ce de façon certaine. Le risque de la preuve est lié à la charge de la preuve. Si quelque chose n'est pas prouvé, le risque pèse sur le demandeur. Cela devrait profiter au défendeur, qui est poursuivi en responsabilité. Tout doute devrait peser sur la victime. Le principe voudrait que ce soit à la victime demanderesse de l'action qu'il incombe de prouver ce lien de causalité[177].

L'autre modalité de la preuve du lien consensuel concerne le mode de preuve. Le mode de preuve qui gouverne la responsabilité des notaires est la liberté de la preuve. Autrement dit, la preuve peut se manifester par tout moyen qu'apporte le demandeur, pourvu que cette preuve soit légitime et obéisse aux règlements en vigueur et aux bonnes mœurs.

Il existe en matière de preuve des causes d'exonération de la preuve, comme la cause étrangère. Par cause étrangère, nous entendons la force majeure, la faute de la victime et le fait d'un tiers. Dans ce dernier cas, il faut que le fait du tiers exonère totalement l'auteur du dommage, lorsque celui-ci a un caractère irrésistible et imprévisible. En cas d'absence de ces caractères, la responsabilité sera partagée entre le tiers et celui qui est considéré comme le responsable du dommage[178].

Prenons un exemple de la pratique notariale et des décisions de justice française sur la causalité pour étayer nos propos. En l'espèce, « Jacques G... est décédé le 8 avril 2009 à Céret (Pyrénées-Orientales). Maître D... B...,

---

[177] www.cours-de-droit.net (consulté en janvier 2016).

[178] BRAHINSKY (C.), *L'essentiel du droit des obligations*, Éd GUALIANO, collection Les Carrés Rouge, 15e éd., 08/2019, p. 94.

notaire à Céret, a été chargé du règlement de sa succession. Par acte d'huissier en date du 20 octobre 2017, M. H... G..., fils J... G..., a fait assigner Maître D... B... et la SCP B... et B... devant le tribunal de grande instance de Dunkerque aux fins de :

- voir dire et juger que Maître B... a engagé sa responsabilité professionnelle en ne déposant pas la déclaration de succession J... G... dans le délai de 6 mois et à titre subsidiaire, en ne l'alertant pas sur les conséquences du défaut de déclaration de succession dans le délai visé à l'article 641 du Code général des impôts,

- en conséquence, condamner in solidum Maître D... B... et la SCP B... et B... à lui régler les sommes de 6 036 € à titre de dommages et intérêts liés aux pénalités réglées suite au redressement fiscal, et ce avec intérêts au taux légal à compter de la mise en demeure du 11 juillet 2016, 5 000 € en réparation de son préjudice moral et 5 000 € sur le fondement de l'article 700 du Code de procédure civile, outre les entiers dépens d'instance.

Selon jugement rendu contradictoirement à l'égard des parties le 29 mai 2018, le tribunal de grande instance de Dunkerque a :

- rejeté la demande de révocation de l'ordonnance de clôture,

- déclaré irrecevables les conclusions de Maître D... B... et de la SCP B... et B... postérieures à l'ordonnance de clôture,

- condamné, in solidum, Maître D... B... et la SCP B... et B... à payer à M. H... G... la somme de 6 036 € avec intérêts au taux légal à compter du jugement,

- débouté M. H... G... de sa demande de dommages et intérêts au titre de son préjudice moral,

- condamné Maître D... B... et la SCP B... et B... aux dépens,

- condamné Maître D... B... et la SCP B... et B... à payer à M. H... G... la somme de 2 000 € sur le fondement de l'article 700 du Code de procédure civile.

Par déclaration en date du 12 juillet 2018, Maître D... B... et la SCP B... et B... ont relevé appel de ce jugement.

Dans leurs dernières conclusions notifiées le 25 février 2019, Maître D... B... et la SCP Llauze et B... demandent à la cour, au visa des articles 14, 15 et 16 du Code de procédure civile, de :

- déclarer nul et de nul effet le jugement rendu par le tribunal de grande instance de Dunkerque pour non-respect du contradictoire, le jugement ayant été rendu sur la base de pièces non communiquées et sur la base d'un moyen relevé d'office et non soumis à la contradiction des parties,

- réformer la décision entreprise en ce qu'elle les a condamnés à verser une somme de 6 036 € avec intérêts au taux légal et une somme de 2 000 € au titre de l'article 700 du Code de procédure civile ainsi qu'aux entiers dépens,

- débouter Monsieur H... G... de l'intégralité de ses demandes,

- condamner Monsieur H... G... à leur verser une somme de 4 000 € au titre de l'article 700 du Code de procédure civile ainsi qu'aux entiers dépens.

Dans ses dernières conclusions notifiées le 16 novembre 2018, Monsieur H... Dequiedt demande à la cour, au visa des articles 1240 et suivants du Code civil, de :

- débouter purement et simplement Maître D... B... et la SCP B... et B... de l'ensemble de leurs demandes, fins et conclusions,

- confirmer le jugement en sa totalité à l'exception de la demande de préjudice moral,

- dire et juger que Maître D... B..., notaire, a engagé sa responsabilité professionnelle en ne déposant pas la déclaration de succession J... G... dans le délai de 6 mois, et à titre subsidiaire, en n'alertant pas Monsieur H... G... sur les conséquences du défaut de déclaration de succession dans le délai visé à l'article 641 du Code général des impôts,

- condamner in solidum Maître D... B..., ès qualités de notaire, et la SCP B... et B... à lui régler les sommes suivantes : 6 036 € à titre de dommages et intérêts liés au redressement fiscal avec intérêts au taux légal à compter de la mise en demeure en date du 11 juillet 2016, 5 000 € à titre de préjudice moral, 6 000 € au titre de l'article 700 du Code de procédure civile outre les entiers dépens de l'instance.

L'ordonnance de clôture a été rendue le 21 mai 2019.

MOTIFS DE LA DÉCISION

Il sera au préalable rappelé qu'en application de l'article 954 du Code de procédure civile, la cour n'est tenue de répondre qu'aux prétentions formées par les parties dans le dispositif de leurs dernières. »

Observons dès à présent le commentaire sur le lien de causalité rendu par les juges de la République française.

« Sur le lien de causalité entre la faute et les préjudices invoqués.

M. H... G... justifie qu'il a réglé le 28 juin 2016 une somme de 21 432 €, correspondant à hauteur de 15 396 € aux droits de succession de J... G... et à hauteur de 6 036 € aux pénalités restées à sa charge, après dégrèvement accordé à hauteur de 4 618 € au titre des pénalités, précision faite que c'est par courrier du 16 juin 2016 que l'administration fiscale a répondu à sa demande gracieuse de dégrèvement.

Le paiement de ces pénalités est bien un préjudice lié au non-dépôt de la déclaration dans le délai de six mois à compter du décès de J... G..., en lien avec la faute commise par Maître D... B... de ne pas avoir avisé M. H... G... de la nécessité de déposer cette déclaration dans les délais et des pénalités encourues en cas de non-respect de cette obligation, sans que puisse être invoqué le bénéfice tiré par la possession et l'usage pendant sept ans de la somme de 15 000 € de droits de succession.

Sera en conséquence confirmé le jugement de première instance, en ce qu'il a condamné Maître D... B... et la SCP B... et B... au paiement de la somme de 6 036 € avec intérêts au taux légal à compter du jugement.

M. H... G... réclame par ailleurs une somme de 5000 € en réparation de son préjudice moral, précisant qu'il est atteint de la maladie de Parkinson qui se réveille lors de mise en stress.

Il invoque le fait que le notaire n'a pas répondu à ses demandes légitimes, lorsque lui-même s'est aperçu qu'à son décès son père ne disposait plus d'un patrimoine important, au regard de sa situation professionnelle et de son comportement économe, et qu'il avait par ailleurs fait des donations de 75 000 € et de 100 000 € pour chacun de ses deux autres enfants par actes reçus par Maître D... B..., alors que Jacques G... ne disposait plus de ses facultés mentales, ce que le notaire ne pouvait ignorer.

De l'exposé des motifs de la demande de dommages et intérêts pour préjudice moral, il en ressort que le stress évoqué par M. H... G... est lié non point au comportement du notaire que le tribunal de Dunkerque, puis la cour ont sanctionné, mais à un litige successoral étranger à la présente instance et qui a d'ailleurs donné lieu à une autre instance devant le tribunal de grande instance de Perpignan. »

En définitive, les juges dans cette affaire ont confirmé la décision de première instance, en ce qu'elle a débouté M. H... G... de sa demande de dommages et intérêts pour préjudice moral.

Nous venons de décrire les principes qui gouvernent la causalité fiscale. Qu'en est-il des problèmes relatifs à la causalité fiscale ?

2- Les problèmes fiscaux de la causalité

Les problèmes relatifs à la causalité viennent de la pratique. Certaines circonstances ont contribué à multiplier les causes. Au-delà de cette multiplicité des causes, il existe également une multiplicité de problèmes liés au lien de causalité, notamment parce que le législateur n'a rien prévu en ce qui concerne ce phénomène de multiplicité de causalité.

La doctrine[179] s'est chargée de les classifier, en identifiant la pluralité des causes concomitantes et la pluralité des causes successives. Ce début de solution demeure toutefois un peu flou.

Il arrive parfois qu'un préjudice final soit dû à une série de causes, s'enchaînant les unes les autres dans le temps[180]. Prenons l'exemple de la défaillance d'un notaire qui, du fait des erreurs des services qui sont intervenus dans l'acte avant lui, ne peut remplir sa mission avec efficacité. Dans de tels cas, quelle cause le juge doit-il retenir ? Celle de la faute du notaire ou celle des services qui sont intervenus avant lui dans l'acte ? La jurisprudence ne retient, en matière de causes successives, que la plus proche. Dans ce cas-là, il s'agit de la faute du notaire, ce qui représente une injustice certaine envers cet officier public.

La pluralité des causes concomitantes fait généralement intervenir une conjonction de plusieurs facteurs, ce qui rend difficile l'établissement de la causalité. Il en va de même pour l'enchaînement d'événements concomitants. L'exemple suivant est souvent cité dans la doctrine : « *Un passager, attendant un train au bord du quai, est effrayé par deux voyous se battant un peu plus loin. Faisant un écart, il tombe sur la voie au moment où le train arrive*[181]. »

En matière d'acte notarié, nous devons avouer que l'hypothèse est rare, mais il arrive dans certains cas des situations concomitantes. Prenons l'exemple d'un notaire qui, lors de la signature d'un acte de vente, se trouve obligé de renvoyer les parties au lendemain pour manque de pièce d'identité ; malheureusement, le même soir, son étude prend feu et le document est brûlé. Dans ce cas, la pluralité d'événements concomitants rend difficile l'établissement de la causalité. Parmi toutes les causes qui ont contribué aux dommages, lesquelles le juge devra-t-il retenir ? Et par quel moyen ? D'autant qu'aucun texte ne décrit ces multiples causes.

Si la doctrine a essayé un encadrement, l'utilisation de la causalité adéquate et de la théorie de l'équivalence demeure toujours difficile. Cet état de fait laisse surtout plus de pouvoir au juge.

En définitive, ce chapitre a permis d'expliquer le préjudice fiscal et le lien de causalité comme conditions d'engagement de la responsabilité du notaire. Au terme de cette partie, il nous paraît évident que pour engager la responsabilité fiscale du notaire, trois conditions essentielles doivent être réunies. D'abord, il faut prouver l'existence d'une faute ou d'un manquement

---

[179] MEKKI (M.), *Manuel droit des obligations*, 13e édition, Lexis Nexis, 2014, p. 574.
[180] *Idem.*
[181] *Ibid.*, p. 574-578.

fiscal du notaire ; plus précisément un manquement relatif à une obligation principale ou accessoire du notaire. Ensuite, il faut prouver l'existence d'un dommage, d'un préjudice fiscal causé par le notaire ou son acte. Enfin, il faut prouver une causalité entre la faute et le dommage.

Cependant, les conditions de mise en place de la responsabilité fiscale du notaire ne sont pas suffisantes. Il faut également maîtriser la mise en œuvre d'une telle responsabilité. En d'autres termes, nous allons présenter la procédure et l'issue d'un tel procès.

CONCLUSION CHAPITRE II

Le préjudice et la causalité sont des conditions majeures pour que la responsabilité d'un notaire puisse être engagée. Cependant, l'administration fiscale ne procède pas de la même façon que le juge fiscal pour condamner un notaire ou son acte. En effet, le fisc n'observe pas la trilogie chère aux juridictions civiles et administratives, à savoir la présence d'un fait générateur, d'un préjudice et d'un lien de causalité. Le fisc se contente généralement de regarder si l'acte du notaire a violé une disposition fiscale. Cette approche différente est lourde de conséquences sur les sanctions de l'acte notarié imparfait. Le simple fait de regarder si le manquement du notaire a violé une disposition fiscale ne tient pas compte de tous les critères objectifs de sanction ou d'exonération d'un notaire, comme la volonté, l'intentionnalité de commettre la faute en connaissance des conséquences y relatives. Ces réflexions nous conduisent à nous interroger : l'administration fiscale ne devrait-elle pas adopter la même approche juridique que les tribunaux ?

Ce chapitre a été aussi l'occasion de constater que la preuve du préjudice en matière de fiscalité et d'acte notarié est complexe dans la pratique. En effet, l'existence de la preuve et la nécessité de la preuve sont des concepts flous en matière fiscale, notamment en ce qui concerne les actes notariés. De ce fait, les différents législateurs des pays de l'espace OHADA devraient légiférer, dans leur pays respectif, sur l'existence du préjudice et sur la preuve du préjudice fiscal. Néanmoins, nous avons résisté à la tentation de donner un cadre définitionnel de ces notions, ainsi que les critères tels qu'ils sont perçus par la doctrine et la jurisprudence. Au final, cela a permis de comprendre que cette notion ne devrait pas être confondue avec des notions voisines, telles que la fraude fiscale.

Il a été aussi question de décrire le fonctionnement du préjudice. À défaut d'encadrement juridique par les législateurs, nous avons dégagé les deux types de préjudices proposés par la doctrine, à savoir le préjudice patrimonial et le préjudice extrapatrimonial. Nous avons poursuivi par une analyse des modes de preuve concernant le préjudice en matière fiscale.

Le lien de causalité a fait aussi l'objet d'une longue étude, puisqu'il conditionne la mise en responsabilité. De ce fait, nous avons essayé de définir le lien de causalité, en montrant les théories de la causalité en présence. Dans la même optique, nous avons analysé comment la causalité est mise en œuvre en matière fiscale dans l'espace OHADA.

Cette approche a exigé d'identifier les domaines fiscaux dans lesquels s'appliquent la causalité et surtout comment le juge apprécie la preuve de la causalité fiscale en matière d'acte notarié. À ce propos, la doctrine parle de deux domaines de la causalité : le domaine contractuel et le domaine délictuel.

La preuve de la causalité a aussi été une section importante, car les problèmes relatifs à la causalité viennent de la pratique. En vérité, certaines circonstances ont contribué à multiplier les causes dans la pratique. Malheureusement, au-delà d'une multiplicité des causes, une multiplicité de problèmes est liée au lien de causalité.

Nous souhaitons souligner que beaucoup reste à faire en matière de préjudice fiscal dans l'acte notarié. Nous invitons ici chaque État de l'espace OHADA à une mûre réflexion, comprenant la spécificité et la contingence de chaque pays. Nous pensons qu'en agissant de la sorte, chaque pays pourra juguler l'essentiel des problèmes qui se posent en matière de préjudice fiscal dans l'acte notarié au sein de l'espace OHADA.

SECONDE PARTIE

LA MISE EN ŒUVRE DE LA RESPONSABILITÉ FISCALE DU NOTAIRE

« Celui qui gagne est celui qui tient trois minutes de plus que son ennemi. »

Napoléon Bonaparte

On ne peut décrire la mise en œuvre de la responsabilité fiscale du notaire sans dénoncer l'opportunité fiscale de l'administration qui, à l'occasion des litiges fiscaux, est juge et partie. On parle de « verrou de Bercy ». En réalité, selon ce « verrou de Bercy », seuls l'administration fiscale et l'État ont le droit de porter plainte ou d'engager des poursuites contre une personne soupçonnée de malversation fiscale. C'est aussi le cas en matière d'acte notarié, pour lequel les usagers de droit ne peuvent pas porter plainte pour faute fiscale du notaire, car l'administration fiscale s'arroge l'exclusivité des poursuites en matière fiscale. Cet état de fait ne contribue pas à la transparence et à l'égalité, valeurs sacrées en matière fiscale[182]. Au contraire, elle permet à nombre de fraudeurs de fuir la justice fiscale, si l'administration fiscale ne porte pas plainte. Ce dispositif a été mis en place dans les années 1920 en France, suite à la création de l'impôt sur le revenu des personnes physiques en 1917.

Les pays de l'espace OHADA étant alors majoritairement colonisés par la France, ils ont adopté ce fameux « verrou de Bercy » lors des indépendances. La majorité d'entre eux ne s'en sont pas débarrassés. Cependant, le fait que l'administration fiscale ait l'exclusivité des poursuites en matière fiscale ne veut pas dire qu'il n'existe pas de procès contre les notaires concernant les préjudices relatifs aux impôts. Les clients des notaires amènent généralement les notaires devant les juridictions civiles, non pour les fautes fiscales (exclusives à l'administration), mais pour les préjudices occasionnés par ces fautes. Ils s'appuient généralement sur les articles 1382 et 1384 du Code civil ou encore sur les infractions fiscales incriminées dans le Code pénal.

Parmi les personnes qui poursuivent le notaire figurent notamment l'administration fiscale et l'usager de droit[183]. Ils le font généralement pour des manquements fiscaux et des préjudices fiscaux[184] qu'un acte de cet officier public a occasionnés. En effet, l'administration fiscale poursuit généralement le notaire pour des fautes fiscales qui lui ont causé des préjudices. Par exemple : si le notaire n'a pas acquitté régulièrement ses impôts, s'il y a concussion, ou encore si, en connivence avec certains agents des impôts ou clients, il a dissimulé la valeur et le prix réel d'une vente. En plus de

---

[182] En France, par exemple, une évolution donne au procureur de la République le pouvoir de diligenter les poursuites sur les accusations fiscales. Cela nous permet de déplorer ce verrou, qui continue de plomber la justice fiscale dans l'espace OHADA.

[183] Il est important de rappeler que l'usager de droit ne porte pas plainte contre le notaire pour ses malversations fiscales, cette compétence appartenant exclusivement à l'administration : il porte plainte pour le préjudice causé par cette malversation. L'usager de droit est généralement le client du notaire ou un tiers qui a intérêt. Cependant, les personnes ayant des problèmes fiscaux avec le notaire ne sont pas des contribuables ni des clients aux yeux de ces officiers publics. En effet, la doctrine actuelle consacre le terme « usager de droit » au lieu de « client du notaire », au vu du devoir de neutralité de ce dernier.

[184] « Préjudice » est entendu ici comme le dommage causé à la société par le non-respect des lois fiscales par cet officier public qui est censé la protéger.

l'administration fiscale, le notaire peut être fiscalement poursuivi par son client, dont le non-acquittement de l'impôt a causé un dommage fiscal certain, présent et exigible.

Il est à noter que les litiges entre le notaire et ses clients ou entre le notaire et l'administration peuvent s'avérer infructueux ou insatisfaisants pour l'une ou pour l'autre partie si elles ne maîtrisent pas la procédure ou encore l'issue d'un tel procès. En effet, en matière de contentieux fiscal contre un notaire, il est important de savoir plusieurs choses. À qui s'adresse-t-on ? Quels sont les moyens que l'on peut utiliser ? Dans quelles démarches ou procédures ? Et surtout, quelle est l'issue d'un tel procès ?

Les réponses à ces questionnements peuvent nous assurer une bonne maîtrise de la mise en œuvre de la responsabilité fiscale des notaires. Pour ce faire, la compréhension de la responsabilité fiscale du notaire dans l'espace OHADA requiert, de la part du notaire, du client ou de l'administration, une bonne maîtrise des procédures (chapitre 1) et une bonne connaissance de l'issue d'une telle démarche (chapitre 2).

CHAPITRE I

ASPECTS PROCESSUELS DE MISE EN ŒUVRE DE LA RESPONSABILITÉ FISCALE DU NOTAIRE

La double casquette fiscale du notaire, précisément celle de redevable légal et celle de contribuable, aboutit à une dualité de la procédure en ce qui concerne la responsabilité fiscale du notaire. Effectivement, la procédure de mise en responsabilité fiscale du notaire diverge selon que le notaire est poursuivi par l'administration ou par son client. Lorsqu'il s'agit de l'administration, le contentieux ne se déroule pas directement devant le juge, mais devant l'administration elle-même ; et c'est seulement en cas d'insatisfaction du notaire sur cette nouvelle décision de l'administration que les juridictions ordinaires compétentes en matière fiscale sont saisies.

Si son client est à l'origine de la demande, la procédure de responsabilité fiscale du notaire est portée directement devant le juge, après une tentative de conciliation avec le notaire et la chambre des notaires. Le client du notaire fait souvent ce type de demande dans l'hypothèse du non-versement à l'administration fiscale des droits fiscaux perçus au client, dans le cadre de l'instrumentation de l'acte notarié.

La procédure de mise en responsabilité fiscale du notaire peut se dérouler, selon les circonstances, soit devant l'administration fiscale (section 1), soit devant le juge (section 2).

SECTION I : LA PROCÉDURE ADMINISTRATIVE

Le notaire mis en cause par l'administration fiscale a le choix, pour se défendre, entre la juridiction gracieuse et la juridiction contentieuse. S'il opte pour la juridiction gracieuse, cela renvoie à dire que le notaire vise à résoudre le litige fiscal avec l'administration en dehors de tout procès, sans l'intervention du juge. En revanche, si le notaire opte pour la juridiction contentieuse avec l'administration fiscale, elle commencera certes par la réclamation préalable, mais elle pourra se terminer éventuellement devant le juge.

Cette section décrira tout d'abord la procédure gracieuse (paragraphe 1), puis la procédure contentieuse (paragraphe 2).

PARAGRAPHE 1 : LA PROCÉDURE GRACIEUSE DEVANT L'ADMINISTRATION FISCALE

La juridiction gracieuse, dans l'espace OHADA, est l'ensemble des procédures administratives qui permettent de résoudre les litiges opposant l'administration fiscale aux contribuables en dehors de toute intervention du juge. Elle est encadrée par le Code général des impôts des différents pays de l'espace OHADA et, dans le cas du Cameroun, par l'article L 141 de la loi n° 2009/019 du 15 décembre 2009 portant procédure fiscale. Cette loi prévoit les considérations sur lesquelles un contribuable peut s'appuyer pour demander une procédure gracieuse et énumère les types de procédures gracieuses que le contribuable peut réclamer. La responsabilité fiscale du notaire étant une responsabilité de droit commun, il est dès lors clair que le notaire est assujetti à ces mêmes règles.

Il nous paraît fondé de voir, dans une première analyse, les considérations sur lesquelles le notaire peut se fonder pour demander une procédure gracieuse (A) et, en deuxième analyse, les types de procédures gracieuses que le notaire peut réclamer (B).

A- Les facteurs d'ouverture d'une procédure gracieuse

La loi, dans la majorité des pays de l'espace OHADA, et au Cameroun à travers la loi n° 2009/019 du 15 décembre 2009 portant fiscalité locale[185], énonce les considérations sur lesquelles les justiciables doivent s'appuyer pour engager la procédure gracieuse. Y sont précisées les conditions d'ouverture d'une procédure gracieuse devant l'administration fiscale. Il s'agit à proprement parler des considérations de droit et des considérations de fait.

Ainsi, le notaire qui veut bénéficier de l'indulgence de l'administration fiscale se doit de connaître les considérations de fait sur lesquelles il peut s'appuyer (1), mais aussi les considérations de droit (2).

1- Les considérations de fait

Selon les termes de l'article L 141 du Livre de procédures fiscales, dans le cas du Cameroun, « la juridiction gracieuse connaît des demandes tendant à obtenir la remise ou une modération d'impôts directs régulièrement établis en cas de gêne ou d'indigence mettant les redevables dans l'impossibilité de se

---

[185] Art. L 141, Code général des impôts camerounais 2019, qui parle des conditions de compétence de la juridiction gracieuse incarnée ici par le fisc.

libérer envers le Trésor[186]. » En l'absence d'un régime spécifique à la responsabilité du notaire, ce sont les règles de droit commun qui s'appliquent, notamment le Code général des impôts et le Livre de procédures fiscales. Toutefois, pour bien saisir ces considérations, le notaire doit connaître les conditions relatives à sa personne et les considérations relatives à son étude ou son entreprise.

S'agissant des considérations relatives à l'étude du notaire, elle doit être dans une situation difficile, mais non irrémédiablement compromise. En effet, l'étude doit connaître de graves difficultés économiques, qui la mettent dans l'incapacité absolue de s'acquitter de ses impositions. Il est à noter que cette incapacité ne doit pas compromettre la marche de l'étude notariale ou encore mettre en péril sa pérennité. La loi recommande à l'autorité fiscale de prendre en considération le comportement habituel du notaire au regard de ses obligations fiscales. En clair, elle demande à l'administration fiscale de vérifier les antécédents fiscaux et le respect des obligations déclaratives pour admettre la procédure gracieuse du notaire[187]. L'appréciation de la gêne ou de l'indigence du notaire se déroule le jour de la demande.

Nous venons de présenter les considérations de fait. Qu'en est-il des considérations de droit ?

2- Les considérations de droit

Le législateur camerounais, encadrant la responsabilité fiscale des contribuables en général et du notaire en particulier, admet que deux catégories d'imposition peuvent faire objet d'une demande gracieuse par le notaire. Il s'agit d'une part des impôts directs et taxes communales, et d'autre part des remises d'amende ou de majoration. Il faut bien remarquer que les remises d'amende ou de majoration peuvent faire l'objet d'une remise gracieuse si et seulement si les pénalités et l'intérêt de retrait ne sont pas rendus définitifs. Pour mieux cerner ces considérations de droit, il faut au préalable connaître la nature des impôts contestables, avant de s'intéresser aux personnes concernées par la demande gracieuse[188].

Parmi les causes de rejet de la demande gracieuse, nous pouvons citer les demandes gracieuses portant sur les impôts indirects. En effet, l'article 142 du Livre de procédures fiscales indique en ces termes : « *Aucune remise ou modération ne peut être accordée pour les impôts sur le chiffre d'affaires et les autres impôts collectés auprès des tiers pour le compte du Trésor.* » Cette

---

[186] Art. 1011, Code général des impôts nigérien, qui parle de la transaction, qui est une convention portant atténuation des pénalités pouvant intervenir dans certaines conditions.
[187] PEKASSA (G.), Cours de contentieux fiscal, université de Yaoundé II, master 1, 2016, inédit.
[188] *Idem.*

prescription du législateur s'explique par le fait que les impôts indirects sont supportés par les assujettis qui sont différents de leur redevable réel.

Les pénalités consécutives à une taxation d'office ne sont pas non plus susceptibles de recours gracieux. En effet, l'article 141 du Livre de procédures fiscales vise la taxation d'office comme seconde cause de rejet d'une demande gracieuse, parce que la taxation d'office est déjà une sanction du contribuable indélicat et ne peut plus faire l'objet d'une procédure gracieuse.

Au registre des considérations de droit, il est important de savoir qu'il existe des personnes qui sont habilitées à introduire la demande. Il s'agit tout d'abord de personnes appelées à acquitter des impôts pour les tiers[189]. Dans ce sens, on peut assimiler le notaire à une personne collectant les impôts pour le compte d'un tiers : l'État. Plus largement, le notaire est un redevable légal qui collecte de façon bénévole l'impôt pour le compte de l'État. Aussi, les receveurs des impôts font partie de la catégorie de personnes susceptibles de voir leur demande gracieuse reçue favorablement par l'administration fiscale.

Après cette analyse des considérations de droit et de fait, nous allons à présent nous interroger sur les procédures gracieuses dont peut bénéficier le notaire.

B- LES TYPES DE PROCÉDURES GRACIEUSES DEVANT L'ADMINISTRATION

Le notaire faisant face à des difficultés avec l'administration fiscale peut envisager plusieurs types de procédures pour pouvoir résoudre son incapacité à payer l'impôt. Précisément, le notaire peut rechercher l'abandon pur et simple par l'administration fiscale de la totalité de l'imposition : on parlera de remise[190]. Le notaire peut rechercher l'abandon d'une partie des impositions : on parlera de modération[191]. Il est aussi judicieux pour le notaire en conflit avec l'administration fiscale de faire un contrat visant à réduire les pénalités, moyennant le paiement des sommes restant dues et renonciation à toute procédure contentieuse : on parlera de transaction[192]. Enfin, le notaire judicieux peut rechercher une procédure visant à dispenser ses clients du paiement des impositions mises en cause, en qualité de responsable solidaire : on dira que le notaire recherche la décharge de responsabilité.

---

[189] PEKASSA (G.), cours de contentieux fiscal, master 1 droit public, inédit.
[190] ATECK (F.), *Droit du contentieux fiscal*, Paris, réédition, L'Harmattan 2017, p. 378.
[191] *Idem.*
[192] Art. L 125, Code général des impôts du Cameroun, 2019.

Le notaire dispose ainsi de plusieurs types de procédures gracieuses. Nous analyserons dans un premier temps la remise et la modération (1) et dans un second temps la transaction et la décharge de responsabilité (2).

1- La remise et la modération

La remise tend à obtenir l'abandon de la totalité des impositions, tandis que la modération vise l'abandon d'une partie des impositions. Ces demandes obéissent aux mêmes conditions et relèvent des mêmes autorités compétentes. Les conditions de la procédure gracieuse en matière de remise et de modération prévoient des conditions de forme et de fond prévues par le législateur.

S'agissant des conditions de forme, l'article L 143 du Code général des impôts énonce que la demande « *doit être adressée au chef de centre des finances publiques territorialement compétent* ». Elle n'obéit à cet effet à « *aucun formalisme particulier, et aucun timbre n'est exigé* ». Elle doit simplement contenir les informations nécessaires pour identifier le contribuable et l'imposition en cause. À cet effet, elle doit être accompagnée d'une copie de l'avis de mise en recouvrement[193].

Les conditions de fond sont relatives aussi bien à la personne demanderesse qu'à l'objet de la demande. En ce qui concerne le notaire comme la personne demanderesse, le Livre de procédures fiscales, dans la majorité des pays de l'espace OHADA, prévoit l'indigence et la gêne, comme stipulé par l'article 141 du Code général des impôts camerounais. La gêne et l'indigence sont entendues comme l'impossibilité pour le notaire de se libérer du fisc. Cette impossibilité revient à dire que le notaire est dans l'incapacité de payer les impôts dus à son acte à l'administration fiscale. En plus de cette condition de fond, la doctrine préconise aux autorités en charge d'apprécier la gêne ou l'indulgence, et de faire preuve de réalisme. En d'autres termes, les sommes maintenues doivent demeurer en rapport avec les facultés réelles de paiement du notaire.

À titre d'exemple, nous pouvons citer les notaires qui se trouvent dans des localités reculées ou en conflit et qui ne disposent pas de faculté réelle de paiement des impôts. Il peut également arriver que la rareté et l'instabilité des activités mettent l'officier public dans une situation précaire et insurmontable. Dans de telles circonstances, la logique et surtout la doctrine voudraient que l'administration prenne en compte la situation de précarité du notaire, lors de sa demande de remise ou de modération. La loi recommande aussi comme critère d'appréciation le comportement habituel du notaire ou demandeur au

---

193 LINIHACK (J.) et TENE (P.), cours de contentieux fiscal, master 2 professionnel, 2014, inédit.

regard de ses obligations fiscales. La loi vise ici les antécédents fiscaux, le respect des obligations déclaratives ou encore la nature de l'infraction commise par le notaire.

Le notaire diligent et prudent doit savoir que les demandes de remise ou de modération obéissent à des règles de fond. Ces règles de fond sont relatives à l'objet de la demande de remise ou de modération. Elles ne portent pas sur tous les types d'impôts, d'une part, et diffèrent selon qu'il s'agit du principal de l'impôt ou de l'accessoire définitivement dû ou non, d'autre part.

S'agissant des impôts directs, les remises et modérations s'appliquent uniquement au principal des impôts directs, si les impositions ne sont pas définitives. On entend par impositions non définitives celles qui sont encore susceptibles d'être contestées devant les juridictions. Dans le cas des impôts indirects, les remises et les modérations ne s'appliquent qu'aux amendes et pénalités, lorsque les impositions sont devenues définitives.

La modération et la remise sont de véritables procédures gracieuses à la disposition du notaire. Qu'en est-il de la transaction, de la compensation et de la décharge de responsabilité ?

2- La transaction, la compensation et la décharge de responsabilité

La transaction est une convention passée entre l'administration et le contribuable, portant atténuation totale ou partielle des impositions et pénalités, lorsque celles-ci ne sont pas définitives.[194] Le notaire, étant un officier public et un contribuable de droit commun, et surtout en l'absence d'un régime de responsabilité spécifique à sa profession, est soumis aux mêmes règles qu'un contribuable ordinaire. Autrement dit, il est soumis aux mêmes conditions d'obtention de la transaction, de la compensation et de la décharge de responsabilité qu'un contribuable ordinaire. Pour mieux obtenir ces procédures gracieuses, le notaire se doit de cerner ces notions, avec les conditions et la mise en œuvre de ces procédures gracieuses.

La transaction, en matière d'acte notarié, obéit à des conditions bien précises. Ces conditions sont relatives à l'objet de la transaction et la condition est relative à la procédure. Depuis la loi de finances de 2014 au Cameroun et dans certains pays de l'espace OHADA, la transaction s'opère sur le principal de l'impôt et, en conséquence, sur les intérêts de retard. Concernant les conditions relatives au niveau de la procédure, la transaction n'est possible que sur les impositions qui ne sont pas devenues définitives. Elle doit donc

---

[194] ATECK (F.), *Droit du contentieux fiscal,* Paris, réédition Harmattan, 2017, p. 387. Dans le même sens : art. L 125, Code général des impôts du Cameroun, 2019.

intervenir avant la mise en recouvrement suivant la procédure de contrôle, ou après la mise en recouvrement durant toute la procédure contentieuse.

La mise en œuvre de la transaction est à l'initiative des parties, en l'occurrence le notaire et l'administration fiscale. Mais, en principe, l'initiative de la transaction appartient à l'administration[195]. Précisément, elle relève de l'initiative du directeur des impôts et toutes les demandes relatives doivent lui avoir été adressées, même si le contribuable ou le notaire peuvent eux-mêmes solliciter la transaction. L'engagement consiste pour l'administration à consentir une modération ou un abandon total des pénalités applicables, ou alors une modération des droits dus. La transaction voit son dénouement après la transmission par le directeur général des impôts au ministre des Finances, seule autorité compétente pour autoriser la transaction[196]. Si le ministre accepte la transaction, alors une décision de dégrèvement est accordée au notaire. Cependant, dans l'hypothèse où le contribuable ne respecterait pas ses engagements dans les termes prévus par la transaction, celle-ci devient caduque.

La compensation, en matière d'acte notarié, est envisageable malgré sa complexité et sa rareté dans la pratique. En effet, le fondement de la compensation se trouve à l'article 1289 du Code civil camerounais et dans certains pays de l'espace OHADA : « *Lorsque deux personnes sont débitrices l'une envers l'autre, il s'opère entre elles une compensation qui éteint les deux dettes.* » Les conditions générales de la compensation sont de trois ordres. D'abord, les mêmes personnes doivent être débitrices l'une envers l'autre, en vertu du principe de réciprocité. Ensuite, les excédents et les insuffisances doivent concerner le même contribuable. Enfin, la compensation doit concerner les impôts de même nature, bien qu'il soit admis que la compensation puisse intégrer divers éléments à l'intérieur d'une même imposition.

Pour illustrer nos propos, nous prendrons l'hypothèse du notaire qui est débiteur de l'administration fiscale pour des impôts concernant le BNC (bénéfice non commercial) et qui a des excédents sur l'IS (impôt sur les sociétés). La doctrine prévoit à ce sujet que la compensation ne peut pas s'opérer entre les deux dettes, même si les deux personnes se doivent réciproquement. En effet, pour la doctrine, le fait que la dette ne soit pas de la même nature interdit qu'une compensation s'opère entre les dettes du notaire et de l'administration fiscale. Il est sans doute utile de rappeler que la compensation en matière d'acte notarié est généralement initiée par l'administration. En réalité, les effets de la compensation peuvent permettre

---

[195] ATECK, A DJAM (F.), *Droit du contentieux fiscal*, *op. cit.*, p. 387.
[196] Art. L 125, Code général des impôts Cameroun, 2019.

de corriger les insuffisances ou les fautes commises par l'administration lors de l'assiette ou de la liquidation des impôts du notaire.

La décharge de responsabilité est prévue à l'article L 141 du Code général des impôts du Cameroun et dans certains pays de l'espace OHADA. Précisément, cette procédure vise à dispenser de l'obligation du paiement des impôts pour les tiers mis en cause en qualité de responsables solidaires, par application des dispositions du Code général ou de toute autre disposition des lois fiscales. En clair, outre le redevable lui-même, certaines personnes tierces peuvent être recherchées par les comptables publics pour le paiement des impôts émis. Toutefois, la loi leur donne la possibilité de saisir la juridiction gracieuse afin d'être déchargés de cette imposition.

Le champ d'application de la décharge de responsabilité est très vaste, mais embrasse aussi bien les droits directs que les droits indirects. Les droits directs en matière de décharge de responsabilité sont prévus aux articles L 86 à L 88 du Code général des impôts camerounais. L'article L 86 énonce : *« L'avis de mise en recouvrement régulièrement établi est exécutoire, non seulement à l'encontre du contribuable qui y est inscrit, mais à l'encontre de ses représentants ou ayants droit. »* À ce titre, les tiers détendeurs tels que les notaires sont solidaires du paiement des sommes réclamées en cas de négligence coupable, défaillance avérée ou complicité établie. Aussi, les remplaçants des notaires à leur charge ou légataires peuvent être poursuivis solidairement.

Concernant la décision, elle est prise par le ministre des Finances après l'instruction du directeur général des impôts.

L'étude de la procédure gracieuse nous renseigne sur les considérations du législateur pour fonder une action gracieuse du notaire, mais aussi sur le type de procédure gracieuse dont peut bénéficier le notaire. Cependant, qu'en est-il de la procédure contentieuse devant l'administration ?

PARAGRAPHE 2 : LA PROCÉDURE CONTENTIEUSE DEVANT L'ADMINISTRATION FISCALE

Le notaire qui veut engager une procédure contentieuse contre l'administration fiscale se doit d'observer certaines règles bien spécifiques en matière fiscale. En général, en matière de contestation des impôts, le contribuable doit d'abord saisir l'administration avant de saisir le juge. Il en est de même pour l'acte notarié. Le notaire qui passe par une procédure contentieuse doit d'abord saisir l'administration avant de saisir le juge. Ainsi, pour contester un impôt, le notaire doit passer par une procédure particulière : la réclamation préalable. Cependant, dans certaines situations, et si certaines conditions sont réunies, le notaire peut demander le sursis en paiement pour suspendre le paiement de l'impôt[197].

En clair, le contentieux auprès de l'administration fiscale passe par la réclamation préalable et dans certaines conditions par le sursis en paiement (A). Cependant, l'administration fiscale peut avoir fait précédemment ou ultérieurement un redressement fiscal, une taxation d'office ou une procédure d'abus de droit pour sanctionner un acte notarié mal liquidé (B).

A- LA RÉCLAMATION PRÉALABLE ET LE SURSIS EN PAIEMENT

Le notaire en difficulté fiscale avec l'administration se trouve obligé, selon le Code général des impôts dans la majorité des pays de l'espace OHADA, d'observer une première étape pour tenter résoudre le litige. Il s'agit de la phase administrative contentieuse ou encore du recours préalable[198] devant l'administration[199]. Le notaire doit résoudre le litige au niveau de l'administration elle-même, et c'est seulement en cas d'insatisfaction de cet officier public par l'administration qu'il peut aller devant le juge fiscal. En effet, la phase administrative contentieuse est composée principalement de la réclamation préalable[200]. Cette obligation imposée aux notaires et aux contribuables a été dictée par les articles L116 à L119 du LPF et par l'article 17 de la loi n° 2006/22 du 29 décembre 2006 fixant l'organisation et le fonctionnement des tribunaux administratifs. Cette règle impose à l'administré qui entend lever une contestation dans une situation qui n'a pas encore fait l'objet d'une décision administrative d'exercer un recours préalable à caractère non juridictionnel.

Ce recours a pour objet d'obtenir, sur sa demande, une décision expresse ou implicite de la part de l'administration concernée. Ce n'est qu'une fois cette décision rendue ou expirée, à l'issue du délai après lequel la demande est réputée rejetée, que l'administré peut soumettre cette dernière au juge s'il n'a pas obtenu satisfaction. La finalité de cette règle est donc de lier le

---

[197] Il faut noter qu'il peut le faire pour son propre compte ou pour le compte de son client si l'intérêt de l'acte se manifeste, car il est l'interprète fiscal des actes qui lui sont soumis.

[198] Il s'agit d'un recours pour demander la diminution de l'impôt exigé ou la restitution d'un « trop versé ». La réclamation préalable est une procédure préalable indispensable. Le contribuable doit tout d'abord adresser une réclamation écrite au service dont dépend l'imposition. En matière d'acte notarié, tout particulièrement pour les droits d'enregistrement et la taxe de publicité foncière, les réclamations relatives à la valeur vénale réelle d'immeubles, de fonds de commerce, de clientèles, ainsi que de droits à un bail portant sur tout ou partie d'un immeuble font l'objet de cette procédure.

[199] Art. L115, Code général des impôts du Cameroun, 2019.

[200] Art. L116 à L119 de la loi des finances du Cameroun, 2019.

contentieux, c'est-à-dire de prendre position sur le litige avant de le soumettre au juge[201].

La règle du recours gracieux préalable donne tout son sens à l'adage « *un mauvais arrangement vaut mieux qu'un bon procès.* » L'utilité pratique de la réclamation préalable est illustrée par les statistiques issues du rapport d'activité des services du contentieux fiscal de la DGFIP au cours de l'année 2014.

Il est utile de rappeler que, selon l'article 121 du Code général des impôts, le sursis de paiement intervient lorsque le « *contribuable conteste le bien-fondé ou le montant d'une imposition mis à sa charge, s'il en a expressément formulé la réclamation dans les conditions fixées* ». En clair, le contribuable qui conteste le montant de son imposition peut, s'il a engagé une action contentieuse, formuler une demande de suspension de paiement. Le paiement de l'impôt sera suspendu jusqu'à ce qu'une décision tranche le litige.

La suite de notre travail consistera à analyser la réclamation préalable (1) et le sursis en paiement (2).

1- La réclamation préalable

La réclamation préalable mérite une analyse sur le domaine des recours administratifs préalables et sur la recevabilité de la demande.

La délimitation du domaine de la réclamation préalable du notaire nécessite un examen des demandes non concernées par la réclamation et des demandes concernées. Concernant les demandes des notaires non concernées par les recours administratifs, nous pouvons citer les demandes gracieuses, les décisions de dégrèvement ou les décisions de restitution d'office. Les demandes gracieuses des notaires sont présentées par les notaires eux-mêmes pour leur compte, celui de leur client ou celui de leurs mandataires. Ces demandes relèvent de la juridiction gracieuse lorsqu'elles tendent à obtenir une mesure de bienveillance. L'instruction de ces demandes des notaires implique néanmoins, de la part des services fiscaux, qu'ils s'assurent au préalable du bien-fondé des impositions en cause[202]. Les décisions de dégrèvement ou de restitution d'office ne font pas partie des recours administratifs par l'administration fiscale, qui est le juge à charge et à décharge. La restitution d'office au notaire ou à tout contribuable est prévue à l'article 332 (2) du CGI pour les droits d'enregistrement et de timbre.

Au regard de cette disposition, les erreurs de liquidation dûment constatées par le service donnent lieu à une restitution d'office, à concurrence des droits

---

[201] ATECK, A DJAM (F.), *Droit du contentieux fiscal*, *op. cit.*, p. 149.
[202] ATECK, A DJAM (F.), *Droit du contentieux fiscal*, *op. cit.*, p. 149.

indûment ou irrégulièrement perçus. Cette disposition ne concerne que les droits d'enregistrement. Mais on peut s'appuyer sur son esprit pour l'appliquer aux impôts directs et autres taxes sur le chiffre d'affaires. Ceci est d'autant plus aisé maintenant que le contentieux fiscal a été unifié et qu'il n'y a plus de dualité de procédures[203].

Au registre des demandes concernées par la réclamation préalable, dans le cas de l'acte du notaire, l'article L115 du CGI énonce que seules sont concernées celles qui tendent à obtenir : soit la réparation d'erreurs commises dans l'assiette ou le calcul des impositions ; soit le bénéfice d'un droit résultant d'une disposition législative ou réglementaire. La réparation des erreurs commises dans l'assiette ou le calcul des impositions peut amener le notaire à solliciter, selon le cas :

- un dégrèvement total ou une décharge lorsqu'il conteste la totalité de l'imposition ;

- un dégrèvement partiel ou une réduction lorsqu'il conteste une partie de l'imposition ;

- une restitution des impôts versés sans émission préalable d'un rôle ou d'un avis de mise en recouvrement (AMR) ;

- un versement effectué par des personnes physiques ou morales, tenues par l'obligation d'opérer les retenues à la source ;

- un remboursement d'un crédit de taxe sur la valeur ajoutée.

Avec l'évolution de la législation fiscale, les recours administratifs portent sur tous les impôts, indépendamment de leur nature. L'analyse de la réclamation préalable par le notaire nous amène à analyser la directive CEMAC du 30 septembre 2013 portant sur les droits d'enregistrement.

Après avoir présenté les recours, que pouvons-nous dire de la recevabilité de la demande ?

2- La recevabilité de la réclamation

La recevabilité de la réclamation est subordonnée au respect par le notaire d'un ensemble de règles qui concernent la compétence des autorités, les délais de réclamation, la forme et le contenu de la réclamation.

S'agissant des règles de compétence, d'après le *Lexique des termes juridiques*, la compétence pour une autorité publique est « *l'aptitude à accomplir un acte*[204] ». Dans la phase administrative du contentieux fiscal, les

---

[203] *Idem.*
[204] *Lexique des termes juridiques*, 20e édition, 2013, Dalloz, p. 196.

règles de compétences ont été redistribuées à la faveur des modifications issues de la loi n° 2013/017 du 16 décembre 2013 portant loi de finances de la République du Cameroun pour l'exercice 2014. Cette loi de finances a corrigé des incohérences, en fondant désormais la compétence des différentes autorités non plus sur les montants à dégrever, mais plutôt sur les montants contestés dans la réclamation. En effet, dans l'arrêt n° 16/a du 27 mai 2010, affaire État du Cameroun (MINFI) c. Complexe chimique camerounais (CCC), l'assemblée plénière de la Cour suprême a confirmé le caractère obligatoire de toutes ces étapes de la réclamation devant l'administration : « *Sur la recevabilité du recours : considérant qu'il résulte de la combinaison des dispositions législatives suscitées que le recours contentieux est précédé de certains préalables obligatoires comme : la saisine du responsable de la structure chargée des grandes entreprises, ensuite celle du directeur général des impôts et enfin, celle du ministre des Finances ;* [...] *considérant qu'en se déterminant de la sorte, la décision entreprise a méconnu les dispositions légales suscitées ; qu'elle encourt infirmation. Sur l'évocation : considérant au regard de tout ce qui précède que le recours de la société CCC doit être déclaré irrecevable*[205]. »

Les délais de saisine des autorités compétentes, concernant une réclamation préalable consécutive à un acte notarié, obéissent aux mêmes critères que les délais de droit commun. En effet, comme tous les délais des procédures en vigueur au Cameroun, ce sont des délais francs, lorsqu'aucune loi spéciale n'en dispose autrement : l'article 605 du Code de procédure civile et commerciale dispose que le jour de signification et celui de l'échéance ne seront point comptés pour tous les actes et même les actes notariés. L'alinéa 2 du même article précise que lorsque le dernier jour d'un délai quelconque de procédure est un jour férié, le délai est prorogé jusqu'au lendemain. Pour la Cour suprême, l'article 605, placé à la fin du Code sous la rubrique « disposition générale », semble bien devoir régir l'ensemble de la procédure. Cet article s'applique « *aux lois spéciales quand elles ne dérogent pas aux lois générales*[206] ». Or, un délai est dit franc lorsque ni le premier jour, le point de départ (le *dies a quo* : jour de la notification ou de l'événement faisant courir le délai), ni le dernier jour, le point d'arrivée (le *dies ad quem* : date de l'échéance), ne sont pris en compte[207]. Après ces précisions, les délais examinés concernent la saisine des autorités du premier niveau de réclamation, celle du ministre des Finances et les incidences du délai de réclamation.

---

205 ATECK, A DJAM (F.), *Droit du contentieux fiscal*, *op. cit.*, p. 149.
206 CS, Arrêt n° 33/CC, 27 avril 1978, Bull. n° 39P55856. RCD n° 26 1983, p. 75-78.
207 BISSARDON (S.), *Guide du langage juridique*, 2e édition, Litec, 2005, p. 207.

La forme et le contenu de la réclamation préalable sont des exigences de loi. En effet, la recevabilité de la réclamation préalable est subordonnée au respect de certaines conditions relatives à son mode de présentation, son contenu et l'exigence de certaines pièces. S'agissant du mode de présentation, l'article 116 précise qu'elle doit être signée par le réclamant ou son mandataire. Elle est en principe individuelle, mais exceptionnellement les réclamations collectives peuvent être acceptées. La demande de réclamation préalable par le notaire doit être timbrée. Elle doit mentionner la nature de l'impôt, l'exercice et l'émission de l'impôt. Elle doit aussi comporter le numéro de l'article de l'avis de mise en recouvrement et le lieu d'imposition, et être appuyée par le justificatif de paiement de la partie non contestée de l'impôt.

Pour que le contenu d'une réclamation soit valable, le notaire doit faire attention à la circonscription de l'objet de la contestation. Il doit aussi mentionner dans son recours administratif, avec exactitude, l'étendue de la contestation et préciser le montant global des impôts contestés. Aussi, le notaire doit savoir que la requête présentée sans arguments de droit ou de fait est irrecevable.

3- Le sursis en paiement

Le sursis en paiement mérite que nous nous intéressions à ses conditions d'octroi et ses effets. Même si le législateur camerounais et les législateurs des pays de l'espace OHADA ne consacrent aucune définition normative du sursis de paiement, il apparaît comme une procédure administrative rattachée ou liée à la réclamation préalable, par laquelle un contribuable sollicite la suspension de l'exigibilité de l'impôt. En clair, le notaire qui fait une telle requête veut annuler les délais d'exigibilité de l'impôt. Le sursis de paiement doit être distingué du sursis à l'exécution des impositions[208], même si ces procédures partagent un dénominateur commun. Il s'agit de payer l'impôt.

La détermination des conditions d'octroi du sursis de paiement et l'analyse de ses effets permettent de rendre compte du régime juridique de cette procédure[209].

---

[208] Le sursis à l'exécution est généralement soulevé si la décision attaquée risque d'entraîner des conséquences difficilement réparables et si les moyens énoncés dans la requête paraissent, en l'état de l'instruction, sérieux et de nature à justifier l'annulation de la décision attaquée.
[209] Art. L 121, Livre de procédures fiscales camerounais.

Les conditions d'octroi du sursis de paiement au Cameroun sont définies aux termes de l'article L 121 du Livre de procédures fiscales[210]. La disposition légale indique que le sursis de paiement peut être octroyé au contribuable, à condition d'« *en formuler expressément la demande dans la réclamation préalable* ». Cette première condition d'octroi de sursis de paiement permet de mieux comprendre la définition précédemment formulée. En effet, le législateur insiste sur le fait que la demande de sursis doit être expressément formulée et rattachée à la réclamation préalable. Ensuite, le réclamant qui sollicite un sursis de paiement doit en préciser le montant ou les bases du dégrèvement sollicité[211]. De même, il doit présenter auprès du directeur général des impôts des justificatifs de paiement de 10 % des impositions en cause.

Le silence de l'administration dans un délai de 15 jours équivaut à l'acceptation tacite du sursis de paiement. Cependant, il est important de noter qu'au niveau du ministre des Finances, la décision doit être rendue dans un délai de 2 mois à compter de la date de réception de la réclamation. Plus précisément, la décision doit être adressée au contribuable par pli recommandé avec accusé de réception[212]. Ainsi, en cas de silence du ministre des Finances au terme du délai de 2 mois, le contribuable peut saisir d'office le tribunal administratif du centre des impôts de rattachement[213].

Il faut remarquer que le sursis de paiement doit être distingué du sursis à exécution des impôts, sur la base de deux critères fondamentaux. D'abord, du point de vue de la procédure, le sursis de paiement est lié à la réclamation préalable. C'est ce qu'indique le juge dans le jugement devant dire droit n° 3 CS/CA du 20 novembre 1978 NGANKEU Pierre contre État du Cameroun. Le juge y affirme : « *Considérant qu'il convient de faire remarquer au ministre en charge des finances que le texte visé par lui, s'applique dans le cas où la demande de sursis ou de dégrèvement est présentée à ses services ou à lui-même, que la cour n'y est liée que dans le cas de la demande de sursis à exécution présentée devant elle, en vertu d'un recours contentieux dont elle est saisie, la cour statue conformément aux dispositions de l'article 16 de la loi n° 75/17 du 8 décembre 1975*[214]. »

---

[210] L'article en question a été modifié en 2019 et dispose : « *Le contribuable qui conteste le bien-fondé ou le montant d'une imposition mise à sa charge, peut obtenir le sursis de paiement administratif de la partie contestée desdites impositions durant le délai imparti.* » Surtout, l'article précise les autorités et les personnes compétentes pour la réclamation préalable.

[211] ATECK A DJAM (F.), *Droit du contentieux fiscal*, *op.cit.* p. 251.

[212] Art. L 123, Code général des impôts, Cameroun, 2019.

[213] Art. L 124, Code général des impôts, Cameroun, 2019.

[214] ATECK A DJAM (F.), *Droit du contentieux fiscal*, *op. cit.*, p. 149.

De ce jugement, il apparaît que le sursis de paiement se distingue du sursis à exécution sur deux points. Du point de vue de l'objet, d'une part, le sursis de paiement est une procédure administrative liée à la réclamation préalable. Le sursis à exécution des impôts est une procédure juridictionnelle accessoire ou plutôt une mesure d'urgence liée au recours contentieux. Du point de vue de leur régime juridique, d'autre part, le sursis de paiement obéit aux conditions du Livre de procédures fiscales[215], tandis que le sursis à exécution obéit aux conditions de la loi n° 2006/022 du 29 décembre 2006 fixant organisation et fonctionnement des tribunaux administratifs.

Nous en venons à la notion de sursis de paiement et à son fonctionnement. Qu'en est-il des effets de cette procédure ?

Le sursis de paiement a pour effet la suspension de l'exigibilité de l'impôt. En d'autres termes, en raison du sursis de paiement, l'obligation d'acquittement de l'impôt se trouve différée jusqu'à ce que la décision de l'autorité de réclamation soit rendue. Au fond, on peut apprécier les effets du sursis de paiement selon que cette procédure profite au notaire ou à l'administration fiscale elle-même. Il convient donc d'observer que le sursis de paiement induit la protection des droits du contribuable, sans nécessairement ni totalement remettre en cause les intérêts du fisc.

Le sursis de paiement offre la possibilité au contribuable de contester une imposition et de se mettre à l'abri des poursuites dans la phase administrative du litige fiscal. Sur ce point, son effet est similaire à celui du sursis à exécution des impôts dans la phase juridictionnelle du contentieux camerounais, à la faveur du jugement n° 84 CS/CA du 20 septembre 1984, affaire SIGHOKO Abraham contre État du Cameroun : « *Le dépôt de la demande du sursis arrête l'exécution provisoire, même commencée, jusqu'à la décision de l'autorité ou du magistrat saisi.* » Dans le même sens, le juge des référés ordonne la réouverture d'une pharmacie fermée par les soins de l'administration fiscale, alors que le requérant avait sollicité le sursis à exécution des impositions exigibles. Le juge considère alors que les agents du fisc auraient dû attendre la suite donnée à la demande de sursis pour passer à l'exécution des avertissements adressés au requérant[216]. En substance, la possibilité offerte au contribuable d'obtenir le sursis de paiement des impositions mises à sa charge contribue certainement à la protection de ses droits. Toutefois, cette procédure n'emporte pas nécessairement la mise en cause totale des intérêts à l'administration fiscale. La contestation de l'impôt au moyen de la procédure

---

[215] Art. L 121, Livre de procédures fiscales, 2016.

[216] Ordonnance de référé n° 9/ORSE/CS/PCA (présidence de la chambre administrative) ; ordonnance de sursis à exécution n° 81 années 81-82 du 24 mai 1982 EMA OTTU HYGIN Pierre contre État du Cameroun.

administrative de sursis de paiement se réalise dans la préservation d'un minimum de perception au profit du Trésor public[217].

Le sursis en paiement et la réclamation préalable sont de véritables procédures contentieuses devant l'administration. Cependant, notre analyse serait incomplète si nous ne parlions pas des sanctions administratives, telles que le redressement fiscal, la taxation d'office et la procédure d'abus de droit.

B- LES SANCTIONS DE L'ADMINISTRATION FISCALE

Guy Roger OBAM, fiscaliste camerounais, explique : *« Le principe fondamental de notre système fiscal (espace OHADA) est qu'il est déclaratif. Cette déclaration découlant du principe du consentement à l'impôt est présumée sincère jusqu'à ce que l'administration en apporte la preuve contraire au travers des contrôles. » Ainsi, le contrôle n'est pas une sanction en soi, mais surtout la contrepartie nécessaire. Le fiscaliste ajoute : « Les sanctions à la non-conformité d'une déclaration fiscale peuvent effectivement revêtir plusieurs formes, en fonction de la nature du risque à adresser. En premier, le risque de défaillance corrigé par la taxation d'office. En deuxième, le risque de minoration sanctionné par le redressement des bases. Et en dernier, le risque de paiement sanctionné par la procédure de recouvrement. La procédure d'abus de droit n'est qu'une modalité de redressement parmi tant d'autres*[218]. »

L'administration fiscale a le pouvoir, après un contrôle fiscal dans une procédure contradictoire, de sanctionner le contribuable. Cet état de fait est identique pour les actes notariés, puisque l'administration fiscale a le pouvoir de redresser les actes notariés, de taxer d'office ou encore de passer par la procédure d'abus de droit pour montrer que l'acte du notaire cache la véritable intention frauduleuse des parties à l'acte.

Un redressement fiscal dans l'espace OHADA est défini dans la plupart des pays comme une opération dirigée par l'administration fiscale, afin de rectifier la base d'imposition d'un contribuable[219]. Elle vise à corriger toute

---

[217] Art. L 121, Livre de procédures fiscales camerounais : « *La demande du sursis de paiement doit être accompagnée des justificatifs de l'acquittement des 10 % du montant des impositions en cause.* » Cette condition d'octroi du sursis de paiement révèle que cette procédure ne remet pas totalement en cause la quête d'efficacité du système fiscal camerounais.

[218] Le fiscaliste s'exprimait sur les types de sanctions de l'administration en matière fiscale.

[219] Art. L 23, Code général des impôts du Cameroun 2019 : le redressement fiscal est défini comme la situation dans laquelle « *l'administration constate une insuffisance, une inexactitude ou une omission dans les éléments servant de base au calcul des impôts, droits et taxes ou sommes quelconques dus. En vertu du Code général des impôts, les redressements correspondants sont effectués suivant la procédure contradictoire. La charge de la preuve incombe à l'administration* ».

insuffisance, inexactitude, omission ou dissimulation dans les éléments déclarés. En effet, le redressement fiscal, également appelé « proposition de rectification », intervient à l'issue d'un contrôle fiscal effectué par l'administration auprès d'un contribuable. Dans la majorité des pays de l'espace OHADA, le système est dit déclaratif : le contribuable lui-même doit déclarer ce qu'il doit au fisc. Cependant, l'histoire de la pratique est loin d'être un fleuve tranquille. L'actualité peu reluisante et le climat délétère lors des contentieux fiscaux entre les notaires, les contribuables et l'administration fiscale interrogent sur cette opération de l'administration. Nous reconnaissons que cet exercice est complexe, car les usagers ne déclarent pas toujours ce qu'ils devraient payer, parfois avec la complicité du notaire. Cependant, la sanction de redressement de l'acte n'est pas toujours objective, au vu des décisions de justice récentes dans certains pays de l'espace OHADA. Il est utile de rappeler que le redressement fiscal n'est pas la seule sanction. Il en existe d'autres, comme la taxation d'office[220] et la procédure d'abus de droit[221].

Concrètement, un notaire diligent et prudent devrait maîtriser la notion de redressement fiscal, sa procédure, ses délais et ses effets (1), ainsi que les autres sanctions administratives, à l'instar de la taxation d'office et de la procédure d'abus de droit (2).

1- Le redressement fiscal

La procédure de redressement fiscal existe dans tous les États membres de l'espace OHADA, avec des particularités propres à chaque pays portant sur les procédures, les délais, les effets et les contentieux. Cela nous amène à appréhender le redressement fiscal dans l'espace OHADA sur ses aspects les plus généraux, au lieu de l'apprécier dans chaque État membre.

En France, comme en Afrique francophone, les impôts sont pour la plupart recouvrés suite à la déclaration effectuée par le contribuable lui-même et sous sa propre responsabilité. Le système déclaratif de l'impôt est donc encadré par la confiance que témoigne l'administration fiscale au contribuable. Toutefois, l'administration peut effectuer des contrôles fiscaux dans le but de déterminer si les déclarations des contribuables sont sincères et complètes[222]. Suite à ce

---

[220] Art. L 25, Code général des impôts du Cameroun.

[221] Art. L 33, Code général des impôts du Cameroun.

[222] Le contrôle fiscal est une procédure qui répond à des étapes strictes. Après une première information qui permet de prévenir l'entreprise, un rendez-vous est pris avec le vérificateur pour que celui-ci puisse procéder à un contrôle des comptes. Cela peut avoir lieu soit directement au sein des locaux de l'entreprise, soit à distance. C'est en accédant aux documents nécessaires pour évaluer la justesse des comptes de l'entreprise que le vérificateur va émettre

contrôle fiscal, s'il apparaît que des inexactitudes, des insuffisances ou des dissimulations ressortent des déclarations du contribuable, l'administration fiscale peut mettre en œuvre une procédure de redressement fiscal. Elle va ainsi corriger la déclaration du contribuable et demander le paiement de l'impôt correspondant à cette rectification.

La procédure de redressement fiscal peut s'appliquer à la plupart des déclarations d'impôts faites par le notaire, pour lui-même ou pour son client. Les déclarations d'impôts dans les actes notariés peuvent concerner les droits d'enregistrement, l'impôt sur le revenu, l'impôt sur les bénéfices commerciaux (BNC) et la taxe foncière[223]. Cette procédure ne s'applique pas dans la majorité des pays sur les impôts locaux, droits de timbre et contributions indirectes. Le contribuable qui souhaite contester les redressements effectués dans le cadre d'une vérification partielle, d'un contrôle ponctuel ou d'un contrôle sur pièces dispose d'un délai de 30 jours à partir de la notification de l'administration motivée et chiffrée[224].

Dans les pays de l'espace OHADA, comme nous l'avons dit plus haut, le contrôle fiscal consiste pour l'administration à constater des erreurs ou des omissions dans la déclaration du contribuable[225]. Si tel est le cas, elle engage une procédure de redressement fiscal. Elle doit alors adresser au contribuable une notification de rectification, par lettre recommandée avec accusé de réception, qui comporte ces éléments obligatoires : l'indication du montant du redressement, la motivation[226], ainsi que les taxes et pénalités dues. Cependant, le notaire doit être vigilant sur les lettres de redressement, car si certaines mentions obligatoires sont absentes, il peut faire tomber la procédure de redressement. En effet, si le redressement n'est pas motivé, la nullité de la procédure peut être prononcée. De même, si les agents désignés par la loi n'ont pas tous signé, le redressement peut être frappé de nullité. C'est également le cas si la mise en demeure n'a pas été constituée dans les délais légaux par l'autorité compétente.

L'administration fiscale dispose d'un délai de 4 ans pour effectuer un redressement fiscal dans certains pays de l'espace OHADA[227]. Le délai de

---

un avis. Une réunion de synthèse permet de présenter les conclusions du vérificateur. Elle peut déboucher sur une absence de rectification ou au contraire une proposition de rectification. Dans le deuxième cas, on parle de redressement fiscal.

223 Il faut rappeler que le redressement fiscal peut être sur le notaire lui-même en tant que contribuable ou contre son acte, qui comporte des manquements fiscaux.

224 Art. L 25, Code général des impôts du Cameroun 2019.

225 Dans le cas du notaire déclarant l'impôt pour lui-même ou pour son acte.

226 En d'autres termes, les raisons pour lesquelles le redressement a été mis en œuvre.

227 Art. 89, Code général des impôts du Cameroun. Dans ce pays, le délai de reprise est de 4 ans en ce qui concerne les impôts directs et de 5 ans pour les droits d'enregistrement.

4 ans, appelé droit de reprise, peut être interrompu lorsqu'une proposition de rectification est adressée au contribuable par l'administration fiscale. Dans cette hypothèse, un nouveau délai de 4 ans peut s'ouvrir. Il en est de même quand le délai de reprise de l'administration est prolongé, en cas de dépôt de plainte consécutive à des agissements frauduleux : la même prolongation est accordée au contribuable[228]. Cependant, il est bon de rappeler qu'en cas de désaccord entre les deux parties, l'administration fiscale ou le contribuable peut saisir la commission départementale compétente[229]. Si, lors d'un redressement fiscal, le notaire – comme n'importe quel contribuable – doit normalement payer avant de contester, le notaire a la possibilité d'insérer dans sa réclamation contentieuse une demande de sursis de paiement.

Dans un entretien avec Gabriel DIONY concernant le contrôle fiscal, ce consultant fiscaliste a affirmé : « *Lorsque le contrôle fiscal aboutit à un redressement fiscal, l'administration rectifie la base d'imposition pour calculer le montant de l'impôt dont le contribuable reste redevable. À ce montant s'ajoutent des pénalités de retard. Si le contribuable est de bonne foi,*[230] *il doit alors s'acquitter de l'impôt supplémentaire calculé par l'administration fiscale, ainsi que des pénalités de retard.* » Et d'ajouter : « *Si le notaire est de bonne foi pendant la période où il a liquidé les impôts, aucun rehaussement ne devrait être fait.* » Il s'appuie sur l'article L 37 du Code général des impôts camerounais. En substance, cet article dispose qu'« *il ne sera procédé à aucun rehaussement d'impositions antérieures si la cause de celui-ci résulte d'un différend portant sur une interprétation par le contribuable de bonne foi d'une disposition fiscale à l'époque des faits formellement admise par l'administration fiscale.* » Cependant, si le contribuable est de mauvaise foi, il appartient à l'administration fiscale de démontrer que l'erreur, l'omission ou l'inexactitude dans la déclaration du contribuable a été commise de mauvaise foi.[231] En fonction des erreurs ou des

---

[228] « Réclamation fiscale et recours », en ligne, in site, https://droit-finances.commentcamarche.com/contents/ 847-reclamation-fiscale-et-recours, publié en novembre 2019 (visité le samedi 16 novembre 2019).

[229] C'est généralement le cas en France et dans certains pays de l'espace OHADA, où le législateur a pensé à instituer cette commission.

[230] Selon l'administration fiscale, la mauvaise foi réside dans des manœuvres frauduleuses ou des « *procédés ayant pour effet soit de faire disparaître ou de réduire la matière imposable, soit d'obtenir de l'État des remboursements injustifiés, lorsque ces procédés ne peuvent être considérés comme des erreurs excusables ou des omissions involontaires, mais sont, au contraire, le résultat d'actes conscients et volontaires destinés à donner l'apparence de la sincérité à des déclarations en réalité inexactes de leurs auteurs et impliquant l'intention d'éluder tout ou partie de l'impôt* ».

[231] En France, une fois la mauvaise foi prouvée, l'administration fiscale applique alors des sanctions. Si un manquement délibéré apparaît dans la déclaration de revenus, le montant de l'impôt dû est majoré de 40 %. Si des manœuvres frauduleuses sont décelées lors du contrôle,

omissions parmi les éléments déclarés, les conséquences financières d'un redressement fiscal ne seront pas les mêmes : « *Selon les manquements, une imposition supplémentaire sera exigée au notaire, assortie parfois d'amendes ou de pénalités*[232]. »

À la suite du fiscaliste, une étudiante en expertise comptable, Jacky GUEGUANG, a cité toutes les différentes amendes et pénalités que le notaire peut avoir à régler pendant un redressement fiscal. Il s'agit « *des pénalités liées au fichier des écritures comptables : si certains documents ne respectent pas les normes exigées en matière de comptabilité, ou si certains documents ne sont pas accessibles, alors une amende peut être appliquée ; des intérêts de retard : tout comme dans d'autres domaines, l'administration fiscale peut exiger des intérêts pour les retards de déclaration ; des pénalités : elles peuvent s'appliquer en cas de mauvaise foi constatée par le vérificateur. C'est le cas si vous avez effectué des manœuvres frauduleuses dans votre comptabilité, ou encore si le notaire s'est opposé à la procédure de contrôle fiscal*[233] ».

Djibril ADAMOU HIMA, étudiant en notariat à la faculté de droit de Niamey, à propos des conséquences financières en cas de redressement fiscal, estime qu'elles peuvent être très importantes pour l'étude du notaire. Selon lui, « *la responsabilité du notaire est souvent engagée en cas d'erreur grave et avérée. Pour éviter ces situations de redressement fiscal, les notaires doivent impérativement se faire accompagner des experts-comptables pour tenir objectivement la comptabilité de leur étude. Ces experts tâcheront de tenir le fichier des écritures comptables et de fournir à l'administration tous les documents nécessaires. Ce professionnel indépendant pourra accompagner les notaires dans toutes les démarches du contrôle fiscal pour vous éviter le redressement*[234]. »

Nous venons de présenter le redressement comme sanction. Qu'en est-il des autres sanctions ?

2- Les autres sanctions administratives du fisc

Concernant les autres sanctions de l'administration fiscale, il existe la taxation d'office et la procédure d'abus de droit.

---

la majoration peut s'élever à 80 %. L'administration fiscale peut également, en surplus, appliquer des intérêts de retard de 0,20 % par mois de l'impôt dû.

[232] Entretien avec DIONY Gabriel, 22 mars 2017 à Yaoundé, université Yaoundé II, 15 h 45, inédit.

[233] Entretien avec GUEGUANG Jacky, vendredi 22 novembre 2019, 22 h 30, Yaoundé, inédit.

[234] Entretien avec ADAMOU HIMA Djibril, 4 septembre 2019, 15 h 30, université Abdou-Moumouni, Niamey, inédit.

Le législateur de la majorité des pays de l'OHADA, et en l'espèce du Cameroun, sanctionne les contribuables en son article L 29, qui dispose : « *Sont taxés d'office les contribuables qui n'ont pas déposé dans le délai légal les déclarations qu'ils sont tenus de souscrire, en application du Code général des impôts, en leur qualité de redevable.* » En application de cet article, lorsqu'un notaire ne respecte pas ses obligations déclaratives, l'administration fiscale peut engager une procédure de taxation d'office. C'est le cas notamment lorsque le notaire n'a pas déposé ses déclarations ou lorsqu'il les a déposées avec du retard.

La procédure de taxation d'office en matière d'acte notarié s'appuie presque sur les mêmes types d'impôts que la procédure de redressement, à l'instar de l'impôt sur le revenu, l'impôt sur la valeur ajoutée et les droits d'enregistrement.

Selon Waka GUEGUANG, aspirant notaire au Cameroun : « *Généralement, pour qu'il y ait taxation d'office au Niger, il faut que l'administration fiscale transmette au notaire une demande d'information ou d'éclaircissement. Celui-ci doit y répondre dans le délai mentionné sur le courrier. Si le contribuable ne répond pas à cette demande ou y répond en retard, le fisc est alors autorisé à engager une procédure de taxation d'office*[235]. »

Prenons un exemple pratique en droit des successions en France, où l'administration fiscale a reproché à un légataire universel de ne pas avoir déposé la déclaration relative à son legs. Après l'avoir mis en demeure, elle a engagé la taxation d'office des droits de succession. Le légataire a fini par adresser la déclaration de succession au fisc (près de deux ans après la mise en demeure) et a demandé au même moment le paiement fractionné des droits. L'administration fiscale française a rappelé que le bénéfice du crédit de paiement n'est possible que pour le paiement des seuls droits liquidés au vu d'une déclaration de succession et non pour ceux liquidés dans le cadre d'une taxation d'office. Cependant, devant le tribunal de grande instance de La Rochelle, l'administration a invoqué les dispositions de l'article 398 de l'annexe III au Code général des impôts : « *Le crédit de paiement fractionné ou différé (...) porte sur le principal des droits, à l'exclusion des indemnités de retard qui peuvent être encourues ainsi que de tous droits et pénalités susceptibles d'être réclamés du fait d'insuffisances ou d'omissions.* » Les juges ont estimé que l'administration ne pouvait pas refuser au légataire le

[235] Entretien téléphonique avec GUEGUANG Waka sur la fiscalité des notaires, Niamey, Niger, 18 juin 2019, 10 h, inédit. Dans le même sens : « Taxation d'office, définition, règle et procédure », en ligne, in site, https://www.capital.fr/votre-argent/taxation-d-office-1345219 (visité le 18 novembre 2019).

bénéfice du paiement fractionné des droits en principal. Cependant, la cour d'appel de Poitiers a confirmé les arguments du premier juge : « *La seule carence du légataire tient au caractère tardif de sa déclaration, mais celle-ci ne constitue ni une insuffisance ni une omission*[236]. »

Concernant la procédure d'abus de droit, elle est définie par l'article L 33, qui dispose que *« toute opération conclue sous la forme d'un contrat ou d'un acte juridique quelconque dissimulant une réalisation ou un transfert de bénéfices ou revenus, effectués directement ou par personnes interposées, n'est pas opposable à l'administration des impôts, qui a le droit de restituer à l'opération son véritable caractère et de déterminer en conséquence les bases des impôts sur les sociétés ou sur le revenu des personnes physiques. »*

Pour éviter les litiges d'abus de droit en défaveur de son acte, le notaire doit se référer à l'article L 33 bis, qui dispose que *« tout contribuable peut, préalablement à la conclusion d'une opération sous la forme d'un contrat, d'un acte juridique ou d'un projet quelconque, solliciter l'avis de l'administration sur le régime fiscal qui lui est applicable. Lorsque le contribuable a fourni à l'administration l'ensemble des éléments nécessaires à l'appréciation de la portée véritable de l'opération en cause, la position énoncée par celle-ci garantit le contribuable contre tout changement d'interprétation ultérieur. »*

La procédure administrative ayant été analysée, qu'en est-il de la procédure contentieuse devant le juge ?

SECTION II : LA PROCÉDURE CONTENTIEUSE DEVANT LE JUGE

Le notaire en litige avec l'administration fiscale dans l'espace OHADA se doit de maîtriser plusieurs choses. Le notaire ou l'usager de droit, selon les circonstances, doit connaître le rôle du juge de l'impôt et ses compétences (paragraphe 1), ainsi que les règles et procédures qui encadrent le déroulement du procès fiscal auprès du juge de l'impôt (paragraphe 2).

[236] Il est à noter que la doctrine administrative prévoit que la demande de crédit ne peut porter que sur le principal des droits. Elle ajoute qu'en sont expressément exclues les pénalités pour présentation tardive d'un acte ou d'une déclaration à la formalité, ainsi que les droits ou pénalités exigibles à raison d'insuffisances ou d'omissions (BOI-ENR-DG-50-20-40 n° 80). Ni la loi ni la doctrine n'excluent le crédit de paiement pour le principal des droits en cas de présentation tardive de la déclaration de succession.

PARAGRAPHE 1 : LES RÈGLES DE COMPÉTENCE

L'analyse des règles de compétence répond à deux questions essentielles : la première est de savoir quel est le juge compétent en matière de litige fiscal relatif aux actes notariés (A), tandis que la deuxième est de savoir quelle est la juridiction compétente en matière d'actes notariés (B).

A- LE JUGE COMPÉTENT EN MATIÈRE FISCALE

La résolution juridictionnelle des litiges fiscaux dans l'espace OHADA, concernant les notaires, peut être connue du juge administratif et du juge judiciaire[237]. L'analyse de la phase juridictionnelle contentieuse demande une analyse des critères d'attribution des compétences, en ce qui concerne le juge administratif et le juge judiciaire. La loi attribue au juge administratif le contentieux de l'assiette et des impôts directs ; au juge judiciaire le contentieux du recouvrement et la répression des infractions fiscales[238], en plus des règles de compétence territoriale.

1- L'attribution du contentieux de l'assiette et des impôts directs au juge administratif

Le contentieux fiscal en matière d'actes notariés relève généralement des règles de droit commun. Ainsi, dans l'espace OHADA, les contentieux de l'assiette et des impôts directs sont attribués au juge administratif, dans les litiges opposant le notaire à l'administration fiscale. Dans le cas du Cameroun, cette attribution provient d'une consécration normative et jurisprudentielle.

Les instruments normatifs qui déterminent la compétence du juge administratif au Cameroun, en matière fiscale en général et en matière d'actes notariés en particulier, sont variés. En effet, on peut distinguer les consécrations implicite et explicite de la compétence du juge en matière administrative. S'agissant de la consécration implicite du juge en matière d'impôts, elle résulte de la Constitution du 18 janvier 1996, qui dispose : « *La chambre administrative connaît de l'ensemble du contentieux administratif de l'État et des autres collectivités publiques.* » On peut ajouter à cela la définition législative et réglementaire implicite. En effet, l'article 3 de la loi 2006/022 du 29 décembre 2006, fixant organisation et fonctionnement des tribunaux administratifs, énonce : « *Les tribunaux administratifs connaissent en premier ressort (...) des contentieux administratifs concernant l'État, les*

---

[237] Nous allons parler du cas du Cameroun, qui est presque identique dans la majorité des pays de l'espace OHADA que nous avons étudiés.

[238] ATECK, A DJAM (F.), *Droit du contentieux fiscal,* Paris, réédition, L'Harmattan, p.267-282.

collectivités territoriales décentralisées et les établissements publics administratifs ».

S'agissant de la détermination explicite, nous pouvons invoquer les dispositions pertinentes du Livre de procédures fiscales, ainsi que celles du 3e livre du Code général des impôts, relatif à la fiscalité locale. En effet, l'article L 126 dispose : « *En matière d'impôts directs et de taxes sur la valeur ajoutée ou de taxes assimilées, les décisions rendues par le ministère en charge des finances sur les réclamations contentieuses, et qui ne donnent pas entièrement satisfaction aux intéressés, peuvent être attaquées devant les tribunaux administratifs dans un délai de 30 jours à partir du jour de la réception de l'avis portant notification de la décision* »[239].

La confirmation jurisprudentielle de la compétence du juge administratif en matière d'impôts directs se trouve dans les décisions du juge camerounais, d'une part en matière de recours d'annulation des actes, d'autre part en matière d'actions en vue de la réduction ou en décharge d'impôt, ou encore en matière de remboursement d'imposition. C'est en faveur de la décision n° 324 du 10 décembre 1954, sociétés DESTOURS c. administration territoriale du Cameroun, que le CCA a affirmé la compétence du juge administratif en matière d'annulation des actes d'imposition. Les actions en réduction ou en décharge d'impôts ont été confirmées par la jurisprudence dans l'arrêt n° 163 du 6 juin 1977, société civile immobilière africaine des chargeurs réunis C/État du Cameroun oriental.

La compétence du juge administratif dans le contentieux de l'assiette et des impôts directs ne fait plus l'ombre d'un doute, grâce aux dispositions normatives et à la jurisprudence. Toutefois, que pouvons-nous dire de la détermination de la compétence du juge judiciaire en matière fiscale sur les actes notariés ?

2- La détermination de la compétence du juge judiciaire en matière fiscale

La détermination de la compétence du juge judiciaire dans le contexte des pays de l'espace OHADA, en matière fiscale en général et en matière d'actes notariés en particulier, se retrouve aussi bien dans les fondements normatifs que jurisprudentiels. Il est utile de rappeler que seules les mesures de droit commun relèvent de la compétence du juge judiciaire en matière fiscale. À cet effet, les actes du notaire n'étant encadrés par aucun texte spécifique, les mesures de droit commun se voient appliquées.

---

[239] Les notaires qui perçoivent la TVA doivent savoir que les contentieux relatifs à ce type d'impôt incombent au juge administratif.

L'assise normative de la compétence du juge judiciaire en matière fiscale, dans le cas du Cameroun, vient des dispositions légales. En effet, l'article 164 du décret du 30 décembre 1912 énonce : « Le contentieux des contributions perçues sur les liquidations relève des tribunaux ordinaires. » En plus de ce décret, un autre article plus récent du Code civil, l'article 412, énonce : « Le redevable qui conteste le bien-fondé de la réclamation ou la quotité des sommes réclamées peut former opposition dans les 3 mois de la réception de la notification du titre de perception ou de la contrainte après paiement préalable des droits. L'opposition est motivée avec assignation à jour fixe devant le tribunal d'instance compétent. Dans ce cas, l'opposant est tenu d'élire domicile dans la commune où siège la juridiction. »

Par ailleurs, le Code général des impôts camerounais[240] et dans les pays de l'espace OHADA attribue le contentieux des droits d'enregistrement au juge judiciaire, ce qui ne laisse pas planer de doute sur la compétence du juge judiciaire en matière d'actes notariés. Le notaire enregistre la plupart de ses actes au niveau du fisc et, comme le précise la loi, les litiges relatifs à l'enregistrement sont de la compétence du juge judiciaire. Il en est de même pour les actes d'enregistrement des contribuables. La loi énonce à cet effet : « L'introduction et l'instruction des instances ont lieu devant les tribunaux civils de la situation du centre des impôts chargé de la perception des droits. La connaissance et la décision sont interdites à toutes autorités administratives constituées. » L'article 55 du LPF dispose également : « Les mesures de droit commun en matière de droit de recouvrement constituent des poursuites judiciaires. » Enfin, l'article L 114 du LPF dispose : « Les poursuites en vue de l'application des sanctions pénales prévues à l'article L 109 du présent livre en cas de fraude fiscale sont portées devant le tribunal correctionnel dans le ressort duquel l'un quelconque des impôts en cause peut constituer la partie civile. »

La jurisprudence n'est pas en reste en ce qui concerne l'affirmation jurisprudentielle de l'incompétence du juge administratif dans certains domaines, en l'occurrence en matière d'actes notariés. En effet, la jurisprudence camerounaise affirme que le juge administratif est incompétent en matière de saisie-vente, comme le confirme l'arrêt de la CFJ n° cfj/AP n° 8 du 17 octobre 1968 MVE NDONGO, Procureur général c. NGADA Victor. Il en est de même de l'incompétence du juge administratif en matière d'impôts indirects. Précisément, le jugement n° 72/CA/CS année judiciaire 75/76 du 24 juin 1976, affaire 11/ORSE/PCA année 87/88 du 24 janvier 1987, groupement des exportateurs (GEX) c. État du Cameroun, vient confirmer cette incompétence du juge en matière d'impôts indirects.

---

[240] Art. L 419, Code général des impôts du Cameroun, 2016.

Après la procédure de responsabilité fiscale du notaire devant l'administration, qu'en est-il de la procédure de responsabilité fiscale du notaire devant les juridictions de droit commun ?

B- LA JURIDICTION COMPÉTENTE EN MATIÈRE DE LITIGE FISCAL DU NOTAIRE

Le notaire en litige avec l'administration fiscale sait que son procès doit se dérouler normalement devant le juge civil ou pénal, sauf dans certains cas bien précisés par la loi[241]. En effet, la mise en œuvre de la responsabilité fiscale du notaire devant le juge se déroule dans un premier temps devant les juridictions d'instance (1) et, lorsque le notaire ou l'usager de droit, selon les circonstances[242], n'est pas satisfait du jugement prononcé par ces juridictions, il peut saisir les juridictions supérieures (2).

1- Les juridictions d'instance

Les tribunaux compétents sont, en fonction des cas, le tribunal de première instance (TPI) ou le tribunal de grande instance (TGI)[243]. La répartition des compétences entre les deux juridictions n'échappe pas aux critères classiques de détermination des compétences juridictionnelles, qui sont essentiellement d'ordre matériel et d'ordre territorial, nonobstant le fait que le notaire doit savoir comment saisir le tribunal compétent.

En ce qui concerne la compétence matérielle, tous les tribunaux d'instance sont compétents. La ligne de démarcation entre les compétences du TPI et du TGI est déterminée par le montant du litige[244]. Le montant du litige en matière fiscale n'a pas été déterminé par la loi et, en l'absence d'une énumération expresse des montants, les règles de droit commun s'appliquent[245]. Pour les

---

[241] Dans la majorité des pays de l'espace OHADA, le TPI et le TGI sont compétents. Cependant, certaines procédures échappent à ces instances. Voir à cet effet : arrêt n° 438/cor du 3 avril 2006, qui désigne la voie de fait et l'abus de droit comme échappant à l'instance du juge civil au Cameroun.

[242] Dans le procès fiscal de l'acte notarié, il peut arriver que les parties à l'acte notarié puissent occuper n'importe quelle position lors d'un procès fiscal, à l'instar de demandeur ou de défendeur. En effet, le notaire et son client peuvent être conjointement les demandeurs, selon les prétentions réclamées. Cependant, le client, par le truchement de son avocat, peut s'opposer aux liquidations fiscales et être demandeur contre le notaire et l'administration fiscale. De même, l'administration fiscale peut être contre le notaire ou le client, ou avec l'un d'eux. En bref, les positions de demandeur et de défenseur ne sont pas figées et dépendent des réclamations des parties à l'acte notarié.

[243] Loi n° 2006/015 du 29 décembre 2006, portant organisation judiciaire au Cameroun.

[244] Cette situation est la même dans tous les pays de l'espace OHADA.

[245] Article 15 (1) (b) de la loi n° 2006/015 du 29 décembre 2006 portant organisation judiciaire.

requêtes portant sur les sommes inférieures à dix millions, la juridiction compétente est le TPI ; au-delà de ce montant, il faut saisir le TGI.

Nous venons de voir comment le notaire peut saisir les tribunaux d'instance. Qu'en est-il des juridictions supérieures, saisies en cas d'insatisfaction ?

2- Les juridictions secondaires

Le notaire qui n'est pas satisfait par le jugement des juridictions peut interjeter appel et, s'il ne trouve toujours pas satisfaction, il peut se pourvoir à la Cour suprême. Telles sont les dispositions de la loi portant organisation judiciaire au Cameroun[246].

L'appel intervient quand le notaire n'a pas obtenu satisfaction dans les juridictions inférieures, telles que le TPI ou le TGI. À ce moment, le notaire peut faire appel à l'appui d'une demande principale, si l'issue du premier procès ne lui a pas été favorable. Le notaire doit faire une demande incidente, même s'il a gagné le premier procès, s'il demeure toujours insatisfait par la décision prise par les juridictions inférieures. Le délai pour interjeter appel est de trois mois à partir du jour de la signification[247]. S'agissant des parties au procès fiscal du notaire, la qualité pour agir découle de la participation au premier procès : « *On ne peut avoir qualité pour appeler que si on a été partie au procès de première instance. Sinon l'appel est irrecevable et celui qui est resté étranger aux débats ne peut user que de la tierce opposition.* » S'agissant de la forme et du contenu de l'appel, ils sont formés par simple requête formulée aux membres de la juridiction d'appel. Elle doit être signée du notaire ou de son mandataire, avant d'être déposée au greffe du tribunal.

Concernant l'instruction et le jugement de l'appel, conformément à l'article 214 du CPCC[248], il résulte que les parties procèdent à l'échange des mémoires jusqu'à ce qu'elles estiment que l'affaire est en état d'être jugée.

Au terme de l'instruction, les parties comparaissent à l'audience pour le prononcé de la décision de la cour d'appel. La cour est composée de trois magistrats du siège de ladite cour.

Après cette analyse de la compétence des différents tribunaux, nous devons décrire le déroulement du procès fiscal du notaire devant le juge.

---

246 Le principe du double degré de juridiction est le même dans les autres pays.

247 Art. 192, Code de procédure civile et commerciale camerounais.

248 Code de procédure civile camerounais.

PARAGRAPHE 2 : LE DÉROULEMENT DU PROCÈS FISCAL DU NOTAIRE DEVANT LE JUGE DE L'IMPÔT

En droit camerounais et particulièrement en droit processuel, dans la majorité des pays de l'espace OHADA, le déroulement du procès devant le juge exige que celui-ci soit appelé à rechercher ou à examiner les éléments susceptibles d'établir sa conviction, afin de rendre son jugement de manière juste et équitable. Dans le cadre de l'acte du notaire en matière fiscale, la question de la preuve joue un rôle déterminant. C'est d'ailleurs la raison pour laquelle la doctrine reste divisée : les questions de preuve relèvent-elles de la procédure ou du fond du droit ? Sans vouloir trancher ce débat, notre approche consistera à examiner comment le juge détermine qui a la charge de la preuve, puis les différents moyens de preuve.

Il apparaît que ce juge administratif administre la charge de la preuve dans le procès fiscal (A). Dans le même temps, il peut recourir à divers moyens de preuve afin d'établir sa conviction (B).

A- L'ADMINISTRATION DE LA CHARGE DE LA PREUVE

Afin d'établir la pertinence des prétentions des parties au procès fiscal du notaire, le juge détermine la ou les parties à qui incombe la charge de prouver la régularité ou non des impositions contestées. À cet effet, tantôt il met cette obligation à la charge du demandeur (1), tantôt il oblige les parties à présenter solidairement la preuve de leurs arguments (2).

1- L'attribution de la charge de la preuve au demandeur

Le principe général en contentieux administratif est que « *la charge de la preuve incombe au demandeur* » (*actori incumbit probatio*). Ce principe reste en vigueur dans le contentieux administratif de l'impôt du notaire. Ce principe du point de vue du droit processuel s'explique par la nécessité pour la personne qui saisit le juge de rapporter la preuve du bien-fondé de ses prétentions[249]. En contentieux administratif, l'adage *actori incumbit probatio* trouve son fondement dans le privilège du préalable. En effet, l'acte administratif bénéficie d'une présomption de conformité au droit. Il s'ensuit que c'est à l'administré qui conteste la légalité d'un acte administratif qu'il appartient de rapporter la preuve de l'irrégularité dudit acte. Ce principe s'applique aisément dans le contentieux administratif de l'impôt. En tout cas, la jurisprudence administrative constante illustre à suffisance cette règle. C'est par exemple le cas dans la décision n° 43 du 25 février 1956, compagnie

---

[249] ATECK A DJAM (F.), *Droit du contentieux fiscal, op. cit.*, p. 149.

forestière du Cameroun c. administration du territoire. Le juge administratif affirme : « *Considérant qu'il appartient à tout contribuable de rapporter la preuve de ses allégations ; Que si l'imposition à laquelle il est assujetti est erronée, il doit lors de sa réclamation présenter tout document et pièce comptables permettant de juger de sa situation réelle.* »

Le notaire, en l'absence d'un régime de responsabilité spécifique, est assujetti aux règles de droit commun. Ainsi s'appliquent à lui les règles de la preuve, telles qu'instituées par cette décision de justice[250]. Un arrêt de la chambre administrative de la Cour suprême abonde dans le même sens : le jugement n° 4, 1979-1980 CS/CA du 26 juin 1980, NGAKEU Pierre c. État du Cameroun. Le juge affirme : « *Considérant qu'il appartient à l'intéressé, conformément aux dispositions du paragraphe 4 de l'article 256 susvisé, d'apporter la preuve de l'exagération de l'imposition*[251]. » Il faut bien observer que le principe de l'attribution de la charge de la preuve au demandeur n'est pas d'application absolue.

Il est cependant utile de rappeler que quelquefois, le juge administratif de l'impôt procède à une réorganisation de la charge de la preuve.

2- La réorganisation de la charge de la preuve en matière d'acte du notaire

Selon Christophe de LAMADIÈRE, à première vue, le droit de la preuve ne connaîtrait pas le principe *actori incumbit probatio*. Même si cette observation doctrinale paraît excessive, il reste établi qu'en matière fiscale, le juge administratif peut mettre la preuve à la charge exclusive du demandeur. Il arrive également qu'il oblige les parties à présenter solidairement la preuve de leurs prétentions[252]. En ce qui concerne l'attribution de la preuve à la charge exclusive du défendeur, nous pouvons dire qu'elle existe en matière de redressement. Précisément, le fisc est tenu de rapporter au juge la preuve de la notification de ses observations, en réponse aux observations préalablement introduites par celui-ci.

En plus, il appartient à l'administration de démontrer la preuve de la forclusion du contribuable suite à une « procédure de redressement ». Tel est le raisonnement tenu par la CFJ dans l'arrêt n° 146/CFJ/CAY du 23 mars 1971, société civile immobilière (SCI) des assureurs du Cameroun c. État du

---

[250] Dans le même sens : décision n° 515 du Conseil du contentieux administratif (CCA), 29 novembre 1956, FONDJA Paul C/administration du territoire ; décision n° 780 CCA du 22 mai 1959, PIPINIS Georges C/administration du territoire.

[251] Voir également : CS/CA N° 45 2004-2005 du 8 février 2005, société NKZETE et Compagnie c. État du Cameroun.

[252] PEKASSA NDAM (G.), cours de contentieux administratif, master 1, université de Yaoundé 2, 12/112016, inédit.

Cameroun oriental : « *Considérant que l'État du Cameroun oriental ne rapporte pas et n'offre pas de rapporter la date de la notification de la décision de rejet de son recours gracieux par le secrétaire d'État aux finances ; Que dans l'ignorance de cette date, il échoit de dire et de jurer que le recours contentieux a été dans les détails de la loi.* »

Il en va de même en matière d'actes notariés. En effet, si l'administration fiscale veut appliquer un redressement fiscal au notaire, elle se doit de rapporter la preuve de la notification et la date du rejet de sa décision. Puisqu'il n'existe pas de règles spécifiques à sa profession, les règles de droit commun s'appliquent au notaire[253]. En dehors de la détermination de la charge de la preuve, l'instruction du litige fiscal par le juge administratif consiste à mobiliser différents moyens de preuve nécessaires à l'établissement de sa conviction.

B - LA MOBILISATION DES DIFFÉRENTS MOYENS DE PREUVE

En matière fiscale, la jurisprudence constante montre que le juge administratif prescrit très souvent l'expertise, afin d'établir la pertinence des requêtes (1). Quelquefois, il valide également d'autres moyens de preuve, comme la descente sur les lieux, l'enquête, la preuve testimoniale et même de simples présomptions (2).

1- La priorisation de l'expertise

Sur le plan normatif, l'expertise est consacrée en contentieux administratif camerounais par les articles 84 à 93 de la loi n° 2006/022 du 29 décembre 2006, fixant l'organisation et le fonctionnement des tribunaux administratifs. En matière fiscale, seule cette mesure d'instruction est encadrée par les articles L 134 à L 138 du LPF, à l'exclusion de la descente sur les lieux, de l'audition des témoins et de la vérification des écritures. Le juge administratif camerounais prescrit l'expertise lorsqu'il est établi que la bonne foi du contribuable est insuffisante pour valider la pertinence de ses allégations.

C'est ce qu'a affirmé le CCA dans la décision n° 162 du 5 décembre 1952, ABTOUR Georges c. administration du territoire : « *Considérant que le Sieur ABTOUR Georges se contente d'arguer de sa bonne foi en ce qui concerne la non-tenue de comptabilité ; qu'il n'apporte aucune preuve formelle à l'appui des chiffres qu'il apporte et les bénéfices qu'il accuse ; Avant dire droit, le conseil nomme Monsieur Focillon en qualité d'expert, aux fins de déterminer*

---

[253] *Idem.*

la valeur probante desdites pièces comptables concernant les exercices de 1942 à 1945. »[254]

Seuls les moyens de preuve que nous venons d'aborder sont légalement consacrés. Néanmoins, il existe d'autres moyens de preuves validés par la coutume, la pratique, la doctrine et la jurisprudence.

2- La validation d'autres moyens de preuve

Il suffit de revisiter quelques jugements et arrêts célèbres de la jurisprudence administrative camerounaise pour observer que le juge administratif, statuant en matière fiscale, valide comme mesures d'instruction ou moyens de preuve : la descente sur les lieux, les enquêtes, les témoignages et de simples présomptions[255].

En ce qui concerne la descente sur les lieux, la CFJ a validé cette mesure d'instruction dans l'arrêt n° 88/CFJ/CAY 1968-1969 du 30 septembre 1969, Baccino Jules c. État du Cameroun oriental. « *Considérant que pour départager les parties, il est utile d'ordonner d'une part, la production du rapport de contrôle établi par le service de l'assiette ainsi que la liste des gérants des dépôts litigieux ; d'autre part, une descente sur les lieux afin de vérifier l'existence des établissements imposés.* »[256] Ces moyens de preuve en matière fiscale sont aussi utilisés en matière d'acte notarié, car l'administration fiscale effectue souvent des descentes inopinées chez les notaires pour rechercher des preuves concernant leurs actes.

En ce qui concerne l'enquête, cette mesure d'instruction a été ordonnée par le juge à la faveur de l'arrêt n° 107/CFJ/CAY du 8 décembre 1970 BENGONO DENIS c. État du Cameroun oriental. Le juge affirme : « *Considérant que le sieur BENGONO sollicite une enquête pour rapporter la preuve de l'abandon de domicile conjugal par son épouse, qu'il échet en conséquence de faire droit à sa demande*[257]. »

Enfin, le juge admet également la preuve testimoniale et les simples présomptions comme moyens de preuve en matière fiscale. C'est ce qui a été retenu par le juge dans la décision du 10 décembre 1954, société Desrotour et

---

[254] PEKASSA NDAM (G.), cours de contentieux fiscal, université de Yaoundé 2, vendredi 12/11/2016, inédit. Dans le même sens : décision n° 445 du 25 février 1956 du CCA, FONDJA Paul c. administration du territoire.
Voir également : arrêt n° 371 tribunaux d'État du 8 avril 1965.
[255] *Idem.*
[256] ATECK, A DJAM (F.), *Droit du contentieux fiscal*, *op. cit.*, p. 149.
[257] PEKASSA NDAM (G.), Cours de contentieux administratif, master 1, université de Yaoundé 2, 12/11/2016, inédit.

Choffanyoon c. administration du territoire. « *Considérant que la détention dans (...) ce débit de boissons à emporter, d'un plateau de 7 verres, et la présence derrière le comptoir de capsules de bouteilles constituent des présomptions certaines que l'on vend des boissons à consommer sur place ; que cette présomption non détruite par la requérante est contraire, corroborée par les explications contradictoires et embarrassées de son gérant...* »[258] Cette jurisprudence française permet d'illustrer que la preuve est libre et peut se faire par tout moyen.

En tout cas, l'une des particularités majeures du procès fiscal, devant le juge administratif camerounais et dans les pays de l'espace OHADA, consiste non seulement à renverser la charge de la preuve, mais également à reconnaître la force probante des différents moyens de preuve, en priorité desquels se trouve l'expertise. Outre les particularités du régime probatoire du procès fiscal, l'originalité de l'office du juge administratif camerounais en matière fiscale réside également dans les pouvoirs exercés par ce juge[259].

CONCLUSION CHAPITRE 1

Ce chapitre a permis d'analyser le déroulement du contentieux de l'acte notarié devant l'administration fiscale dans les pays de l'espace OHADA. Dans un premier temps, nous avons examiné comment les démarches processuelles ont lieu devant l'administration fiscale, avant d'aborder, dans un second temps, la manière de procéder devant le juge.

L'analyse du litige fiscal devant l'administration nous permet de partager la gêne que tout justiciable peut ressentir, du fait que l'administration fiscale est juge et partie lors des litiges fiscaux. Il en va de même dans les litiges fiscaux des actes notariés. Au regard de la pratique notariale, nous ne pouvons pas dire qu'elle n'est pas efficace, mais simplement affirmer qu'elle est injuste. De nombreux praticiens se plaignent de cette situation et souhaitent que les lignes bougent. Le sentiment d'injustice, occasionné par certaines décisions de l'administration, ne rassure pas sur l'avenir de la relation entre l'administration fiscale et les usagers de droit.

En matière d'actes notariés, cette situation nourrit la suspicion chaque fois que l'administration fiscale prend une décision contre un acte. Le souci ne réside pas tellement dans les décisions de l'administration contre l'acte notarié, mais plutôt dans l'impartialité qui doit caractériser chaque décision de justice. À proprement parler, comment l'administration pourrait-elle

---

258 *Idem.*
259 *Idem.*

décider contre elle ? Comment peut-elle être impartiale alors qu'elle est juge et partie ?

Ce climat de suspicion crée également une insécurité juridique en ce qui concerne l'aspect fiscal de l'acte des notaires. Au registre de ces difficultés, le problème de la preuve devant l'administration fiscale n'est pas à négliger. En effet, quels sont les critères d'appréciation de la preuve du préjudice fiscal devant l'administration fiscale ? Il est vrai que le Code général des impôts, dans la majorité des pays de l'espace OHADA, privilégie l'expertise. Cependant, qu'en est-il des règles de détermination de l'expert ? Qui est expert dans l'acte du notaire ? Le notaire ou l'administration ?

Il reste important d'apprécier ce qui se déroule bien en matière fiscale, par rapport aux autres domaines du droit dans l'espace OHADA. Le renouvellement annuel des textes qui organisent l'activité fiscale est une bonne chose, car la loi consacre régulièrement les innovations proposées par la doctrine et la jurisprudence. Ces avancées permettent de mettre en adéquation les réalités socio-économiques avec les réalités juridiques, pour un fonctionnement plus performant des règles fiscales.

Néanmoins, nous déplorons que dans certains pays de l'espace OHADA, les notaires ne soient pas souvent associés à la modification des textes fiscaux, surtout dans leurs domaines de prédilection, comme l'immobilier ou les successions. Dans certains pays de l'espace OHADA, on ne tient même pas compte de leur avis et de leur expertise, qui sont pourtant véritablement essentiels à l'émergence de l'économie.

En plus de ces constats, nous souhaitons un effort de vulgarisation auprès du grand public pour certaines procédures, telles que les transactions ou les modérations, afin de privilégier les solutions amiables avec l'administration fiscale. Il en est de même avec les actes notariés : les notaires devraient accentuer le conseil aux clients pour résoudre leurs litiges fiscaux auprès de l'administration fiscale, par des méthodes pacifiques et alternatives de règlement des conflits.

CHAPITRE II

L'ISSUE DE L'ENGAGEMENT DE LA RESPONSABILITÉ FISCALE DU NOTAIRE

« Cela semble impossible jusqu'à ce que ce soit fait. »

Nelson Mandela

L'issue de l'engagement de la responsabilité fiscale du notaire renvoie, à notre sens, à la manière dont peut prendre fin un litige fiscal opposant un notaire à son client ou un notaire à l'administration. Le notaire, malgré ses prétentions, ne peut pas connaître exactement l'issue d'un tel procès. L'engagement de sa responsabilité peut lui être favorable ou défavorable. Elle lui est défavorable si au bout du litige fiscal il est condamné. Elle lui est favorable s'il est exonéré. L'issue de la responsabilité fiscale du notaire est décidée dans certaines hypothèses devant l'administration fiscale et dans d'autres devant le juge.

Elle ne peut s'acheminer que vers une exonération totale ou partielle, ou sur une condamnation totale ou partielle du notaire. Il est à signaler que l'issue devant l'administration et celle devant le juge ne répondent pas aux mêmes spécificités. Plus précisément, l'engagement en responsabilité fiscale devant l'administration ne répond pas aux mêmes règles que la mise en responsabilité devant le juge.

Le notaire dont la responsabilité fiscale doit être engagée, devant l'administration ou le juge, peut aboutir à une condamnation du notaire : on parlera d'issue défavorable (section 1). S'il est libéré des accusations fiscales : on parlera d'issue favorable (section 2).

SECTION I : L'ISSUE DÉFAVORABLE AU NOTAIRE : LA CONDAMNATION

Le notaire dont la responsabilité fiscale est engagée peut se voir libéré ou condamné à l'issue d'un procès fiscal. Dans l'hypothèse où le notaire est condamné, la condamnation de cet officier public peut être le fait de l'administration ou du juge. Il faut distinguer ces deux types de condamnation, ne répondant pas aux mêmes caractéristiques. En effet, les motifs avancés et les types de sanctions diffèrent entre l'administration et le juge, ce que le notaire diligent se doit de savoir.

Une étude approfondie de la condamnation fiscale du notaire nous amène à analyser la condamnation du notaire par l'administration (paragraphe 1), puis sa condamnation par le juge (paragraphe 2).

PARAGRAPHE 1 : LA CONDAMNATION DU NOTAIRE PAR L'ADMINISTRATION

L'administration fiscale a pour rôle de recouvrer les impôts par voie d'autorité, afin de pouvoir faire face aux charges de l'État. L'administration fiscale est très rigoureuse avec le notaire, en ce sens qu'il est un collecteur bénévole de l'impôt pour le compte de ce dernier. Elle est non seulement exigeante avec lui lors de la confection de ses actes, mais elle est également sévère en cas de manquement à une de ses obligations fiscales. Il est certain que la catégorisation des sanctions et des condamnations auxquelles s'expose le notaire permet de mieux cerner ce phénomène.

La première catégorie de condamnations administratives du notaire est relative au contentieux de l'assiette. Cette procédure est souvent initiée par le contribuable lui-même ou en l'espèce le notaire. Elle consiste pour ce dernier à contester le bien-fondé de l'impôt, le montant ou encore les modalités de calcul. Dans la pratique, les mauvais calculs de l'imposition par l'administration fiscale dans l'acte du notaire ont des conséquences dommageables aux usagers de droit du notaire. Cette procédure donne la possibilité aux notaires, dans l'espace OHADA, de demander à l'administration fiscale la décharge ou la réduction de l'impôt. Le contentieux de l'assiette n'est pas à proprement parler un véritable contentieux, car il s'agit pour l'administration fiscale de répondre à une demande du contribuable, ou du notaire le cas échéant.

La deuxième catégorie de condamnations par l'administration fiscale est relative aux manquements du notaire aux règles de recouvrement des impositions, encore appelés pénalités de recouvrement. Il s'agit pour le notaire de l'espace OHADA de contester le paiement de l'impôt, notamment le recouvrement ou la perception d'un impôt par le fisc. Il est à noter que c'est le contentieux le plus courant dans l'espace OHADA.

La dernière catégorie concerne le manquement du notaire à ses obligations particulières ou spécifiques, comme l'obligation de facturation.

Nous devrons reconnaître que le contentieux en matière d'assiette de l'impôt par le notaire est rare dans la pratique, le contentieux de recouvrement occupant une place importante. Nous allons tout d'abord présenter les règles encadrant les condamnations administratives relatives à l'assiette (A), puis les sanctions administratives relatives aux pénalités de recouvrement et aux manquements du notaire à certaines obligations particulières (B).

A- LA CONDAMNATION ADMINISTRATIVE DU NOTAIRE POUR MANQUEMENT AUX RÈGLES D'ASSIETTE

Le contentieux fiscal de droit commun, qui représente la majorité des litiges fiscaux, est composé du contentieux de l'assiette et du contentieux du recouvrement. Puisque le contentieux du recouvrement fera l'objet d'un développement ultérieur, nous analyserons pour l'instant le contentieux de l'assiette. Il survient quand le notaire demande à l'administration fiscale, du fait de son acte, la réduction ou la décharge de responsabilité pour erreur dans la détermination ou dans les modalités de calcul des impôts. Cet aspect fiscal à diligenter par le notaire n'est pas à négliger, car il a souvent des conséquences fâcheuses dans la pratique sur le client du notaire. En effet, une surévaluation de l'impôt par le fisc dans l'acte du notaire peut amener l'usager de droit à payer plus qu'il ne devrait, et même dans certaines hypothèses à fermer son entreprise. Cette négligence du notaire contribue à l'injustice fiscale, ce que le notaire n'est pas censé incarner.

Le notaire, dans un souci de justice, peut demander sur la base de certains motifs la réduction ou la décharge de l'impôt. Il s'agit de faire valoir les erreurs de l'administration fiscale dans la détermination de l'assiette ou dans la liquidation de l'impôt, ou encore de soutenir que la règle appliquée n'est pas conforme aux normes supérieures. La condamnation administrative du notaire vient du fait que malgré la demande de décharge de responsabilité, de réduction ou d'abandon de l'impôt, l'administration fiscale reste de marbre et maintient sa condamnation à payer.

Il faut souligner que les règles d'assiette – plus précisément les pénalités d'assiette – visent les infractions aux documents utilisés pour l'assiette et la liquidation des impôts. Le notaire a alors commis des infractions relatives à l'insuffisance de déclaration ou au défaut de déclaration. Il est nécessaire d'ajouter à ces infractions le manquement du notaire aux règles d'enregistrement et la violation de règles spécifiques, comme le non-respect des obligations de facturation.

Pour mieux cerner comment l'administration régule la condamnation administrative du notaire ou de son client, nous allons tout d'abord analyser les règles qui encadrent le procès administratif, dictées par les législateurs des pays OHADA (1), puis les sanctions prévues pour les violations des règles d'assiette (2).

1- Les règles du procès administratif de l'assiette

Dans la majorité des pays de l'espace OHADA, le contentieux de l'imposition commence par la réclamation préalable devant l'administration et se termine chez le juge fiscal, si les désaccords persistent entre le notaire et l'administration fiscale. Le notaire, fiscaliste par essence, se doit d'aider en conseil les usagers de droit pour anticiper et résoudre leurs litiges fiscaux à venir. Il en va de l'intérêt de l'acte, de la sécurité juridique et de l'efficacité juridique qu'incarne son ministère.

Le contentieux de l'assiette commence par la réclamation préalable. Cette étape permet à l'administration fiscale et au contribuable de chercher un terrain d'entente sur le contentieux qui les oppose. Il s'agit pour l'administration fiscale d'être le juge du contentieux de l'imposition qui l'oppose pourtant au contribuable. La réclamation préalable concernant les règles d'assiette peut venir aussi de l'indigence du client du notaire ou d'une situation particulière, qui empêche le contribuable de payer objectivement ses impôts.

S'agissant des formes et des délais de la réclamation préalable, concernant le contentieux de l'assiette, l'administration fiscale est saisie par un écrit du contribuable, formulé aux services fiscaux. Il prend généralement la forme d'une simple lettre comportant les impositions visées, les moyens et prétentions avancés par le contribuable, ainsi que les conclusions souhaitées. Il doit être daté et signé par le contribuable. Il faut préciser que la réclamation préalable ne suspend pas l'impôt. En effet, la créance demeure exigible malgré le déclenchement de la procédure de réclamation. Dans plusieurs pays de l'espace OHADA, les textes prévoient que le client doit assortir sa demande d'une demande sursise en paiement.

Une fois la procédure mise en œuvre, le contribuable doit attendre la réponse de l'administration fiscale, juge et partie au litige. Généralement, l'autorité compétente dans les pays de l'espace OHADA a 3 mois, à partir de la saisine, pour donner une réponse qui peut être favorable ou défavorable pour le contribuable. Il ne faut pas oublier que le contentieux de l'assiette – plus précisément les pénalités d'assiette chez les notaires – vise les infractions aux documents utilisés pour l'assiette et la liquidation des impôts. C'est le cas quand le notaire commet certaines infractions relatives à l'insuffisance de déclaration ou au défaut de déclaration. À ces infractions, ajoutons le manquement du notaire aux règles d'enregistrement, s'il viole des règles spécifiques comme le non-respect des obligations de facturation.

Nous venons de décrire les règles qui encadrent le procès administratif du notaire. Qu'en est-il de la condamnation et des sanctions ?

2- Les sanctions administratives relatives aux règles d'assiette, aux droits d'enregistrement et aux droits spécifiques

À la lecture du Code général des impôts des pays OHADA, qu'il s'agisse du défaut de déclaration du notaire ou de l'insuffisance de déclaration, les sanctions appliquées par l'administration fiscale sont presque identiques. En effet, il s'agit pour l'administration fiscale d'appliquer comme sanction à ces manquements du notaire les majorations et les intérêts de retard. Toutefois, une différence existe. Elle consiste en une application différente des majorations, dans l'hypothèse de l'insuffisance de déclarations. L'administration fiscale applique des majorations dans l'insuffisance de déclaration en fonction de la bonne ou de la mauvaise foi du notaire. En clair, si le notaire est de bonne foi, les majorations sont moins sévères que s'il est de mauvaise foi. Le défaut de déclaration du notaire, quant à lui, aboutit généralement à une taxation d'office du notaire, même si des majorations et intérêts de retard lui sont souvent appliqués en plus.

La répression de l'insuffisance de déclaration du notaire ou du contribuable est prévue aux articles L 95 et L 96 du LPF du Cameroun et dans la majorité des pays de l'espace OHADA. Ces articles qualifient de déclarations insuffisantes « *les omissions ou les inexactitudes qui affectent la base ou les éléments d'imposition qui peuvent entraîner des redressements par l'administration fiscale* ».

Si le notaire, pour quelque raison que ce soit, s'expose à un défaut de déclaration dans un acte qu'il diligente, il peut s'exposer à une taxation d'office, mais aussi aux sanctions cumulables de l'intérêt de retard et de la majoration. L'intérêt de retard est prévu à l'article L 95 du LPF et applique un taux de 1,5 % par mois de retard, avec un plafond de 50 %. S'agissant de la majoration pour défaut de déclaration, l'article L 97 du LPF fixe une taxation de 100 % de la cotisation réclamée. Cette majoration peut être portée à 150 % en cas de récidive.

Nous venons de voir les sanctions du notaire par l'administration pour inobservation des règles relatives à la déclaration. Qu'en est-il des règles relatives aux droits d'enregistrement et aux droits spécifiques ?

Le législateur fiscal de l'espace OHADA préconise le respect des délais en ce qui concerne l'enregistrement des actes du notaire. La loi lui impose d'enregistrer son acte un mois à compter de la date de l'acte. Ce délai est porté à trois mois lorsqu'il n'existe pas de centre des impôts à la résidence de cet officier public. Toutefois, si les parties n'ont pas consigné les droits entre les mains du notaire dans les délais, le notaire peut s'affranchir des droits simples en sus, en déposant les actes et jugements au centre des impôts compétent le jour qui suit l'expiration du délai. L'article 316 du CGI dispose que les notaires, les huissiers et autres agents ayant le pouvoir de faire des exploits ou procès-verbaux, et qui n'ont pas fait enregistrer leurs actes dans les délais, paient personnellement, outre les droits simples et pour ses droits seulement sans recours contre les parties, une amende égale au montant des droits simples, c'est-à-dire 100 % de ces droits.

La loi condamne aussi l'acte du notaire pour manquement à son obligation d'enregistrement, s'il y a insuffisance de prix. L'insuffisance de prix est prévue à l'article 324 du Code général des impôts, qui dispose : « *Si le prix ou l'estimation ayant servi de base à la perception du droit proportionnel, progressif ou dégressif paraît inférieur à la valeur vénale des biens immeubles, l'administration peut requérir l'expertise en vue de fixer la valeur taxable.* » En effet, si l'insuffisance reconnue amiablement ou révélée par l'expertise est égale ou supérieure au huitième du prix de la valeur déclarée, alors les parties s'acquittent solidairement des droits simples sur le complément d'estimation un demi-droit en sus (50 %), surtout si l'insuffisance est reconnue amiablement avant la signification de la requête en expertise.

La loi prévoit aussi des sanctions à l'acte du notaire qui s'est rendu coupable, en concert frauduleux avec ses clients, d'une dissimulation des prix. En effet, cette sanction vise l'acte du notaire qui, en complicité avec ses clients ou en laissant faire ses clients, a fait porter sur l'acte un prix qui est inférieur au prix réellement convenu, la différence étant payée en sous-main. Cette pratique ne peut être constatée que sur la vente d'un immeuble, la cession d'un fonds de commerce et certains domaines bien particuliers. Cette pratique est punie d'une amende égale à la moitié de la somme dissimulée, payable solidairement par les parties lorsqu'elle n'est pas répartie entre elles en parts égales. S'il est constaté l'existence d'une contre-lettre relative aux dissimulations des prix, l'amende exigée est triplée, c'est-à-dire 300 % du droit à percevoir sur les sommes et valeurs stipulées.

Concernant les sanctions relatives au non-respect des obligations de facturation, le notaire se doit de savoir qu'en cas de contravention, il s'expose à deux types de sanctions. S'il s'agit de l'absence du numéro d'identifiant unique, l'article L101 du LPF énonce que cette infraction entraîne la non-déduction de la TVA mentionnée sur la facture. S'il s'agit de l'utilisation d'une fausse facture par le notaire ou son collaborateur, l'infraction sera sanctionnée par une amende égale à 100 % du montant de la transaction, avec un minimum de 100 000 F CFA.

Après avoir décrit la procédure et les sanctions administratives relatives à l'assiette, qu'en est-il du procès administratif relatif au recouvrement ?

B- LE PROCÈS ET LES SANCTIONS ADMINISTRATIVES AUX MANQUEMENTS DES RÈGLES DE RECOUVREMENT

L'objet de cette partie consistera en une analyse approfondie du procès administratif du contentieux du recouvrement (1) et des sanctions y relatives (2).

1- Les règles qui gouvernent le procès en recouvrement devant l'administration fiscale

Le contentieux du recouvrement concerne les réclamations faites par les contribuables au sujet des poursuites dont ils font l'objet en vue du recouvrement de l'impôt. Le recouvrement de l'impôt signifie encaisser une recette ou percevoir le montant d'un impôt ou d'une taxe. Le notaire et ses usagers de droit sont énormément concernés par ce contentieux. En effet, par sa nature de collecteur bénévole d'impôt, le notaire est involontairement un acteur majeur des litiges fiscaux. Si les litiges de recouvrement par les notaires sont les plus nombreux dans la pratique, les solutions adaptées tardent à se mettre en place. Cet état de choses nous oblige à analyser les règles qui gouvernent cette catégorie de litiges, pour y déceler des insuffisances et des manquements.

Le procès du contentieux du recouvrement concerne la majorité des litiges fiscaux entre le notaire, les usagers de droit et l'administration fiscale dans les pays de l'espace OHADA. Ce type de contentieux aboutit soit à un recouvrement amiable, soit à un recouvrement forcé. Le recouvrement amiable permet de rappeler au débiteur l'existence, la nature et l'importance de sa dette. Il s'agit d'un processus qui donne l'opportunité d'utiliser tous les moyens légaux pour recouvrer la dette. Dans le cas du recouvrement forcé, tous les moyens de droit, à l'instar des saisies, permettent à l'administration fiscale d'obliger le contribuable à payer sa dette.

Pour rappel, le procès administratif du recouvrement dans l'espace OHADA ne déroge pas aux grands principes fiscaux. Nous allons illustrer notre propos avec les exemples du Niger et du Gabon.

Le système de recouvrement nigérien est conforme au reste des pays de l'espace OHADA. « *La compétence du recouvrement des impôts relevant du Trésor a été transférée à la DGI depuis le 1er janvier 2001. La DGI est donc compétente pour tous les impôts qui relèvent du budget national, en matière d'assiette et de recouvrement. En matière de recettes affectées, totalement ou partiellement, aux budgets des collectivités territoriales, elle assure de même l'assiette et le recouvrement des impôts, dont la gestion lui a été confiée*[260]. » Les notaires de cet espace savent que la DGI est compétente pour les impôts, taxes et redevances de toute nature. Ils savent aussi que ces droits fiscaux sont recouvrés par paiement spontané, par ticket valeur et par avis de mise en recouvrement (AMR). S'agissant des impôts à paiement spontané, c'est-à-dire sans émission préalable d'un avis de mise en recouvrement, la date d'exigibilité est déterminée par les textes spécifiques régissant lesdits impôts[261].

Néanmoins, les lois fiscales nigériennes appellent les notaires à la vigilance concernant les impôts nécessitant l'émission d'un AMR, préalable au recouvrement. La date d'exigibilité intervient 20 jours après la notification de mise en recouvrement, sauf pour les impôts fonciers, pour lesquels le délai de 20 jours est décompté à partir de l'expiration de chaque échéance trimestrielle[262]. Cependant, la loi nigérienne a codifié aux articles 102 à 157 un Code de recouvrement fiscal, qui décrit les moyens dont dispose la recette fiscale pour exercer ses poursuites contre les contribuables indélicats. Concrètement, le contribuable ou en l'espèce le notaire qui ne s'est pas acquitté à la date d'exigibilité le montant des impôts, droits, taxes et redevances qui lui sont réclamés, est poursuivi par le receveur. Les impôts peuvent être des créances à titre individuel de l'étude du notaire ou pour le compte de ses clients lors de l'authentification des actes qu'il instrumente.

La loi nigérienne précise que le receveur doit engager des poursuites lorsque la mise en demeure n'est pas suivie d'un paiement dans les 10 jours. C'est aussi le cas lors d'une réclamation contentieuse assortie d'une demande de sursis de paiement, si le contribuable n'a pas constitué de garanties. Les poursuites sont exercées par le receveur et les agents placés sous sa responsabilité, éventuellement assistés d'agents de la force publique. Les procédures de contrainte à la disposition du receveur sont la fermeture des locaux à usage professionnel et les poursuites mobilières[263]. En effet, l'administration fiscale dispose de plusieurs moyens de droit à l'encontre des notaires et des usagers de droit indélicats. Dans le cas du notaire, il est rare de voir la fermeture de son étude pour dette fiscale. Dans la pratique, en Afrique centrale, si le notaire n'arrive pas à payer ses impôts, on met son étude en liquidation judiciaire pour faire face à son passif fiscal exigible.

---

[260] « Le recouvrement fiscal des impôts au Niger », en ligne, in site, http://www.impots.gouv.ne/missions/ recouvrement (consulté le 9 septembre 2019).
[261] Par exemple le paiement de la TVA, BIC, TAP, etc.
[262] Généralement, elles sont fixées aux 25 mars, 25 juin, 25 septembre et 25 décembre de chaque année.
[263] « Le recouvrement fiscal des impôts au Niger », en ligne, in site, http://www.impots.gouv.ne/missions/ recouvrement (consulté le 9 septembre 2019).
[263] Par exemple le paiement de la TVA, BIC, TAP, etc.

S'agissant des moyens fiscaux de recouvrement de l'administration, le premier moyen dont elle dispose est la procédure de la saisie mobilière. Cette procédure vise la saisie de biens meubles corporels en la possession du débiteur, souvent le notaire. Elle doit être mise en œuvre quand la valeur desdits biens représente une part substantielle de la créance fiscale. Dans la pratique notariale et fiscale, il s'agit souvent du notaire qui n'a pas acquitté ses impôts, soit à titre individuel comme contribuable, soit comme collecteur bénévole d'impôts. Concrètement, les biens mobiliers du notaire, s'ils sont identifiés, peuvent être saisis par l'administration fiscale par contrainte pour le paiement desdits droits. Les biens mobiliers peuvent être des fonds dont il dispose en banque.

Pour illustrer nos propos, prenons le cas du notaire X qui a recouvré de façon très peu performante la perception des obligations fiscales de son client B lors d'une transaction immobilière. L'administration fiscale, à cet effet, adresse au notaire une AMR pour le mettre en demeure et lui rappeler ses obligations fiscales. Si le notaire ne s'exécute pas ou ne diligente pas des procédures légales de contestation de l'impôt, il s'expose au redressement fiscal de l'administration, qui peut déboucher sur une saisie mobilière de ses biens.

L'administration fiscale, en matière de recouvrement, dispose d'un deuxième moyen : la saisie-arrêt et l'avis à tiers détenteur (ATD). Le receveur peut pratiquer une saisie-arrêt, selon les règles prévues par le Code de procédure civile, afin de procéder à la saisie des objets mobiliers ou de deniers que le débiteur ne détient pas, mais qui sont entre les mains d'un tiers.

L'exemple suivant permet d'illustrer nos propos. Un client A dispose de fonds chez son notaire B, pour une transaction immobilière en cours. Cependant, à la suite d'un redressement fiscal, il se voit débiteur de l'administration fiscale. Pendant le contrôle, l'administration fiscale découvre d'énormes transactions faites chez son notaire B. Face au refus de ce dernier de payer ses dettes fiscales, malgré les relances de l'administration, le receveur passe au recouvrement forcé et, par voie d'huissier de justice, via des procédures légales, notamment l'avis au tiers détenteur, exige que le notaire déclare les fonds dont le client A dispose à son étude. Conformément à l'explication préliminaire, le notaire ici est le tiers détenteur, qui dispose des fonds de son client, débiteur de l'administration fiscale. Cependant, la loi exige que cet argent, en sa possession, soit restitué à l'administration fiscale, sous peine de sanctions administratives et judiciaires.

Le débat s'est posé dans la doctrine, car pour certains le notaire est tenu par le secret et ne doit en aucun cas révéler les dossiers de ses clients à l'administration. Le notaire ne serait pas, selon eux, un délateur qui trahit les confidences de ses clients à l'administration. Ainsi, cette obligation d'informer le fisc remet en cause la nature et l'essence de la profession de notaire, qui est caractérisée par le secret, ce qui est souvent la cause de la sollicitation par les usagers de droit de l'office du notaire. Cependant, d'autres doctrinaires s'inscrivent en faux et pensent que le secret professionnel ne peut pas être opposé à l'administration fiscale par le notaire. Dans les textes actuels de l'espace OHADA, les législateurs ont opté et tranché les débats par l'obligation d'informer l'administration fiscale.

Il est à noter que l'avis à tiers détenteur produit des effets identiques à ceux d'un jugement de validité de saisie-arrêt. Il a pour effet d'affecter, dès sa réception, les sommes dont le versement est demandé au paiement des impositions privilégiées.

La troisième procédure, souvent utilisée par les receveurs nigériens à l'encontre des notaires et des usagers de droit, est la saisie foraine. Cette procédure vise les biens situés sous le ressort territorial du receveur et appartenant à des personnes n'y ayant pas leur domicile fiscal. Le notaire ayant une compétence limitée au TPI, il est très rare qu'il puisse être concerné par une pareille saisie, car le notaire ne peut pas ou ne doit pas recevoir des actes qui ne sont pas de son ressort territorial. Cependant, le receveur fiscal peut lancer une saisine foraine hors de son ressort territorial.

La quatrième est la saisie-revendication. En effet, le receveur peut appréhender les biens mobiliers qui ont été détournés et sont parvenus chez un tiers après avoir fait l'objet d'une saisie-exécution.

La dernière procédure, la saisie immobilière, reste peu utilisée par les receveurs.

L'illustration de nos propos passe par le cas du recouvrement au Gabon, publié en ligne par l'administration des impôts gabonaise : « *Le recouvrement de l'impôt désigne l'ensemble des opérations qui ont pour objet d'obtenir le versement des impôts par les contribuables dans les caisses du Trésor public. Le recouvrement porte sur les impôts, droits et taxes, objets des déclarations autoliquidatives, ainsi que sur les sommes liquidées par l'administration fiscale elle-même* ». Selon le législateur gabonais, notamment l'article P-908, le receveur des impôts est la personne compétente pour le recouvrement[264]. À ce titre, il a la pleine et entière capacité d'agir, c'est-à-dire d'exercer toutes les poursuites contre toute personne débitrice. On parle ainsi de compétence de plein droit du receveur. Il est à noter qu'en cas d'absence du receveur des impôts, la charge du recouvrement revient, par délégation, aux agents de la recette du centre des impôts territorialement compétent ayant le grade d'inspecteur ou le comptable chargé du recouvrement. On parle ainsi de compétence par délégation aux agents des impôts.

---

[264] Selon cet article, le recouvrement des impôts, droits et taxes est confié au receveur des impôts.

La loi fiscale gabonaise, s'agissant des modalités de recouvrement, distingue les impôts concernant les déclarations autoliquidatives. Il s'agit de contribuables professionnels : ces impositions sont donc le plus souvent reliées à l'activité ou au résultat d'exploitation. Les impositions des professionnels sont ainsi principalement déclaratives et autoliquidées. Dans ce cas, le montant de l'impôt à payer est calculé par le contribuable lui-même. Le paiement spontané au comptant est la règle générale. Il n'est toutefois pas exclu, en cas de nécessité liée à la situation économique du contribuable, un règlement sur plusieurs échéances après accord de l'administration fiscale.

La seconde modalité est le recouvrement des sommes liquidées par l'administration fiscale. Elle concerne les contribuables particuliers, que l'impôt soit totalement administré (exemple : les impôts locaux) ou déclaratif (exemple : les impôts sur le revenu). Le recouvrement a généralement lieu après l'émission d'un titre exécutoire, le plus souvent par voie d'émission de rôle et parfois par voie d'avis de mise en recouvrement (AMR), afin d'éviter aux particuliers la charge et les risques liés à l'auto-liquidation. En cas de défaillance déclarative ou à la suite d'un contrôle fiscal, les créances sont constatées et recouvrées sur la base d'un titre exécutoire : l'AMR[265]. Rendu exécutoire par le chef de centre des impôts territorialement compétent, cet AMR est pris en charge par le receveur des impôts, qui le notifie au contribuable.

La date de notification de l'AMR constitue le point de départ des délais de recouvrement, de prescription, de réclamation et de péremption du privilège du Trésor. L'AMR, établi sur un imprimé dont le modèle est fourni par l'administration, doit être nominatif et doit expressément mentionner :

- les noms, les prénoms, la raison sociale et le domicile fiscal du contribuable ;
- le numéro et la date de l'AMR ;
- la date de notification de l'AMR ;
- le service émetteur de l'AMR ;
- la nature des impôts, droits ou taxes en cause ;
- les sommes à acquitter par nature d'impôts, droits ou taxes ;
- la période concernée par les impositions en cause ;
- le montant des pénalités appliquées ;

---

265 Art. 911, CGI gabonais, qui dispose : « *Dans le cadre d'une procédure de contrôle, l'AMR est établi sur la base de la réponse aux observations du contribuable (ROC) qui est la dernière pièce de procédure. En cas de notification d'AMR, le contribuable dispose de 20 jours à compter de la notification pour s'acquitter de sa dette fiscale.* »

- le montant total des impôts, droits, taxes et pénalités à acquitter ;
- le délai de paiement ;
- le visa du receveur des impôts qui prend en charge le recouvrement[266].

Le défaut de ces mentions emporte nullité du titre. Nul ne peut exciper de ce qu'il n'a pas reçu l'AMR en temps opportun pour différer le paiement de ses impositions ou obtenir le dégrèvement des frais de poursuite.

En ce qui concerne les modes de paiement, la loi fiscale gabonaise permet que les impôts, droits et taxes soient payables en espèces ou suivant les modes de paiement autorisés par les caisses des recettes des impôts. Lors du paiement, une quittance est obligatoirement délivrée au contribuable par le receveur des impôts ou, par délégation, par les agents de la recette du centre des impôts territorialement compétent ayant procédé à l'encaissement[267].

Dans les différents pays de l'espace OHADA, les contribuables défaillants peuvent être poursuivis. Il peut s'agir de toute personne qui n'a pas acquitté, à la date prévue par les textes légaux, la totalité du montant représentatif des impôts, droits et taxes mis en recouvrement, dont elle est redevable. La loi ajoute aussi tous les contribuables reliquataires : il s'agit des personnes qui ont acquitté partiellement leur dette fiscale.

La loi désigne également celui qui peut poursuivre les clients indélicats : le receveur des impôts, responsable du recouvrement, a seul la qualité pour engager les poursuites, tant de droit commun que particulières, et décerner la contrainte contre le contribuable reliquataire. En cas de besoin, il peut demander l'assistance des agents des forces de l'ordre pour l'exécution des opérations de recouvrement.

La loi gabonaise désigne aussi les agents des impôts agissant par délégation et remplissant les fonctions d'huissier. Ils doivent toujours être munis de leur commission dans l'exercice de ces fonctions. Ils en font mention dans leurs actes et doivent la présenter lors de toute réquisition ; enfin, la loi désigne les huissiers de justice comme des officiers ministériels pouvant également exercer les mêmes poursuites, à la demande du receveur des impôts.

Il existe deux types de poursuites pour le receveur : les poursuites de droit commun et celles dites particulières. Concernant les poursuites de droit commun, elles comprennent trois degrés : la mise en demeure valant commandement de payer, la saisie et la vente.

La mise en demeure valant commandement de payer survient lorsque le contribuable ne s'est pas acquitté de sa dette dans les délais impartis. Le

---

[266] « Le recouvrement », en ligne, in site, en ligne, http://www.dgi.ga/recouvrement (consulté mardi 10 septembre 2019).
[267] *Idem.*

receveur des impôts ou le comptable chargé du recouvrement lui adresse alors une lettre de mise en demeure qui vaut commandement de payer. C'est un acte écrit, rédigé par l'agent des impôts ayant compétence et visé par le receveur des impôts. Ce commandement de payer doit être remis en main propre au destinataire lui-même ou à son représentant, ou en cas d'absence au chef de la circonscription administrative territorialement compétent. Dès cet instant, le contribuable débiteur est supposé avoir pris connaissance de l'acte qui lui a été notifié. Le contribuable mis en demeure de payer bénéficie alors d'un délai de huit jours pour se libérer de sa dette fiscale. Le contribuable qui s'est libéré de ladite dette dans le délai prévu est alors exempt de toute pénalité.

Les notaires doivent savoir que la mise en demeure valant commandement de payer est nulle si elle ne comporte pas les mentions suivantes :

- la date de son établissement ;
- les références de l'AMR en vertu duquel les poursuites sont exercées ;
- le décompte distinct des sommes réclamées en principal, pénalités et frais ;
- la qualité du receveur ou du comptable chargé du recouvrement ;
- les noms, les prénoms, la raison sociale et le domicile fiscal du contribuable.

La mention suivante doit également apparaître : « *Le présent commandement emporte obligation de paiement de la dette concernée dans un délai de huit jours, faute de quoi il sera procédé à la saisie de vos biens meubles.* » Si, à l'expiration du délai de huit jours après l'envoi de la mise en demeure valant commandement de payer, le contribuable ou le débiteur ne s'est pas libéré de sa dette, le receveur des impôts engage la saisie et la vente.

La saisie peut concerner les biens appartenant au débiteur, dans les formes prescrites en matière civile. Dans ce cas, le porteur de contraintes (ou l'huissier) dresse un procès-verbal. Cette saisie est exécutée nonobstant opposition. Seule l'offre de se libérer en totalité ou en partie, formulée par le contribuable, peut suspendre l'exécution de la saisie. Dans le cas de l'insolvabilité notoire, un procès-verbal de carence est dressé par les porteurs de contraintes en double expédition : l'une est remise au receveur des impôts pour être produite comme pièce justificative à l'appui des états de côtes irrécouvrables, l'autre est jointe à l'appui de l'état de frais dus à l'agent-huissier des impôts. En cas de fermeture des portes par le contribuable, c'est-à-dire lorsque le porteur de contraintes ne peut exécuter sa mission parce que les portes de l'établissement sont fermées ou que l'ouverture a été refusée, il place un gardien aux portes et avise, sans délai, l'autorité administrative qui fait procéder à l'ouverture des locaux. Le chef de la circonscription administrative ou son représentant doit assister à cette ouverture et à la saisie.

Il signe le procès-verbal portant mention de l'incident. Des mesures conservatoires sont obligatoirement prises pour prévenir l'enlèvement furtif d'objets constituant le gage de la créance. Il en va de même lorsqu'une éventuelle revendication ou opposition est introduite devant le tribunal.

En cas de revendication des biens et effets saisis, l'opposition n'est recevable devant le tribunal qu'un mois après que le revendiquant l'a soumise au receveur des impôts et, par délégation, aux agents de la recette du centre des impôts territorialement compétent, ayant engagé les poursuites. À défaut de paiement des impôts, droits, taxes et pénalités dus par les débiteurs, le receveur des impôts peut être amené à procéder à une saisie-attribution desdites sommes entre les mains des dépositaires ou des débiteurs du redevable poursuivi en paiement. Il est utile de rappeler que la saisie-attribution s'opère à la requête du receveur des impôts, sans autorisation préalable et dans les formes prévues en matière civile.

S'agissant de la vente, au Gabon et dans la majorité des pays de l'espace OHADA, il existe l'autorisation de vendre et la nullité de la vente. En ce qui concerne l'autorisation de vendre, la vente des biens saisis est réalisée par le commissaire-priseur ou, à défaut, par le porteur de contraintes, dans la forme prévue en matière civile. Cette vente doit être préalablement et expressément autorisée par :

- le directeur général des impôts en ce qui concerne les biens meubles ;
- le ministre chargé des finances en ce qui concerne les biens immeubles.

Dans le cas de la loi fiscale gabonaise, la vente est interrompue dès que le produit est suffisant pour solder les impôts, droits, taxes et pénalités exigibles au jour de cette vente, ainsi que les frais de poursuite. Le produit est immédiatement versé au receveur des impôts, qui donne quittance au contrevenant et conserve le surplus jusqu'à la liquidation des frais. Chaque vente doit être effectuée en présence du receveur des impôts et donne lieu à l'établissement d'un procès-verbal. Tout versement de frais de poursuite donne lieu à la délivrance d'une quittance au nom du contribuable, s'il acquitte les frais, ou au nom du receveur des impôts qui a fait l'avance. En cas de dégrèvement ultérieur, l'État prend les frais à sa charge et le contribuable se fait rembourser sur présentation de la quittance. Les actes et pièces relatifs aux commandements, saisies, ventes et tous les actes ayant pour objet le recouvrement des impôts, droits, taxes et pénalités dus, ainsi que les actes et pièces relatifs aux poursuites, sont exemptés de la formalité du timbre et de l'enregistrement.

Concernant la nullité de la vente et de tous les actes de poursuite, il faut souligner que l'absence de mention des frais de poursuite dans les actes délivrés par les porteurs de contraintes entraîne la nullité de la vente et celle desdits actes. Le notaire est le plus concerné, car ses actes sont souvent annulés pour non-paiement des droits fiscaux.

Il est bon de savoir, concernant les garanties du fisc par rapport aux notaires défaillants, que ces derniers peuvent contester ces décisions administratives devant les juridictions. En effet, les mesures particulières de poursuites sont des actes administratifs qui peuvent être contestés par le contribuable devant les juridictions, en application des articles P-1033 et suivants du CGI gabonais. La contestation ne peut porter, dans tous les cas, que sur la régularité de la forme de l'acte de poursuite concerné, et non sur le bien-fondé des impôts, droits et taxes en cause. Les actes de poursuites particulières sont :

- l'avis à tiers détenteur ;
- la contrainte extérieure ;
- le blocage des comptes bancaires ;
- l'interdiction d'activité et la fermeture d'établissement ;
- la publication du nom ;
- l'interdiction de soumissionner ;
- l'avis à tiers détenteur (ATD).

Les dépositaires, détenteurs ou débiteurs de sommes appartenant ou devant revenir aux redevables d'impôts, de pénalités et de frais accessoires sont tenus, sur demande qui leur en est adressée sous forme d'un ATD, notifié par le receveur des impôts, de verser à l'administration fiscale les fonds qu'ils détiennent ou qu'ils doivent, à concurrence des impositions dues par ces redevables. L'administration fiscale est tenue d'informer le redevable de l'envoi de l'ATD et de lui préciser le tiers concerné. Le principe général de l'ATD ayant déjà été développé, nous n'allons pas revenir dessus.

Au Gabon, la loi rappelle que l'ATD a les mêmes effets que la saisie-attribution. En tant que tiers détenteur ou dépositaire des deniers du contribuable, le notaire qui n'a pas déféré dans un délai franc de huit jours à compter de sa réception ou qui fait obstacle répond personnellement sur ses biens des sommes réclamées au contribuable. Le tiers dépositaire ou le notaire qui ne s'est pas exécuté est également passible des mêmes poursuites, pénalités et amendes que le contribuable. Lorsque, postérieurement à la notification d'un avis, le redevable est libéré des impositions réclamées, le receveur des impôts ordonne aussitôt la mainlevée, au vu de la quittance qui justifie d'un règlement total ou partiel.

➢ **La contrainte extérieure**

La contrainte extérieure est établie par le receveur des impôts assignataire à l'adresse d'un autre receveur des impôts ou d'un comptable du Trésor, lorsque le contribuable dispose de créances domiciliées dans leur territoire ou en cas de changement de domicile de celui-ci. La contrainte extérieure donne mandat au receveur des impôts ou au comptable du Trésor assignataire pour exercer les poursuites à l'encontre du contribuable concerné. Tout comme l'ATD, la contrainte extérieure reste valable jusqu'à l'extinction de la dette pour laquelle elle a été établie ou à l'obtention d'une mainlevée établie par ceux qui l'ont émise.

Le notaire est concerné par la contrainte extérieure dépendant généralement du fait que sa compétence *rationae logis* est nationale ou territoriale. En effet, à première vue, on pourrait penser que le notaire n'est pas concerné par cette procédure, surtout dans les pays où sa compétence est territoriale, comme le Cameroun. Il paraît ainsi difficile qu'il puisse faire l'objet d'une contrainte extérieure, puisqu'il est généralement limité dans une aire géographique précise et gérée par un receveur. Il lui est formellement interdit de recevoir des actes en dehors de l'aire géographique dans laquelle il exerce sa compétence.

Cependant, dans les pays où la compétence est nationale, le notaire peut faire l'objet d'une contrainte extérieure. De fait, on rencontre plus souvent cette situation dans les pays de l'espace OHADA où la compétence est nationale, le notaire pouvant recevoir les actes venant de toutes les aires géographiques du pays. C'est ce qui permet à un receveur d'une autre région d'amener le notaire qui est hors de sa compétence, à travers la procédure de contrainte extérieure, à rendre compte de ses obligations fiscales.

> **Le blocage des comptes bancaires**

Selon les articles P-945 et P-947 du Code général des impôts gabonais, le receveur des impôts peut décider du blocage des comptes bancaires en cas de non-règlement à l'échéance, après une mise en demeure valant commandement de payer, des sommes dûment liquidées. Il est à noter que le blocage des comptes bancaires prend fin immédiatement après le paiement intégral des sommes dues. Le notaire est concerné à titre personnel et à titre de collecteur bénévole des impôts.

> **L'interdiction d'activité et la fermeture d'établissement**

Le non-paiement, après une mise en demeure des impôts, droits ou taxes dus, peut donner lieu à une interdiction d'activité avec suspension temporaire de patente, en application des dispositions de l'article P-946 du CGI. Sur décision du receveur des impôts, cette mesure s'accompagne de la fermeture d'office et immédiate de l'établissement ou des établissements, sans préjudice des sanctions prévues par ailleurs. Elle ne prend fin qu'en cas de paiement intégral des sommes réclamées. Le notaire assujetti aux patentes peut subir, comme tout contribuable, la suspension temporaire de sa patente. Ce cas arrive quand il n'a pas payé ses impôts ou les droits relatifs à la patente. Cependant, l'interdiction d'activité, légale, est très peu appliquée. On a rarement vu des offices notariaux fermés pour non-paiement des impôts.

- **La publication du nom**

En cas de mauvaise foi avérée, de manœuvres frauduleuses flagrantes ou de récidive, et à partir d'un seuil de montant des impôts éludés, déterminé par arrêté du ministre chargé des finances, le non-paiement, après mise en demeure valant commandement de payer des impôts, droits, taxes et pénalités, donne lieu à la publication du nom du débiteur dans les journaux et par voie d'affichage, sans préjudice des autres sanctions encourues prévues par les textes en vigueur. Le notaire n'est pas une exception à la règle. Il peut être exposé à cette sanction, s'il est établi qu'il est récidiviste de manœuvres dolosives pour frauder les impôts. Cependant, avant une telle sanction, l'administration fiscale, dans la majorité des pays OHADA, saisit la chambre des notaires. Il faut reconnaître que cette hypothèse est très rarement appliquée.

- **Les garanties de recouvrement**

S'agissant de la garantie de l'administration face aux notaires et aux usagers de droit récalcitrants, la loi dispose que des garanties légales du contribuable permettront de juguler ces difficultés de recouvrement de l'impôt. Nous savons que l'administration fiscale bénéficie de certains droits appelés garanties de recouvrement, qui concernent aussi bien le notaire que les parties à l'acte notarié. À cet effet, nous pouvons citer, en l'occurrence, l'hypothèque légale du Trésor sur les biens immeubles du contribuable et/ou du notaire, les radiations et mentions spéciales, la solidarité de paiement des représentants ou ayants droit du contribuable, ainsi que la prescription.

Le privilège du Trésor garantit le recouvrement de tous les impôts, droits, taxes et pénalités relevant de la compétence de la direction générale des impôts. Cette garantie s'exerce conformément aux dispositions des articles P-951 et suivants du CGI gabonais. Le notaire doit être avisé sur le fait que ce privilège porte sur tous les biens meubles et effets mobiliers du contribuable, en quelque lieu qu'ils se trouvent. Le privilège du Trésor vient au cinquième rang des privilèges généraux, conformément aux dispositions de l'article 107-5° de l'acte uniforme OHADA portant organisation des sûretés, et prime sur tous les privilèges spéciaux. Les huissiers, greffiers, commissaires-priseurs, notaires, syndics de faillite, séquestres et tous les autres dépositaires publics des deniers ne peuvent les délivrer aux héritiers, créanciers ou autres personnes ayant le droit de toucher les sommes séquestrées ou déposées, qu'en justifiant du paiement des impôts, droits, taxes et pénalités dus par les personnes du chef desquelles ces sommes proviennent[268]. Le privilège du Trésor s'exerce lorsqu'il n'existe pas d'hypothèques conventionnelles sur tout le matériel servant à l'exploitation d'un fonds de commerce, même lorsque ce matériel est réputé immeuble, en application de l'article 525 du Code civil ancien.

Le privilège du Trésor s'exerce en outre :

- pour la contribution foncière, sur les récoltes, fruits, loyers et revenus de biens immeubles sujets à la contribution ;

- pour les redevances des exploitations minières, sur les produits, loyers et revenus de toute nature de la mine.

La publicité au greffe du tribunal compétent des sommes privilégiées dues au Trésor est obligatoire pour les créances fiscales d'un montant minimum de 5 000 000 F CFA. Elle est faite à la diligence du receveur des impôts ou du comptable chargé du recouvrement. Le privilège s'exerce pendant une période de trois ans à compter de la date de mise en recouvrement.

➢ **L'hypothèque légale du Trésor**

Pour le recouvrement des impôts, droits, taxes, pénalités et amendes fiscales, le Trésor dispose d'une hypothèque légale sur tous les biens immeubles des contribuables ou des redevables, ainsi que sur ceux appartenant aux personnes qu'une disposition légale déclare solidaires avec le contribuable pour le paiement de l'impôt. L'hypothèque légale du Trésor atteint tous les biens immobiliers désignés dans l'inscription, qu'ils appartiennent au redevable dès la naissance de la créance ou qu'ils deviennent sa propriété ultérieurement.

Les conditions-modalités et de la durée de l'inscription sont contenues aux articles P-963 à P-974 du CGI gabonais :

- la prescription quadriennale de la créance fiscale ;

- le contribuable déclaré en état de redressement judiciaire ou de liquidation de biens.

La loi dans la majorité des pays de l'espace OHADA exige des notaires de se rappeler que l'inscription demeure possible si la prescription a été interrompue par un acte de poursuite ou une reconnaissance de la dette fiscale émanant du contribuable. L'hypothèque légale du Trésor ne peut être inscrite que si les propriétés immobilières concernées sont immatriculées ou en cours d'immatriculation. Cependant, dans la majorité des pays de l'espace OHADA, seules les créances fiscales d'un montant égal ou supérieur à 10 000 000 F

---

[268] Il est cependant regrettable que dans la pratique les notaires ne respectent pas cette exigence fiscale.

CFA en principal sont susceptibles de faire l'objet d'une inscription d'hypothèque légale au profit du Trésor.

Le comptable chargé du recouvrement est tenu de préciser la durée maximum pendant laquelle il entend garantir les créances du Trésor par une inscription hypothécaire. Cette durée ne peut excéder un délai de six ans à compter de la date de l'AMR. L'inscription de l'hypothèque légale du Trésor cesse de produire ses effets si elle n'est pas renouvelée dans les délais prévus à l'article P-973. Dans la même optique, en vertu du droit de suite, le comptable chargé du recouvrement peut suivre l'immeuble grevé de l'hypothèque au profit du Trésor entre les mains de l'acquéreur de cet immeuble. Le receveur des impôts ou le comptable chargé du recouvrement, qui a requis et obtenu l'inscription de l'hypothèque légale peut demander au ministre chargé des finances d'engager, contre le contribuable qui ne s'est pas libéré des sommes dues, la procédure de saisie immobilière et de la vente des biens saisis.

S'agissant des radiations et mentions spéciales, les articles P-979 et suivants du Code général des impôts gabonais dispose : « *La radiation de l'hypothèque légale du Trésor est opérée d'office en cas de dégrèvement total ou partiel et sur demande du contribuable à la date du paiement total ou partiel de l'impôt. La radiation totale ou partielle effectuée à la diligence du contribuable et à ses frais se fait sur présentation au conservateur d'une attestation constatant le paiement, établie par le comptable chargé du recouvrement ayant requis l'inscription. La radiation à la suite du paiement de l'impôt donne lieu au règlement par le débiteur de la taxe de publicité foncière.* »

- **La solidarité de paiement**

Il est utile de rappeler que, dans le cas du Gabon et de la majorité des pays de l'espace OHADA, il existe une solidarité de paiement des ayants droit ou représentants du contribuable. En effet, l'AMR régulièrement établi est exécutoire, non seulement à l'encontre du contribuable qui y est inscrit, mais également à l'encontre de ses représentants ou ayants droit. À ce titre, tout employeur, tout fermier, tout locataire et, d'une manière générale, tout débiteur ou tout tiers détenteur est tenu de payer en l'acquit du redevable, sur la demande qui en est faite par l'agent chargé du recouvrement, et à concurrence des sommes dont ils sont ou seront dépositaires ou débirentiers. Le tiers détenteur est solidaire du paiement des sommes réclamées en cas de négligence coupable, de défaillance avérée ou de complicité établie.

Lorsque le recouvrement de certains impôts, droits, taxes et pénalités dus par les sociétés a été totalement compromis, ou lorsque l'insolvabilité de celles-ci a été organisée par des manœuvres frauduleuses ou par des personnes qui exercent en droit ou en fait, directement ou indirectement, la direction effective de ces sociétés, ces personnes sont tenues solidairement responsables du paiement des impôts et pénalités. À cette fin, l'agent chargé du recouvrement assigne le ou les gérants devant le président du tribunal de première instance du lieu du siège de la société, qui statue comme en matière sommaire. Les voies de recours exercées par le ou les gérants, contre la décision du président du tribunal de première instance prononçant leur responsabilité, ne font pas obstacle à ce que le receveur des impôts prenne à leur encontre des mesures conservatoires.

➢ **La prescription**

Le législateur de la majorité des pays de l'espace OHADA, concernant la prescription, exige que les sommes dues par les contribuables pour les impôts, droits et taxes assis ou liquidés, en vertu des dispositions du Code des impôts, soient prescrites à leur profit après un délai de quatre ans suivant la date d'exigibilité, si aucun acte n'est venu interrompre la prescription. Toutefois, les notaires doivent savoir qu'en matière de droits d'enregistrement, l'action en recouvrement se prescrit selon les délais fixés aux articles P-872 et suivants du Code. Les délais de prescription courent à partir du jour de la notification de l'AMR. Le receveur des impôts, s'il n'a engagé aucune poursuite contre les redevables reliquataires pendant les délais prévus aux alinéas 1 et 2 du Code des impôts gabonais, perd son recours et est déchu de tous droits et de toutes actions contre ces redevables. La prescription ne peut pas être invoquée dans le cas des impôts dont le redevable n'est que collecteur.

Nous venons de décrire les règles générales du procès et du recouvrement par l'administration fiscale. Qu'en est-il des sanctions administratives ?

2- Les sanctions administratives relatives au recouvrement par le notaire

Les pénalités de recouvrement du notaire sont celles qui sont dues dans la phase de paiement des impôts. Elles sanctionnent essentiellement le défaut ou le retard de paiement par cet officier public. Les sanctions varient entre la majoration et les intérêts de retard. L'article 106 de la LPF condamne toute déclaration ou tout paiement tardif de ces impôts par le notaire ou le contribuable et entraîne une pénalité de 10 % par mois de retard, sans excéder 30 % de l'impôt dû en principal[269].

S'agissant du notaire qui faillit aux droits d'enregistrement, la pénalité est de 100 % par mois de retard, sans excéder 30 % de l'impôt dû en principal. Il faut souligner que la majoration concerne surtout les impôts à versement

---

[269] Art. 106, Loi de finances camerounaise 2019.

spontané, dont le champ d'application recouvre presque tous les impôts perçus au Cameroun[270].

En ce qui concerne les intérêts de retard comme sanction du notaire contrevenant aux obligations de recouvrement, la loi fixe le point de départ du délai au premier jour du mois qui suit la réception d'un avis de mise en recouvrement (AMR). En effet, elle court à compter de la date de mise à disposition des fonds et est appliquée sur tout remboursement indu de TVA et ne peut faire l'objet d'aucune remise ou modération. Elle est faite au notaire le premier jour suivant celui du dépôt légal de la déclaration, tout mois commencé étant compté pour un mois entier ; au premier jour suivant celui de la date d'exigibilité. Le point d'arrivée du calcul et de l'intérêt est fixé au dernier jour du mois.

L'intérêt de retard de tout contribuable est fixé à 1,5 % par mois de retard. Le notaire, en l'absence de régime spécifique, se voit appliquer intégralement ces dispositions du Code général des impôts. La loi est sévère envers le contribuable ou l'officier public qui manque à ses obligations de recouvrement. Le notaire dans le cadre de sa fonction ne doit pas manquer à certaines obligations, de peur de déclencher les foudres de l'administration. Pour faire simple, le notaire ne doit pas empêcher l'administration fiscale d'enquêter et ne doit pas refuser de communiquer avec elle. Ces deux éléments sont impératifs et, si le notaire y contrevient, il s'expose à des sanctions[271].

La loi – article L 104 du Code général des impôts – dispose que « *toute personne ayant communiqué de fausses informations ou ayant tenté de se soustraire ou de s'opposer au droit de communication ou à l'avis à des tiers détenteurs, est passible d'une amende pouvant aller jusqu'à 5 000 000 F CFA* ». La loi ajoute « *une astreinte de 100 000 F CFA par jour de retard, au-delà des délais indiqués sur la demande*[272] ». Du reste, l'administration fiscale doit préalablement adresser au notaire une mise en demeure valant commandement de communiquer[273].

Le droit d'enquête obéit à une procédure bien spécifique. Le LPF prévoit les sanctions en ses articles L 50 bis et L 50 ter (6). Cette loi ne se limite pas à présenter la procédure, mais elle présente aussi les sanctions, dans le cas où le notaire s'opposerait à l'enquête diligentée par l'administration fiscale. Ces sanctions sont les mêmes que pour le manquement du notaire à son obligation de communication. Nous pouvons vérifier cela avec les lois gabonaises, qui vont dans le même sens que la majorité des législateurs de l'espace OHADA.

---

270 ATEM A DJAM (F.), *Droit du contentieux fiscal*, *op. cit.*, p. 138.
271 Art. L 104, Loi des procédures fiscales, 2017
272 Direction générale des impôts, « Les sanctions », en ligne, in site, www.dgi.ga, (consulté le 23 janvier 2019 à 14 h 20).
273 Art. L 44 (2), Loi des procédures fiscales, 2017, Cameroun.

Les textes fiscaux gabonais régissant les sanctions spécifiques aux droits d'enregistrement, relatives au défaut de présentation des actes à la formalité de l'enregistrement, disposent : « *Les notaires, les huissiers ou autres ayant pouvoir de faire des exploits ou procès-verbaux, et les greffiers qui n'ont pas fait enregistrer leurs actes dans les délais prescrits doivent verser personnellement, à titre de pénalités, pour tout défaut de présentation et tout retard, une somme égale au montant des droits dus en principal, que l'acte soit soumis à un droit fixe ou à un droit proportionnel*[274]. » Selon cette même loi, ils sont en outre tenus au paiement des droits, sauf recours contre les parties pour ces droits seulement. Il faut retenir que ces dispositions ne sont pas applicables aux jugements rendus à l'audience ni aux actes d'adjudication passés en séance publique des administrations, pour lesquels les parties n'ont pas préalablement consigné entre les mains des greffiers et des secrétaires les frais dus à l'administration fiscale sur ces actes dans les délais.

Dans ce cas, le recouvrement des droits dus sur ces actes est poursuivi contre les parties, qui en supportent, en outre, la peine du droit en sus par les receveurs des impôts. À cet effet, les greffiers transmettent aux receveurs des impôts territorialement compétents, dans les 10 jours suivant l'expiration du délai, des extraits certifiés par eux des actes et des jugements dont les droits ne leur auront pas été remis par les parties, sous peine d'une pénalité de 5 000 F CFA pour chaque acte et jugement et d'être, en outre, personnellement contraints au paiement du droit simple et du droit en sus.

Il est évident que les législateurs de l'espace OHADA ne badinent pas avec les notaires qui ne respectent pas les lois fiscales. En voici quelques illustrations.

Concernant les testaments, la loi fiscale dans la majorité des pays de l'espace OHADA sanctionne les notaires qui n'enregistrent pas dans les délais légaux le testament. Les testaments non enregistrés dans les délais sont soumis au double droit d'enregistrement.

Pour les pays où les actes sous seing privé et où les mutations verbales se font par le notaire, ce dernier se doit de les déclarer dans les délais légaux. À défaut d'une présentation des actes et mutations à la formalité de l'enregistrement dans les délais fixés, les parties sont tenues solidairement entre elles, nonobstant toute stipulation contraire, au paiement d'une pénalité égale au montant des droits exigibles[275]. La même sanction est appliquée en

---

274 Direction générale des impôts, « Les sanctions », en ligne, in site, www.dgi.ga, (consulté le 23 janvier 2019 à 14 h 20).
275 *Idem.*

cas de défaut du paiement des droits exigibles sur les actes et mutations dans les délais fixés[276].

Le défaut d'enregistrement des actes de sociétés, dans les conditions et délais fixés à l'article 485 du Code fiscal gabonais et dans la majorité des pays de l'espace OHADA, donne lieu au paiement d'une pénalité égale au montant des droits exigibles[277].

Le notaire de l'espace OHADA doit être précisément vigilant sur les mutations par décès, car la loi est très stricte. La loi gabonaise dispose : « *Les héritiers, donataires ou légataires qui n'auront pas fait, dans les délais prescrits, les déclarations des biens à eux transmis par décès, paieront à titre d'amende 1,5 % par mois ou fraction de mois de retard du droit qui sera dû pour la mutation. Elle ne pourra toutefois excéder en totalité la moitié du droit simple exigible ni être inférieure à 5 000 F CFA*[278]. »

Les fausses déclarations ou attestations de dettes ne sont pas en reste, car la loi gabonaise rappelle : « *Toute déclaration souscrite pour le paiement des droits de mutation par décès, ayant indûment entraîné la déduction d'une dette, sera sanctionnée par une pénalité égale au triple du supplément des droits exigibles.* » Le prétendu créancier qui en aura faussement attesté l'existence sera tenu, solidairement avec le déclarant, au paiement de la pénalité et en supportera définitivement le tiers. Il est utile de rappeler que le notaire, dans cette situation, peut être poursuivi pour dommages et intérêts si sa faute est établie.

S'agissant des omissions dans les déclarations de biens transmis par décès, « *elles sont sanctionnées par une pénalité égale au montant des droits exigibles. Dans tous les cas où l'omission présente le caractère d'une dissimulation frauduleuse, la pénalité est égale au double des droits exigibles. Les tuteurs et curateurs supportent personnellement les sanctions ci-dessus, lorsqu'ils ont commis des omissions ou des dissimulations frauduleuses.* » Dans l'éventualité où le notaire est complice, il s'expose non pas à la solidarité dans le paiement de la dette, mais au paiement des dommages et intérêts. Cette exigence du législateur est également valable si l'indication de la date de naissance des usufruitiers est inexacte. Le notaire doit pouvoir vérifier cette indication, dans la mesure du possible. En revanche, sa responsabilité sera engagée s'il est établi qu'il connaissait l'inexactitude et a laissé faire. Précisément, la loi gabonaise dispose : « *L'indication inexacte de la date de naissance de l'usufruitier dans les actes et déclarations est sanctionnée par une pénalité égale au montant du supplément de droits exigibles si*

---

276 *Idem.*
277 *Idem.*
278 *Idem.*

l'inexactitude de la déclaration porte sur le lieu de naissance, sauf restitution si la date de naissance est reconnue exacte[279]. »

Il en est de même pour l'indication inexacte du lien de parenté. Elle se fait généralement dans les donations entre vifs ou dans les mutations pour cause de décès. La loi dispose : « L'indication inexacte, dans un acte de donation entre vifs ou dans une déclaration de mutation par décès, du lien ou du degré de parenté entre le donateur et le défunt et les donataires, héritiers ou légataires, ainsi que toute indication inexacte du nombre d'enfants du défunt ou de l'héritier, donataire, seront sanctionnées par une pénalité égale au double du montant total des droits exigibles. Les tuteurs, curateurs ou administrateurs légaux supportent personnellement la pénalité du double droit en sus lorsqu'ils auront passé une déclaration inexacte[280]. »

S'agissant des sanctions pénales, les peines principales sont formulées aux articles P-1024 à P-1031 du Code général des impôts (CGI). Le texte prévoit que les oublis ou les erreurs font l'objet de sanctions administratives. Certains manquements dépassant les seuils fixés par les lois ou revêtant un caractère de gravité sont sanctionnés par les tribunaux répressifs. Les fondements juridiques de la répression pénale, en matière de fraude fiscale, se trouvent dans le Livre de procédures fiscales du CGI, aux articles P-1024 et suivants. L'article P-1024 rend passible d'un emprisonnement de 15 jours à 5 ans ou d'une amende de 500 000 F CFA à 5 000 000 F CFA quiconque :

- se soustrait frauduleusement ou tente de se soustraire frauduleusement à l'établissement, au paiement, au reversement total ou partiel des impôts, droits et taxes visés dans le CGI ;
- refuse expressément de faire sa déclaration dans les délais prescrits ;
- dissimule une partie des sommes sujettes à impôt ;
- organise son insolvabilité ou fait obstacle au recouvrement de l'impôt.

L'article P-1025 du CGI punit des mêmes peines quiconque :

- omet de passer ou de faire passer les écritures, ou fait passer des écritures inexactes ou fictives dans les livres, journaux et inventaires prévus par les actes uniformes OHADA, ou dans les documents qui en tiennent lieu, ainsi que toute personne qui est convaincue d'avoir établi ou aidé à établir de faux bilans ;

---

[279] Art.468, CGI gabonais.

[280] Direction générale des impôts, « Les sanctions », en ligne, in site www.dgi.ga (consulté le 23 janvier 2019 à 14 h 20).

- organise ou tente d'organiser le refus collectif de l'impôt, ou incite le public à refuser ou à retarder le paiement de l'impôt par voie de fait, de menaces ou manœuvres concertées ;
- produit des pièces fausses ou reconnues inexactes en vue d'obtenir, en matière d'impôts et taxes, des dégrèvements ou remboursements de quelque nature que ce soit.

L'article P-1031 du CGI gabonais précise que *« les plaintes peuvent être déposées jusqu'à la fin de la quatrième année au cours de laquelle l'infraction a été commise, sans qu'il soit nécessaire de mettre au préalable le contribuable en demeure de régulariser sa situation. » Dans le même sens, l'article P-1032 ajoute que « les poursuites, en vue de l'application des sanctions pénales prévues à l'article P-1024 en cas de fraude fiscale, sont portées devant le tribunal correctionnel dans le ressort duquel l'un quelconque des impôts en cause aurait dû être établi ou acquitté*[281]*. »*

S'agissant des peines accessoires, le tribunal correctionnel peut, à titre de peine complémentaire, interdire temporairement, pendant une période n'excédant pas 5 ans, le droit d'exercer, directement ou par personne interposée, pour son compte ou pour le compte d'autrui, toute profession industrielle, commerciale ou libérale. Le tribunal correctionnel ordonne, dans tous les cas, la publication intégrale ou par extraits du jugement du condamné dans le Journal officiel ou dans le journal d'annonces légales. Les frais de publication sont à la charge du condamné.

Plusieurs notaires camerounais, rencontrés lors de cette recherche, pensent qu'une prime de recouvrement au notaire pourrait être la solution dans la relation notaire client. Ils soulèvent aussi le problème du paiement. Ils soutiennent qu'il devrait y avoir une obligation de payer tous les frais relatifs aux actes notariés devant le notaire et que tous les montants versés devraient figurer dans la comptabilité du notaire. En effet, le fait que les usagers de droit puissent payer certains frais hors vue du notaire et qu'ils n'aient pas l'obligation de payer la taxe foncière chez le notaire complique la tâche de ce dernier : le client peut en effet passer l'acte sans payer les droits fiscaux. Cette situation est source d'imbroglios juridiques difficiles à dénouer.

Au sortir de ce paragraphe, il est clair que le notaire qui manque à une de ses obligations fiscales est sévèrement puni par l'administration fiscale. Cependant, l'administration fiscale n'est pas la seule à pouvoir mettre en cause la responsabilité fiscale des notaires. C'est aussi le cas du juge.

---

[281] *Idem.*

PARAGRAPHE 2 : LA CONDAMNATION FISCALE DU NOTAIRE PAR LE JUGE

Parler de la condamnation fiscale du notaire revient à s'interroger sur les règles de compétence et le pouvoir du juge à condamner les notaires pour manquements fiscaux. À ce propos, Rémi ROUQUETTE affirme : « *Le contentieux du recouvrement peut porter sur la régularité formelle de l'acte et relève alors de la juridiction judiciaire.* » Et de poursuivre : « *Les contestations portant sur l'existence de l'obligation de payer, sur l'exigibilité de la somme réclamée ou sur tout autre motif ne remettant pas en cause l'assiette et le calcul de l'impôt relèvent du juge de l'impôt, qui est le juge administratif pour les impôts directs et taxes sur le chiffre d'affaires*[282]. » Ainsi, cet auteur rappelle les règles de compétence qui donnent au juge administratif ou judiciaire le pouvoir de trancher sur les litiges opposant les parties à l'acte notarié.

Le juge intervient, particulièrement en matière fiscale, si la réclamation du contribuable auprès de l'administration fiscale ne lui a pas donné satisfaction. Ce dernier peut alors, selon le type d'impôt contesté et la nature du litige, saisir les tribunaux administratifs ou judiciaires dans le but de bénéficier de la justice fiscale[283]. Cela se vérifie dans les actes notariés où le notaire, pour lui-même ou pour son client, peut se retrouver devant les juridictions administratives ou judiciaires. Cependant, la condamnation fiscale du notaire par le juge n'advient que si les conditions de sa responsabilité sont établies[284]. Il convient de préciser que lorsque les conditions de la responsabilité fiscale sont établies, le juge saisi du litige est appelé à rendre une décision par laquelle il attribue la responsabilité à une des parties au litige.

Dans le cas précis du notaire, une fois les conditions de sa responsabilité établies, il est appelé à réparer le préjudice causé à l'administration[285]. En effet, la responsabilité fiscale du notaire, tout comme la responsabilité en

---

[282] *Petit traité du procès administratif, contentieux administratif, juridictions générales et spéciales*, 7e édition, Praxis Dalloz, 2017-2018, p. 1155.

[283] Art. L 126, Livre de procédures fiscales du Cameroun : « *En matière d'impôts directs et de taxe sur la valeur ajoutée ou de taxes assimilées, les décisions rendues par le ministre en charge des finances sur les réclamations contentieuses, et qui ne donnent pas entièrement satisfaction aux intéressés, peuvent être attaquées devant les tribunaux administratifs dans un délai de 30 jours à partir du jour de la réception de l'avis portant notification de la décision de l'administration, ou du terme du délai imparti à celle-ci pour répondre.* »

[284] Art. 55, Livre de procédures fiscales camerounais, 2019. Si, lors du procès fiscal de l'acte notarié, le notaire remet en cause la mise en demeure valant commandement de payer ou la saisie, seuls les tribunaux judiciaires seront compétents pour trancher le litige.

[285] Le préjudice causé à l'administration survient généralement du fait que le non-paiement par le notaire des droits pour lui-même ou pour son client empêche la société, précisément le Trésor public ou l'État, d'obtenir des recettes ou de pourvoir aux charges de la société.

matière civile, est dominée par le principe de la réparation intégrale du dommage causé. Ce principe n'est nullement inscrit dans les textes de façon expresse, mais on s'accorde à reconnaître qu'il est partout sous-entendu. Cela va de soi lorsqu'il est clairement dit, dans le Code civil : « *Tout fait quelconque de l'homme qui cause à autrui un dommage oblige celui par la faute duquel il est arrivé à le réparer*[286]. » On peut alors clairement supposer que la loi invite le juge de l'impôt à chercher la réparation de tout le préjudice. Ce principe est consacré par la jurisprudence, qui considère que le principe de responsabilité a pour objet de replacer la victime dans la situation où elle se serait trouvée si l'acte dommageable ne s'était pas produit.[287] L'importance de cette partie réside précisément dans le fait de savoir quelles sont les règles qui gouvernent le contentieux fiscal de l'acte notarié, qui en sont les principaux intervenants et quels sont les arguments souvent usités par les parties pour faire valoir leurs arguments dans un procès fiscal concernant l'acte notarié[288].

Nous tenons cependant à rappeler que selon la nature de la faute reprochée à l'acte notarié ou de la partie demanderesse, le litige se retrouvera soit devant le juge administratif[289], soit devant le juge judiciaire. Ces deux juges sont les seuls compétents dans l'espace OHADA pour trancher des litiges fiscaux notariés. Cependant, l'étude du procès fiscal de l'acte du notaire devant le juge administratif est rare dans la pratique. Nous n'avons pas trouvé, à l'heure actuelle, de décision de justice en ce sens. En revanche, les procès de notaires pour contentieux fiscaux devant le juge judiciaire sont nombreux, et à juste titre, car ils sont liés de près à l'activité notariale[290].

Partant de ce constat, l'étude exclusive du procès devant le juge judiciaire est indiquée. D'abord parce que les règles, les procédures et les condamnations des notaires devant le juge administratif ont fait l'objet de développements antérieurs. Ensuite parce que l'opportunité juridique nous oblige à nous pencher sur le juge judiciaire, devant lequel la majorité des procès fiscaux relatifs aux actes notariés sont soumis. Enfin parce que les

---

[286] Art. 1382, Code civil tchadien.

[287] Cass. 2e civ., 7 déc. 1978 : Bull. Civ. 1978, II, n° 269, citée par MALINVAUD (P.), FENOUILLET (D.) MEKKI (M.), *Droit des obligations*, Paris, LexisNexis, 13e éd., 2014, p. 593.

[288] Les articles à retenir concernant l'acte notarié devant le juge sont, selon nous : l'article 1240 : « *Tout fait quelconque de l'homme, qui cause à autrui un dommage, oblige celui par la faute duquel il est arrivé, à le réparer* » ; l'article 1241 : « *Chacun est responsable du dommage qu'il a causé non seulement par son fait, mais encore par sa négligence ou par son imprudence* » ; l'article 1242 (extrait) : « *On est responsable non seulement du dommage que l'on cause par son propre fait, mais encore de celui qui est causé par le fait des personnes dont on doit répondre, ou des choses que l'on a sous sa garde.* »

[289] Art. 126, Livre de procédures fiscales camerounais, 2019.

[290] Le notaire est plus souvent poursuivi dans l'espace OHADA pour le recouvrement des impôts que pour les règles d'assiette et autres litiges fiscaux.

règles organisant le procès fiscal ou civil de l'acte notarié ne sont pas si différentes. Si nous avons décidé de présenter uniquement le procès devant le juge judiciaire, le notaire diligent doit savoir que ce type de procès suppose une infraction à une disposition pénale. Si une partie à l'acte notarié réclame des dommages et intérêts, le procès se déroulera devant un juge civil.

Dans un contentieux fiscal, selon la nature de sa faute, un notaire peut être condamné par une juridiction civile (A) ou par une juridiction pénale (B).

A- LA CONDAMNATION FISCALE DU NOTAIRE PAR UNE JURIDICTION CIVILE

Dans l'espace OHADA et particulièrement au Cameroun, l'un des fondements de la compétence des juridictions civiles aux litiges fiscaux se trouve à l'article L 114 du Livre de procédures fiscales, qui dispose : « *Les poursuites, en vue de l'application des sanctions pénales prévues à l'article L 109 du Livre de procédures fiscales en cas de fraude fiscale, sont portées devant le tribunal correctionnel dans le ressort duquel l'un quelconque des impôts en cause aurait dû être établi ou acquitté. Dans le cas où une personne a commis l'une des infractions prévues aux articles L 107 et L 108 du présent Livre en matière d'impôts et taxes, le ministre chargé des finances peut se constituer partie civile.* »

Le juge civil peut ainsi être compétent pour trancher les litiges fiscaux. En effet, le tribunal correctionnel cité par le législateur est une formation du tribunal de grande instance, chargée de juger les délits. Il se prononce aussi sur la demande d'indemnisation de la victime, appelée partie civile. La juridiction civile est en effet saisie quand la victime – le notaire, l'administration fiscale, le client du notaire ou un tiers – recherche l'indemnisation ou les dommages et intérêts. Pour rappel, l'article 1382 du Code civil le permet, car il dispose : « *Tout fait de l'homme, qui cause à autrui un dommage, oblige celui par la faute duquel il est arrivé de le réparer.* »

Le notaire qui commet une faute fiscale à son client ou à l'administration fiscale occasionne de ce fait un procès devant un juge judiciaire, si les voies administratives préalables ont fait défaut. Le juge civil doit ainsi statuer pour un litige fiscal qui est censé être réglé en amont par l'administration, à travers la procédure du recours gracieux préalable.

La majorité des sanctions figurant dans le Code général des impôts des pays de l'espace OHADA sont civiles et pénales. Cependant, les législateurs de ces différents pays ne visent pas la perte de liberté de l'individu coupable, mais le remboursement de ce qu'il a pris insidieusement à l'État. La compréhension de la condamnation du notaire, en matière civile, nous amène à analyser les conditions judiciaires de condamnation, avant de comprendre qu'en matière civile les dommages et intérêts sont primordiaux. En effet, le contentieux, même s'il est fiscal, reste sous l'emprise des règles civiles de jugement. En d'autres termes, ce qui est recherché est le paiement des dommages et intérêts, ainsi que la réparation de tout le préjudice.

La bonne compréhension de la condamnation civile du notaire des litiges fiscaux nous amène à analyser les procédures judiciaires de condamnation du notaire (1), avant d'en scruter les effets, qui sont généralement la réparation du préjudice (2).

1- La procédure judiciaire de condamnation fiscale du notaire par le juge civil

Le procès devant le juge, dans la majorité des pays de l'espace OHADA, commence par un déclenchement d'instance. Concrètement, le tribunal est saisi par une demande adressée au greffe du tribunal ; le tribunal de grande instance est signifié par voie d'assignation de l'huissier de justice. Le déclenchement d'instance a pour but d'informer l'adversaire du procès engagé contre lui et de saisir le tribunal. Par exemple, si l'administration fiscale porte plainte contre le notaire ou son client, le déclenchement d'instance permet de l'informer d'un procès contre lui. Il est à noter que la saisine de la juridiction doit intervenir dans les deux mois, suivant la réponse donnée à la réclamation. Ce délai n'est opposable que si une réponse a été communiquée au contribuable. À défaut, la saisine de la juridiction n'est enfermée dans aucun délai[291]. Le notaire peut être dans certains cas le défendeur ou le demandeur. Il peut être défendeur si l'administration fiscale le met en cause pour un litige concernant les impôts. En revanche, le notaire peut être demandeur si, conjointement avec son client, ils amènent l'administration fiscale ou un agent de cette administration devant le juge pour contentieux fiscal. Nous reconnaissons que cette hypothèse est rarement mise en pratique au sein de l'espace OHADA.

Le déclenchement d'instance se fait par une demande initiale, qui se forme par assignation, par remise d'une requête conjointe au secrétariat[292] de la juridiction ou par une déclaration au secrétariat de la juridiction[293]. Il est à noter que la juridiction civile est souvent saisie par voie de requête en matière gracieuse et par voie d'assignation en matière contentieuse. En cas de requête conjointe, les deux requérants devront s'entendre pour soumettre de concert un écrit au tribunal aux fins de règlement du litige. En revanche, s'ils

---

291 C'est la procédure dans la majorité des pays OHADA, particulièrement dans les pays francophones d'Afrique de l'Ouest.

292 Secrétariat renvoie ici aux greffes du tribunal dans les pays de l'espace OHADA.

293 BRANLARD (J.-P.), *L'essentiel des règles de procédures civiles*, Paris, 7e édition, Gualino Lextenso, p. 86.

choisissent le cas échéant l'assignation ou encore l'exploit d'ajournement, il s'agira pour eux de citer le notaire (défendeur) à comparaître. Ils indiqueront, dans l'assignation, l'indication de la juridiction devant laquelle la demande est portée, l'objet de la demande avec un exposé des moyens en fait et en droit, ainsi que l'indication des modalités de comparution, en précisant que si le défendeur ne comparaît pas, il s'expose à un jugement contre lui sur les seuls éléments fournis par son adversaire[294]. Pour fonder sa demande, le demandeur doit joindre les preuves ou les pièces sur lesquelles il s'appuie. L'assignation crée un « lien juridique d'instance » entre les parties litigantes, interrompt le délai de prescription, vaut mise en demeure et vaut conclusion pour le demandeur.

Concernant le déroulement de l'instance, les règles du procès sont sensiblement les mêmes que celles qui régissent l'instance devant les juridictions administratives ou judiciaires en contentieux général. On rappellera seulement que le quantum de la demande (montant des impositions contestées) fixé dans la réclamation ne peut pas être modifié à la hausse. En revanche, les griefs (moyens) invoqués dans la réclamation pour contester l'imposition peuvent être modifiés, sans qu'il soit tenu compte des causes juridiques ouvertes en première instance ou dans la réclamation. Il en va cependant autrement en contentieux du recouvrement de l'imposition, partant du constat que si, par exemple, des moyens nouveaux peuvent être invoqués en appel, ils ne peuvent l'être qu'au sein d'une cause juridique ouverte en première instance.

Le déroulement de l'instance peut prendre un circuit court ou un circuit long. Le circuit court arrive quand l'affaire opposant le demandeur et le défendeur se déclare simple et ne nécessite pas des mesures d'instruction. Dans ce cas, le président du tribunal rend une ordonnance de clôture et arrête une date d'audience, où l'affaire se plaide et se juge sur le fond. Le circuit long est considéré en matière civile si l'affaire apparaît complexe et ne peut pas être jugée en l'état. Le président du tribunal renvoie alors le dossier à l'un des magistrats du siège de son tribunal. Il s'agit du juge de mise en l'état[295]. Si le dossier est ensuite renvoyé devant la cour, les débats se déroulent devant un collège de trois juges ou devant un juge unique, en fonction des législations des pays des États membres de l'espace OHADA.

À l'issue de l'instance, la juridiction se prononce, en première instance, au moyen d'un jugement qui peut soit être favorable au contribuable, soit lui être en tout ou partie défavorable. Il peut être favorable ou défavorable pour l'administration fiscale ou le notaire, en fonction de la position de défendeur ou de demandeur qu'ils occupent au procès civil. Pour une affaire complexe,

---

294 *Idem.*

295 *Idem.*

le président d'audience peut renvoyer le prononcé du jugement à une date ultérieure ou en délibéré. Il est bon de savoir que si le juge prononce une mesure d'instruction ou provisoire, il s'agit d'un « jugement avant de dire droit ». S'il tranche le fond du droit, il s'agit d'un « jugement sur le fond ». Dans ces hypothèses, un recours est toujours possible, soit en appel, soit en cassation, ou encore à la Cour suprême dans le cas du Cameroun. L'appel est normalement possible devant une cour administrative d'appel ou devant une cour d'appel avec ministère d'avocat obligatoire. L'appel est cependant exclu lorsque le jugement en première instance est rendu par un juge unique[296], mais aussi en matière de taxe d'habitation ou de taxe foncière. La taxe professionnelle n'est pas concernée par cette restriction.

Prenons un cas de litige fiscal mettant en cause les notaires pour étayer nos propos. Nous tenons à rappeler que ces éventualités sont rares et que cet exemple n'est qu'une fiction, permettant de comprendre les règles relatives au contentieux devant le juge.

Un notaire A a sollicité pour ses clients, auprès de l'administration fiscale, une réduction d'impôts dans le cadre d'une vente immobilière passée en son étude par son client B. L'acte du notaire a subi un redressement et les impôts y relatifs n'obéissaient pas à la loi et s'inscrivaient en faux à une norme fiscale supérieure. Le notaire lésé ainsi que le client décident d'aller au contentieux de l'imposition pour s'attaquer à la base imposable et bénéficier d'une réduction ou d'un abandon d'impôt.

Dans la majorité de pays de l'espace OHADA, les notaires ne se prêtent pas souvent à cet exercice, qui est pourtant capital pour la justice fiscale et la sécurité des transactions faites par-devant lui. Pourtant, l'administration fiscale n'est pas parfaite et peut elle-même commettre certaines erreurs, que le notaire peut aider à identifier. À notre sens, la vigilance fiscale du notaire concernant les règles d'assiettes n'est pas un travail supplémentaire, mais un impératif pour la justice fiscale.

Autre exemple : un notaire A instrumente un acte de cession d'immeuble de son client B au profit d'un acheteur C. L'acheteur C, après avoir payé les droits fiscaux relatifs à la vente de l'immeuble, constate par l'entremise de son conseil fiscal D que les droits payés dans l'acte du notaire sont illégaux, injustes et injustifiés. Le conseil fiscal D et l'acheteur C contestent les modalités de calcul et la base de l'imposition calculée par l'administration fiscale. Selon eux, ils auraient dû moins payer. L'acheteur C démontre au notaire A que les impositions contenues dans l'acte sont injustes : tous constatent qu'il existe bel et bien une injustice fiscale. Le notaire, soucieux de

---

[296] Art. R. 811-1, Code de justice administrative français. Cet article est particulièrement tropicalisé, adopté et appliqué dans la majorité des pays OHADA.

la justice, et pour éviter que l'administration fiscale perdure dans cette erreur, se joint à son client pour le contentieux de l'impôt.

Cette hypothèse est rare en pratique dans l'espace OHADA, au grand malheur des usagers de droit. Nous souhaiterions même que le notaire, de manière préventive et dans un souci de justice et de sécurité des transactions, soit le premier à soulever ces erreurs de l'administration. Car, en tant que professionnel du droit fiscal, il est plus aguerri et outillé que ses clients.

Nous venons de voir la procédure civile pour contentieux fiscal. Qu'en est-il des effets de la condamnation ?

2- Les effets de la condamnation civile du notaire

Pour bien cerner les effets de la condamnation du notaire, il faut rappeler qu'un procès civil est guidé par le paiement des dommages et intérêts, mais vise surtout la réparation du préjudice. Avant d'évoquer les effets proprement dits, rappelons qu'il existe des litiges fiscaux entre le notaire, le client et l'administration fiscale, lors desquels une décision provisoire est rendue à la demande d'une partie et que l'autre partie était soit présente ou appelée : cette décision est nommée ordonnance de référé. Il s'agit d'une procédure rapide et peu onéreuse, rendue provisoirement à la demande d'une partie, alors que l'ordonnance sur requête constitue une décision gracieuse qui se rend sans débats contradictoires[297]. Ces décisions provisoires sont prises par le juge, dans les pays de l'espace OHADA, lorsque les demandeurs nécessitent des mesures urgentes ou la justifient. Elles restent rares, mais on peut bien imaginer des cas où l'administration fiscale ou l'usager de droit exigerait du juge des mesures urgentes, de peur que la solvabilité du notaire ne se détériore. Il en va de même des mesures conservatoires ou de mise en l'état pour prévenir un dommage qui pourrait arriver. Aussi, il arrive souvent dans l'espace OHADA que le demandeur fasse la preuve d'un fait avant tout procès. Il s'agit de la preuve des faits avant tout litige. Ainsi, le concerné demande des mesures *in futurum* pour conserver ses preuves importantes avant le procès.

Concernant les décisions rendues par les juridictions civiles en matière d'actes notariés, nous pouvons dire qu'il existe un classement des décisions de justice. Au sens large, le jugement s'applique à toutes les décisions rendues par un organe juridictionnel en cours ou en fin d'instance[298]. Nous avons ainsi le jugement contradictoire, lorsque les parties comparaissent en personne ou

---

[297] Art. 493 à 498 du Code de procédure civile français.

[298] BRANLARD (J.-P.), *L'essentiel des règles de procédure civile*, 7e édition, Gualino Lextenso, p. 115.

par mandataire, selon les modalités de la juridiction ou du pays de l'espace OHADA[299].

Le jugement par défaut arrive si une des parties, généralement le défendeur, n'est pas venue au procès ou ne s'est pas fait mandater. Le jugement peut se faire en premier ou en dernier ressort dans les juridictions d'instance ; le jugement définitif et le jugement avant dire droit dans les juridictions mixtes. Il ne faut pas oublier le jugement exécutoire ou non exécutoire[300]. Le jugement exécutoire, ou avant dire droit, est un jugement à titre provisoire que la loi ou le juge accorde à la partie gagnante pour être exécuté immédiatement, sans attendre la fin des délais de recours ou malgré le recours suspensif.[301]

S'agissant des effets proprement dits, en matière fiscale d'acte notarié, le jugement peut être déclaratif ou peut prendre la forme de la force exécutoire. La décision du juge dans la majorité des pays de l'espace OHADA a aussi pour effet de dessaisir le juge de l'affaire fiscale. En matière civile, le défendeur peut exercer des voies de recours telles que l'appel, l'opposition, la tierce opposition, le pouvoir en cassation et le recours en révision.

Il est important de rappeler que le défendeur peut être le notaire, le client ou l'administration fiscale. En effet, une faute simple suffit pour engager la responsabilité du défendeur. Il arrive dans certains cas que le notaire puisse commettre des fautes matérielles qui causent des préjudices importants aux clients, à l'instar de la perte d'un document ou en encore d'une mauvaise application des tarifs en vigueur. Il en va de même si le fisc commet ce type d'erreur : c'est la raison pour laquelle la responsabilité fiscale de l'administration peut être engagée. Un arrêt de principe du Conseil d'État français, récemment commenté par le fisc, marque une évolution positive, mais exige du contribuable d'apporter certaines preuves pour prétendre à un dédommagement[302].

L'exemple de la cour d'appel de Chambéry, 26 mars 2019, n° 17/01909, illustre comment le notaire est condamné pendant un procès civil. Cet arrêt vient d'une décision attaquée du tribunal de grande instance d'Albertville en date du 19 mai 2017, RG 14/00616.

« Par acte du 17/08/2012, passé devant Me F..., notaire à SALINS LES THERMES (73), M. B... C... a fait donation à ses enfants, E... C..., H... A... et I... G... (ci-après dénommés les consorts C...), de la nue-propriété de deux

---

[299] *Idem.*

[300] *Ibid.*, p. 117.

[301] *Idem.*

[302] Arrêt du Conseil d'État du 21 mars 2011.

maisons, de garages et de deux terrains sis à Champagny en Vanoise, pour une valeur de 449 159 €.

Le 27/11/2012, l'administration fiscale a notifié aux donataires son intention de procéder à une rectification des montants déclarés dans l'acte, et les consorts C... lui ont réglé la somme de 24 772 €.

Par acte du 05/05/2014, les consorts C.. ont assigné devant le tribunal de grande instance d'Albertville Me F... en paiement de la somme de 25 069 € de dommages-intérêts outre 1 500 € au titre des frais irrépétibles visés à l'article 700 du Code de procédure civile.

Par jugement du 19/05/2017, le tribunal a débouté les consorts C... de leur demande et les a condamnés in solidum à payer à Me F... la somme de 750 € au titre des frais irrépétibles visés à l'article 700 du Code de procédure civile.

Par déclaration du 09/08/2017, les consorts C... ont relevé appel de cette décision.

Dans leurs conclusions du 25/09/2018, pour conclure à la réformation de la décision déférée, voir retenir la responsabilité de Me F... pour défaut de conseil et solliciter sa condamnation au paiement de la somme de 24 772 € outre 2 000 € au titre des frais irrépétibles visés à l'article 700 du Code de procédure civile, ils font valoir en substance que :

- la volonté du donateur était de donner l'ensemble de ses biens à ses enfants dans la limite de l'abattement de 159 325 € par enfant,

- c'est ainsi que le projet de liquidation des droits établi par le notaire ne prévoyait aucun montant taxable,

- dès lors, il lui appartenait de les conseiller et de les tenir informés de l'évolution de la loi sur les montants des donations, une évolution juridique en cours devant conduire le notaire à mettre en garde ses clients, le notaire ayant la charge de la preuve de l'information donnée,

- Me F... n'a pas tenu suffisamment compte de la loi du 16/08/2012 ramenant l'abattement sur les donations en ligne directe de 159 325 à 100 000 € alors qu'il a convoqué les parties pour signature le 17/08/2012 à 18 heures, alors que la loi était déjà applicable,

- cette faute est directement à l'origine de leur préjudice, qui consiste en la rectification apportée par l'administration fiscale, la responsabilité du notaire étant engagée sur le fondement de l'article 1231-1 du Code civil et à titre subsidiaire sur celui de l'article 1240 du même Code.

Dans ses conclusions du 21/12/2018, Me F... demande à la Cour de :

- dire recevable l'appel interjeté, mais irrecevables les demandes fondées sur l'article 1231-1 du Code civil,

- débouter les appelants de leur demande fondée sur l'article 140 du Code civil et confirmer le jugement déferré,

- subsidiairement, fixer le préjudice des consorts C... à la somme de 1 000 € et les condamner au paiement de la somme de 4 000 € au titre des frais irrépétibles visés à l'article 700 du Code de procédure civile.

Il expose que :

- la responsabilité du notaire ne peut être engagée que sur le fondement extracontractuel,

- alors que la signature de l'acte de partage avait été fixée au 17/08/2012, la loi de finances rectificative pour 2012 a été signée le 16/08/2012 et publiée au Journal officiel le 17/08/2012,

- ce n'est qu'à ce moment-là qu'il est apparu que l'abattement fiscal était ramené à 100 000 € au lieu de 159 325 €,

- il ne pouvait être prévisible que la loi serait d'application immédiate pour cette disposition, la revue spécialisée Feuillet rapide Francis Lefebvre ne faisant état dans son édition du 11/08/2012 que d'une entrée en vigueur le lendemain de la parution au Journal officiel,

- les appelants sont à l'origine de leur propre préjudice en ne contestant pas la position de l'administration, car il pouvait être soutenu que la loi ne pouvait s'appliquer que le lendemain de sa publication au Journal officiel, soit le 18/08/2012 à zéro heure,

- en tout état de cause, le paiement d'un impôt légalement dû ne constitue pas un préjudice indemnisable,

- l'acte de donation partage est parfaitement régulier et n'est pas à l'origine du redressement fiscal,

- le donateur voulait de toute façon donner l'ensemble de ses biens à ses enfants,

- une donation partielle n'aurait pas réglé la difficulté, car il fallait attendre alors 15 ans pour procéder à une nouvelle donation, M. B... C... atteignant alors l'âge de 93 ans en août 2027,

- la probabilité pour les appelants de refuser de régulariser en l'état la donation qui répondait aux souhaits de leur père est ainsi extrêmement minime, et les dommages-intérêts alloués ne pouvant ainsi dépasser la somme de 1 000 €. »

Motifs de la décision

« Le notaire a un double rôle, celui d'authentificateur d'acte et celui de conseil de ses clients, à l'occasion de la rédaction de tout acte, authentique ou sous seing privé. Mais parce que ce devoir de conseil est complémentaire du devoir d'authentification, il provient de la fonction légale du notaire et est ainsi un devoir statutaire implicite.

Dès lors, la responsabilité du notaire ne peut être engagée sur un fondement contractuel, mais seulement sur celui de la responsabilité extracontractuelle, de l'article 1240 du Code civil, comme l'a exactement relevé le premier juge.

C'est donc aux appelants de démontrer l'existence d'une faute commise par l'officier ministériel à l'origine du préjudice allégué.

En l'espèce :

- l'intention des parties à l'acte était bien de bénéficier d'un abattement légal susceptible d'englober la totalité des biens donnés ; en effet, Me F... a écrit par mail à M. B... C... "j'ai réservé un rendez-vous à 18 heures ce soir, la loi de finances étant publiée aujourd'hui, demain, c'est trop tard",

- si, au terme de l'article 1er du Code civil, les lois entrent en vigueur à la date qu'ils fixent ou à défaut, le lendemain de leur publication, ce texte ajoute que "en cas d'urgence, entrent en vigueur dès leur publication les lois dont le décret de promulgation le prescrit et les actes administratifs pour lesquels le Gouvernement l'ordonne par une disposition spéciale" ; l'entrée en vigueur immédiate d'une disposition fiscale n'était ainsi pas prohibée,

- Me F... étant avisé de la date de publication de la loi de finances modificatives, il devait alors ne pas se contenter des indications mentionnées dans la presse juridique spécialisée, même la plus incontestable, mais procéder à une lecture attentive de la loi, avant de faire signer l'acte de donation partage par les consorts C..., étant relevé que le Journal officiel du jour est aisément consultable dans sa version électronique,

- en faisant signer l'acte sans avoir pris cette précaution, il a commis un manquement à son devoir de conseil,

- il ne peut être reproché aux appelants de n'avoir pas engagé une procédure de contestation de la régularité de la loi de finances, en raison des aléas très importants quant à son succès.

Il en est résulté un préjudice pour les consorts C..., car il leur était loisible alors de ne décider que d'une donation-partage partielle, en excluant de la donation certains biens, de façon à éviter leur assujettissement à l'impôt.

Toutefois, ce préjudice n'est constitué que par la perte de chance de pouvoir se voir attribuer par donation ou héritage les biens exclus de la donation, hors droits, étant relevé qu'une période de 15 années doit s'écouler entre les deux actes.

Compte tenu de l'âge du donateur, M. B... C..., né le..., du délai de 15 années, et de l'éventualité d'un nouveau changement de législation fiscale, aucun droit acquis n'existant en la matière, la Cour trouve dans le dossier les éléments suffisants pour fixer à 30 % de chance, la possibilité pour les appelants de pouvoir hériter ou se voir donner le restant des biens de M. C..., sans se voir appliquer des droits par l'administration fiscale.

Dès lors, Me F... sera condamné à payer aux consorts C... la somme de (24 772 x 30 %) soit 7 431,60 € à titre de dommages-intérêts.

Enfin, l'équité commande une application modérée des dispositions de l'article 700 du Code de procédure civile concernant les frais irrépétibles exposés par les consorts C... »

Par ces motifs :

« La Cour, statuant publiquement et contradictoirement,

INFIRME la décision déférée,

STATUANT À NOUVEAU,

DIT que Me F... a commis une faute engageant sa responsabilité extracontractuelle à l'origine d'un préjudice pour les consorts C...,

CONDAMNE Me F... à payer à M. E... C..., Mme H... A... et Mme I... G... la somme globale de 7 431,60 € à titre de dommages-intérêts et celle de 1 500 € au titre des frais irrépétibles visés à l'article 700 du Code de procédure civile,

LE CONDAMNE aux dépens.

Ainsi prononcé publiquement le 26 mars 2019 par mise à disposition de l'arrêt au greffe de la Cour, les parties en ayant été préalablement avisées dans les conditions prévues au deuxième alinéa de l'article 450 du Code de procédure civile, et signé par le greffier. »

Après avoir parlé du jugement civil du contentieux fiscal, qu'en est-il des formes du procès pénal du contentieux fiscal ?

B- LA CONDAMNATION FISCALE DU NOTAIRE PAR UNE JURIDICTION PÉNALE

Les jurisprudences qui condamnent les notaires au pénal pour contentieux fiscal avec l'administration ne sont pas nombreuses, comparativement aux litiges fiscaux qui opposent cet officier public aux usagers de droit. La raison en est que l'administration fiscale privilégie généralement l'amiable au contentieux, qui est plus coûteux et moins efficace. Par ailleurs, les règles et les principes qui gouvernent les procédures judiciaires au procès pénal et au procès civil ne sont pas les mêmes. Au civil, le demandeur recherche les dommages et intérêts. Au pénal, la victime recherche une sanction particulière : la peine. Cette peine est composée selon les cas de sanctions privatives de liberté et de sanctions pécuniaires. Le grand principe du pénal est le *nullem crimen, sina poena sina lege* (pas d'incrimination sans texte) : les infractions sont punies et sanctionnées par les textes et il n'y a pas de place pour l'interprétation ni de jurisprudence. Les parties à un acte notarié doivent savoir que si les textes ne prévoient rien par rapport à un comportement antisocial, une fraude ou encore une faute contenue dans un acte notarié, le procès aboutit à un non-lieu.

Il faut rappeler que le notaire peut être à n'importe quelle position dans un procès pénal : il peut être la victime, le défendeur ou le cas échéant dans une procédure conjointe avec le client contre l'administration fiscale. Souvent, cet officier public est le défendeur, lorsque l'administration fiscale ou les usagers de droit évoquent une infraction fiscale qu'il aurait commise à titre personnel dans son acte.

Il faut se souvenir que le Code général des impôts prévoit des sanctions pénales dans son corpus dans la majeure partie des pays de l'espace OHADA[303]. Ces infractions sont souvent regroupées dans le délit général de fraude fiscale, qui a deux éléments constitutifs ou caractéristiques : l'élément matériel[304] et l'élément intentionnel[305].

Ce bref rappel des principes pénaux nous amène à nous pencher sur les raisons ou les causes qui amènent à un litige fiscal devant les juridictions pénales. Quelles formes le délit général peut-il prendre en matière fiscale ? Dans le détail, quelles sont les infractions concernées (1) et comment le procès pénal de l'acte notarié pour litige fiscal se déroule-t-il (2) ?

---

[303] Articles L 107 à L 114 du Livre de procédures fiscales camerounais. Dans le cas du Cameroun, à l'image des pays de l'espace OHADA, ces articles constituent le fondement juridique de la répression pénale en matière de fraude fiscale. Le Code pénal, de manière générale, punit celui qui organise le refus collectif de l'impôt. Le Livre de procédures fiscales va plus loin, en déterminant les agissements qualifiés de fraudes fiscales, ainsi que la procédure à suivre pour leur répression. Il faut aussi noter que le Livre de procédures fiscales, à la suite du Code pénal, pose les règles de la répression pénale en matière de lutte contre les infractions financières. Cependant, l'environnement juridique camerounais en matière de lutte contre ce type de criminalité est complété par la loi n° 2006/003 du 25 avril 2006, relative à la déclaration des biens et avoirs.

[304] Le fait que le contribuable ait tenté de se soustraire totalement ou partiellement au paiement de l'impôt ou encore à ses obligations fiscales.

[305] Il faut avoir voulu se soustraire à l'impôt. Dans ce sens, l'article 121-3 al.1 du Code pénal français et de certains pays de l'espace OHADA précise : « *Il n'y a point de crime ou de délit sans intention de le commettre.* » Ceci permet de préciser l'importance de l'élément moral dans la condamnation.

1- Les raisons de la poursuite des litiges fiscaux des notaires devant une juridiction pénale

Nous avons dit plus haut que la sanction pénale vient du fait qu'une faute commise par le notaire a touché à une infraction prévue et sanctionnée par les textes pénaux. La lecture de la jurisprudence et du Code général des impôts des pays de l'espace OHADA permet de recenser les formes de délit général en matière fiscale qui aboutissent à un procès pénal.

Nous pouvons citer l'usage d'une fausse identité ou de faux documents, au sens de l'article 441-1 du Code pénal français et de l'article L 107 du Code général des impôts camerounais[306]. Il s'agit aussi de la falsification, de l'omission volontaire de déclaration, de la dissimulation des sommes sujettes à l'impôt, de l'organisation de l'insolvabilité du notaire pour lui-même ou pour son client, de l'opposition collective ou individuelle du notaire au contrôle fiscal, de l'escroquerie de la TVA, de la récidive ou encore de l'organisation d'une fausse comptabilité par le notaire.

Dans l'espace OHADA, la loi est particulièrement sévère avec un notaire qui commet le faux et l'usage du faux. L'usage de faux désigne le fait pour un individu d'utiliser en toute connaissance de cause un écrit falsifié, dans le but de faire illusion et d'obtenir les mêmes résultats que ceux auxquels donne droit le document original. L'usage de faux est un délit pénal. Il est régi par les articles 441-1 et suivants du Code pénal français et l'article L 107 du Code fiscal camerounais. Le faux désigne toute altération de la vérité de nature à causer un préjudice à autrui. Le faux est défini très précisément dans l'article 441-1 du Code pénal français : « *Constitue un faux, toute altération frauduleuse de la vérité, de nature à causer un préjudice, et accomplie par quelque moyen que ce soit, dans un écrit ou tout autre support d'expression de la pensée qui a pour objet ou qui peut avoir pour effet d'établir la preuve d'un droit ou d'un fait ayant des conséquences juridiques.* » Il faut distinguer le faux sans usage et le faux avec usage.

---

[306] « *Sans préjudice des sanctions fiscales applicables, est passible d'un emprisonnement d'un à cinq ans et d'une amende de 500 000 à 5 000 000 de F CFA ou de l'une de ces deux peines seulement, quiconque :*
- se soustrait frauduleusement ou tente de se soustraire frauduleusement à l'établissement, au paiement, au reversement total ou partiel des impôts, droits et taxes visées dans le Code général des impôts ;
- refuse expressément de faire sa déclaration dans les délais prescrits ;
- dissimule une part des sommes sujettes à l'impôt ;
- tente d'organiser le refus collectif de l'impôt, ou incite le public à refuser ou à retarder le paiement de l'impôt ;
- produit des pièces fausses ou reconnues inexactes en vue d'obtenir, en matière d'impôts et taxes, des dégrèvements ou remboursements de quelque nature que ce soit. »

L'usage de faux définit le fait, pour une personne, d'utiliser un document falsifié à dessein et en toute connaissance de cause, afin de retirer les bénéfices auxquels donnerait droit le document original[307]. Altération de la vérité, le faux peut être matériel ou moral. Il est matériel lorsqu'il est réalisé dans un écrit ou tout autre support matériel (document informatique...) : imitation d'une signature, suppression ou ajout d'informations sur un document, fabrication d'un faux document, etc. Mais le faux n'est pas forcément matérialisé par un écrit. Le fait d'affirmer des éléments contraires à la vérité, pouvant causer un préjudice à autrui, avec une intention coupable, constitue également un délit de faux. Dans ce cas, on parle de faux moral.

S'agissant des omissions volontaires, il s'agit pour le notaire d'omettre volontairement certaines exigences fiscales pour ne pas payer les impôts relatifs à ses actes. C'est un manquement délibéré ou un abus de droit fait par le notaire pour se soustraire à l'impôt. Cette notion est sensible : si l'omission volontaire est passible d'une peine pénale, déterminer l'omission volontaire reste très difficile dans la pratique. En effet, dans un pays comme la France, les omissions ou inexactitudes que peuvent commettre les contribuables ou les notaires dans leurs déclarations sont présumées involontaires. Ainsi, le notaire ne pourra être poursuivi que si l'administration établit le caractère délibéré de l'omission ou de l'inexactitude.

Concernant la dissimulation des sommes sujettes à l'impôt, il s'agit pour cet officier public de tenter de cacher à l'administration fiscale, ou en complicité avec certains agents des impôts, les sommes collectées lors de la confection de ses actes. De fait, certains notaires ou collaborateurs de notaires collectent les impôts et ne les reversent pas au fisc. Pire encore, certains notaires ou leurs collaborateurs s'entendent avec des agents corrompus de l'administration fiscale pour ne pas verser partiellement ou totalement les impôts relatifs aux actes notariés. Ils achètent souvent le silence de certains agents, qui les « protègent » contre les contrôles fiscaux.

L'organisation de l'insolvabilité du notaire est très rare dans l'espace OHADA, mais a été prévue par le législateur dans certains pays de cette zone. Il s'agit pour le notaire ou une personne, avant une décision judiciaire constatant sa dette, d'organiser ou d'aggraver son insolvabilité ou sa situation financière, dans le but de ne pas payer sa dette ou amende. En matière fiscale, il s'agit pour le contribuable ou le notaire qui a une dette fiscale de brader ses biens pour organiser son insolvabilité, pour que son créancier et l'État ne

---

307 Art. L 107, Code général des impôts camerounais. Dans le même sens : Cour suprême du Cameroun, chambre judiciaire, section pénale, 18 juillet 2013, 48 p., en ligne, disponible sur le site https://juricaf.org/arret/ CAMEROUN-COUR SUPREME-20130718-48P, visité le 15 octobre 2019.

trouvent pas de quoi compenser sa créance. Pour que le juge pénal retienne cette infraction chez le notaire, il faut réunir trois conditions : d'abord, une condamnation du notaire est nécessaire ; ensuite, il faut l'existence d'actes visant à organiser son insolvabilité ; enfin, il faut que ces actes d'appauvrissement soient motivés par l'intention d'échapper au paiement des condamnations du juge. Dans la pratique, il s'agit souvent pour le notaire de refuser de percevoir ses émoluments, d'utiliser des prête-noms pour ses activités, de diminuer ou dissimuler ses revenus, et souvent d'augmenter son passif.

Il faut avouer que cette hypothèse reste peu plausible dans plusieurs pays, puisque la charge notariale n'est pas patrimoniale et appartient à l'État. Ces notaires n'y ont donc aucun intérêt. Cependant, le notaire peut être condamné pour complicité quand il aide son client à organiser son insolvabilité.

L'opposition au contrôle fiscal est sévèrement punie par le législateur des pays de l'espace OHADA. Il faut nuancer et préciser que l'infraction, telle que rédigée dans la majorité des pays de l'espace OHADA, ne s'applique qu'aux personnes morales de droit privé. Cependant, si le notaire s'oppose à un contrôle fiscal, en refusant l'accès à son office, en refusant de présenter les documents ou en dissimulant des actes, il peut encourir des sanctions prévues dans le Code général des impôts[308]. Dans la pratique, les notaires se retrouvent souvent complices de ce genre d'infraction, en refusant de donner certaines informations à l'administration fiscale, sous le prétexte du secret professionnel. Dans de telles situations, le notaire devient complice et peut s'exposer à la rigueur de la loi.

L'escroquerie à la TVA est le fait pour le notaire de percevoir la taxe et de ne pas la reverser à l'administration fiscale en totalité. Il s'agit aussi de percevoir plus qu'il n'en faut auprès des clients et de le dissimuler à l'administration[309]. Il faut signaler que les notaires ne collectent pas la TVA dans tous les pays de l'espace OHADA. Il est important de rappeler aux institutions notariales et aux pouvoirs publics de légiférer sur cette question. Dans plusieurs pays où le notaire perçoit la TVA, nous avons remarqué que la loi ne le lui autorise pas officiellement. Généralement, cela provient de la pratique et de la coutume juridique, ce qui n'est pas sécurisant pour le notaire et son acte. À notre avis, il faudrait légiférer sur ce sujet dans certains pays.

La récidive en droit pénal, dans la majorité des pays de l'espace OHADA, est la réitération d'une infraction similaire ou proche d'une infraction

[308] Art. 107 Code pénal camerounais.
[309] *Idem.*

précédente, définitivement condamnée[310]. C'est une circonstance aggravante qui permet le prononcé d'une peine plus lourde, jusqu'au doublement de la peine. Si certaines conditions légales ne sont pas réunies, on ne parlera pas de récidive, mais d'une réitération d'infractions ou d'un concours idéal ou réel d'infractions. Concrètement, pour que l'aggravation résultant de la récidive s'applique au notaire, il faut qu'à la date de commission des nouveaux faits, le notaire ait déjà été condamné pénalement, à titre définitif. Il ne doit pas s'agir d'une condamnation de l'administration fiscale, mais de celle d'une juridiction pénale.

Autre condition pour accuser le notaire de récidive : la commission d'une nouvelle infraction. En effet, pour que le magistrat puisse juger d'une récidive, il faut que la nouvelle infraction soit différente de la première infraction commise – la récidive générale – ou qu'elle soit identique (ou assimilée) à la première infraction — la récidive légale.

Par ailleurs, la récidive peut être encourue dans certains cas sans tenir compte du temps passé depuis la commission de la première infraction : c'est la récidive perpétuelle. Dans d'autres cas, la récidive ne pourra pas être prononcée si un certain délai fixé par la loi s'est déjà écoulé depuis la première infraction : c'est la récidive temporaire.

L'organisation de la fausse comptabilité par le notaire consiste pour cet officier public à falsifier les chiffres ou sa comptabilité, en vue de tromper la vigilance de l'administration fiscale. Il s'agit concrètement de chercher à créer des actes matériels pour dissimuler au fisc la réalité de ces chiffres. Dans la pratique, certains notaires cachent le nombre d'actes qu'ils ont reçus et les droits y relatifs. Ils entrent en concert frauduleux avec leur expert-comptable pour trafiquer les chiffres dans le but de payer moins d'impôts.

Nous venons de voir les délits généraux qui exposent le notaire aux infractions pénales. Cependant, qu'en est-il des sanctions pénales des notaires ?

2- Le procès pénal du contentieux fiscal

Le procès pénal pour litige fiscal dans l'espace OHADA fait intervenir le notaire quand son acte est concerné par des infractions prévues dans les textes

---

[310] CÉLINE (J.), *Le droit de la récidive*, mémoire de master droit recherche, mention droit pénal, publié le 29 novembre 2006, disponible sur le site http://edoctorale74.univ-lille2.fr, p.17. Selon Adama (E.), *Le traitement pénal de la récidive*, université de Ngaoundéré, master 2 droit pénal et sciences criminelles, 2009, in site https://www.memoireonline.com/02/10/3163/m_Le-traitement-penal-de-la-recidive0.html, visité le 15 octobre 2019 : le récidiviste est d'abord apparu comme l'homme à éliminer, puis il est devenu un individu dangereux pour la société qu'il fallait écarter le plus longtemps possible. Plus récemment encore, grâce aux progrès de la médecine, on s'est attaché à l'aspect psychologique du problème.

pénaux. Dans la pratique : lorsqu'il est suspecté d'avoir occasionné ou d'être mêlé à des fraudes fiscales. Comme pour le jugement civil de l'acte notarié pour contentieux fiscal, le défendeur peut être n'importe qui au pénal. Le notaire peut ainsi être demandeur, défendeur ou témoin, selon son intervention et sa responsabilité dans l'acte. Dans une telle hypothèse, son procès pénal survient si sa faute touche à une infraction fiscale prévue par le Code général des impôts. Les personnes qui gravitent autour de l'acte notarié ou qui y ont intérêt doivent maîtriser certaines règles majeures du procès pénal.

Pour savoir comment le notaire peut être condamné par les juridictions pénales, il nous paraît utile de nous interroger sur les principes généraux de procédure, les acteurs de ce procès pénal, les types d'actions qui peuvent être mis en œuvre dans la responsabilité fiscale du notaire dans l'espace OHADA, l'enquête par le juge, l'instruction et le jugement de condamnation. Les parties à l'acte notarié, malgré le procès pénal pour contentieux fiscal et la décision du premier juge, bénéficient des voies de recours. Nous pouvons regrouper ces idées en deux grands axes, qui sont la préparation du procès pénal et le déroulement du procès pénal pour contentieux fiscal.

Rappelons que les principes généraux de la procédure pénale dans l'espace OHADA ont pour but de donner le cadre dans lequel s'organisent les litiges et les jugements nés entre particuliers ou entre l'État et les particuliers. Cette procédure pénale vise à la constatation des infractions, le rassemblement des preuves, la recherche des acteurs et le jugement de la partie contrevenante à l'acte notarié.[311] La procédure pénale du contentieux fiscale est mixte dans la majorité des pays de l'espace OHADA. Elle consiste en une procédure majoritairement inquisitoire dans les phases policières et d'instruction, et plutôt accusatoire pendant la phase de jugement[312], par exemple au Cameroun. Il est utile de le savoir en ce qui concerne la charge de la preuve, dans un procès pénal pour contentieux fiscal du notaire.

Dans l'espace OHADA, les moyens de la preuve sont libres. Ces moyens peuvent être des constatations matérielles, des témoignages, des aveux, des indices et des présomptions de toutes sortes : ce qui compte est la recherche de la vérité. Certains pays dans cet espace sont encore en retard et ne combinent pas le système inquisitoire et accusatoire, ce qui n'est pas efficace pour la procédure pénale.

Concernant les principes directeurs de ces procès fiscaux de l'acte notarié au pénal, nous pouvons dire que le principe est la séparation des fonctions judiciaires. À proprement parler, il faut une séparation entre les juridictions

---

311 RENAULT-BRAHINSKY (C.), *L'essentiel de la procédure pénale*, Paris, Éd. Gualino, p. 17.
312 *Ibid.*, p. 18.

qui instruisent et les juridictions qui jugent. La poursuite dans ce type de procès doit être conduite par le ministère public et l'instruction par le juge instructeur, appelé dans l'espace OHADA le juge d'instruction. Dans les faits, la fonction de poursuite est exercée par le ministère public, alors que la fonction de jugement appartient au juge du siège.[313] Aussi, le principe dans ce type de procès est le double degré de juridiction. Il consiste, pour la partie qui n'est pas satisfaite par la décision du tribunal de jugement, d'interjeter appel et, si la décision de la cour d'appel ne la satisfait pas, de se pourvoir en cassation.

Le procès pénal de l'acte notarié commence par l'enquête, qui met à contribution les acteurs de l'enquête et les actes de l'enquête du procès pénal de l'acte notarié pour contentieux fiscal. Ainsi sont exclusivement concernés par le contentieux fiscal les agents de police judiciaire et leurs adjoints, qui ont pour rôle de recevoir les plaintes et dénonciations, d'effectuer les enquêtes préliminaires, d'exercer certains pouvoirs qui leur sont conférés en cas de crimes ou de flagrants délits. Les officiers de police judiciaire (OPJ), tels que les maires adjoints, sont exclus de ce type de procédure. Dans la majorité des pays de l'espace OHADA, seuls les agents investis de certaines fonctions de police peuvent instruire les procédures pénales. Ainsi, certaines autorités judiciaires sont importantes dans la procédure, comme le procureur de la République, qui a l'opportunité des poursuites. Selon l'article 40 al. 1er du Code de procédure pénale français, il procède à tous les actes nécessaires à la recherche et à la poursuite des infractions à la loi pénale. Quant au juge instructeur, il peut recevoir les plaintes et les dénonciations de la partie civile et requérir la force publique. Il est irrécusable[314], irresponsable, indépendant, hiérarchisé[315] et indivisible[316]. Ses compétences s'exercent dans la limite prévue par la loi. Il arrive qu'il puisse, sur commission rogatoire du juge d'instruction ou du procureur, procéder aux auditions sur un territoire étranger, si l'une des parties au contentieux fiscal disparaît.

En ce qui concerne les actions généralement utilisées dans ce type de procès, nous pouvons dire que l'action publique est déclenchée par le ministère public – le parquet –, qui à cette occasion dispose de l'opportunité des poursuites. Cela veut dire qu'il peut déclencher l'action publique, s'il trouve que les éléments qui lui sont soumis sont suffisants pour engager la procédure. Il peut également classer sans suite. Cependant, dans les pays

---

[313] *Ibid.*, p. 20.
[314] Cela veut dire qu'il est la personne principale du procès.
[315] Les membres du ministère public sont amovibles et révocables, mais le ministre ne peut leur adresser aucune instruction dans une affaire.
[316] Cela veut dire que les magistrats du parquet sont interchangeables.

développés et actualisés, le procureur peut utiliser une troisième voie : le classement sous condition.[317]

Si le ministère public décide de déclencher les poursuites, il peut le faire sur la base du réquisitoire introductif d'instance, de la citation directe, de l'avertissement, de la comparution volontaire, de la convocation par procès-verbal, de la comparution immédiate, de la saisine d'office ou de la comparution par reconnaissance préalable de culpabilité. Aussi, le procès pénal du contentieux pénal de l'acte du notaire pour contentieux fiscal peut être soulevé par d'autres personnes, à l'instar de l'administration fiscale. L'extinction de l'action publique se fait par la prescription extinctive. Elle est fixée généralement, dans certains pays comme la France, à 20 ans pour les crimes, 6 ans pour les délits et 1 an pour les contraventions[318]. Le point de départ est souvent fixé au jour où l'infraction a été commise. Concernant les autres causes d'extinction pour les actes notariés, il existe l'abrogation de la loi pénale[319], la transaction entre le notaire et l'administration fiscale ou entre le notaire et l'usager de droit. La mort du délinquant fiscal met aussi fin *in fine* à la procédure, sans oublier le retrait de la plainte de la chose jugée.[320]

S'agissant des modalités d'enquête, elle peut être une enquête préliminaire ou une enquête de flagrance. L'enquête de flagrance est réalisée par l'administration fiscale, dans les modalités évoquées plus haut. Même si c'est rare dans la pratique, il arrive qu'une des parties réclame un départ sur les lieux, si les preuves existent encore. L'enquête préliminaire a pour objectif de fournir un maximum d'éléments, afin que le procureur de la République puisse exercer l'opportunité des poursuites. Le procureur, pour bien mener son enquête, s'appuie sur le juge instructeur, qui peut mener les auditions, faire les perquisitions et les saisies. Il peut aussi mener d'autres investigations concernant l'acte notarié, comme la délivrance d'un mandat de recherche, les réquisitions, les recueils d'informations et l'accès aux données de l'étude.

Il arrive que dans le contentieux fiscal, au niveau pénal, une des parties au procès soit en garde à vue.[321] Il y a garde à vue dans l'acte notarié s'il s'agit

---

[317] C'est une mesure qui suspend la prescription de l'action publique sans entraîner forcément l'extinction de l'action. Cependant, en cas d'échec de la mesure en raison du comportement de l'auteur des faits, le procureur de la République met en œuvre l'action pénale pour engager les poursuites, si celles-ci peuvent assurer la réparation du dommage causé par la victime.

[318] « Service public », in site, https://www.service-public.fr/particuliers/vosdroits/F31982 (visité le 15 octobre 2019).

[319] Une nouvelle loi abroge une infraction et s'applique aux procédures non encore commencées ou qui commencent et n'ont pas encore abouti à une peine définitive.

[320] On parle ici de la règle *non bis in idem*. En effet, la personne qui a été jugée ne peut faire l'objet de nouvelles poursuites sur les faits pour lesquels elle a déjà été jugée.

[321] Art. 62-2, Code pénal français.

de l'unique moyen de garantir la présentation de la personne devant le procureur, d'empêcher que la personne fasse pression ou modifie les preuves, ou encore pour éviter qu'elle s'entende avec des coauteurs ou des complices pour empêcher les investigations impliquant la présence de la personne.

La détention provisoire peut arriver dans un acte notarié pour un litige fiscal dans l'espace OHADA, si et seulement si elle concerne une infraction qualifiée de crime ou de délit, et si la peine est supérieure à 3 ans. En général, la détention provisoire est prévue pour trois mois écoulés depuis la détention. Pour les crimes[322], elle peut être prolongée de 6 mois. Pour les délits, elle ne peut dépasser 4 mois[323]. Concernant le déroulement du procès, les débats sont libres et publics, à moins que la publicité soit dangereuse pour l'ordre public ou les bonnes mœurs.[324] Après les débats ont lieu les délibérations, durant lesquelles la cour et les jurys ont à répondre[325].

Concernant les différents types de recours, nous avons les voies de recours ordinaires telles que l'appel, l'opposition ou le défaut criminel, ainsi que les voies de recours extraordinaires telles que la cassation, la révision et le réexamen. L'appel est une voie de reformation, permettant de saisir une juridiction supérieure à celle ayant rendu la décision contestée. Les personnes habilitées à faire appel sont le ministère public, la personne civilement responsable, l'administration fiscale ainsi que le procureur général, qui peut faire l'arrêt d'acquittement. Cependant, l'appel doit être interjeté dans les 10 jours à partir du prononcé de l'arrêt. Dans les pays de l'espace OHADA, qui sont régis par les cours d'assises, l'appel sera porté devant une autre cour d'assises, désignée par le premier président de cour d'appel[326].

L'autre moyen de recours est l'opposition. En effet, il s'agit d'une rétractation contre les jugements ou les arrêts rendus par défaut, qui empêche ceux-ci d'acquérir l'autorité de la chose jugée. Il existe certaines conditions. Le prévenu, régulièrement cité à personne, peut ne pas s'être présenté alors

---

[322] Le crime désigne les infractions les plus graves en droit pénal français. La personne accusée d'un crime est jugée en cour d'assises devant un jury. Elle encourt une peine de prison, ainsi que d'éventuelles amendes ou des peines complémentaires. Le crime doit être distingué du délit et de la contravention, qui sont des infractions moins graves. L'auteur d'un délit est jugé par un tribunal correctionnel. À titre d'exemple, le vol n'est pas un crime, mais un délit. Cette différence se retrouve également au niveau des peines encourues : alors que les sanctions des délits vont de 2 mois à 10 ans, celles pour les crimes vont de 15 ans à la perpétuité. Le délai de prescription ordinaire n'est pas non plus le même : 6 ans pour un délit et 20 ans pour un crime.

[323] RENAULT-BRAHINSKY (C.), *L'essentiel de la procédure pénale*, Paris, éd. Gualino, p. 106.

[324] Art. 306 al. 1er, Code civil français.

[325] Art. 348, Code de procédure civile français.

[326] RENAULT-BRAHINSKY (C.), *L'essentiel de la procédure pénale*, Paris, Éd. Gualino, p. 125.

qu'il avait une excuse reconnue valable devant les tribunaux. Dans la même optique, le prévenu peut avoir été cité autrement qu'à personne et il n'est pas prouvé qu'il a eu connaissance de la citation. L'effet principal de l'opposition est qu'il est suspensif. La décision rendue par le tribunal est ainsi privée de toute force exécutoire. En réalité, l'opposition a un effet extinctif, selon l'article 489 du Code de procédure français, car le jugement est non avenu dans toutes ses dispositions.

Concernant les voies de recours extraordinaires, il est possible pour l'une des parties de bénéficier d'un autre arrêt, cette fois-ci de cassation, à l'aide d'un moyen de droit appelé pourvoi. Il faut rappeler qu'il ne s'agit pas un nouveau degré de juridiction, car la Cour de cassation ne rejuge que le droit et non les faits.[327] Un pourvoi en cassation est rendu possible par l'existence de certaines irrégularités montrées par le législateur, à l'instar de l'inobservation des formes précises de pénalité, de l'excès de pouvoir de la juridiction qui a statué ou de la violation de la loi pénale.[328] Il ne faut pas oublier que la décision de la cour intervient lorsque la chambre criminelle entend le rapport d'un conseiller rapporteur, les observations des parties et les conclusions du ministère public. Elle doit statuer dans un délai minimum de 10 jours.

Les condamnations des notaires ou des particuliers à des peines privatives de liberté pour litiges fiscaux sont rares dans la pratique. Généralement, ils sont condamnés à des peines avec sursis. Cependant, dans les pays anglo-saxons, comme les États-Unis, il est courant d'aller en prison pour fraude fiscale. Les peines sont sévères et redoutables, ce qui a un effet dissuasif.

Dans l'espace OHADA, le procès pénal pour contentieux fiscal donne généralement lieu à des amendes. Dans certains pays de cet espace, des peines complémentaires peuvent être prononcées, telles que la privation des droits civiques ou le retrait du permis de conduire, comme en France.

Dans cette section, nous avons vu que l'on parle de condamnation du notaire lorsque l'issue lui est défavorable. *A contrario*, l'issue peut lui être favorable. C'est pourquoi nous devons analyser l'acquittement du notaire.

---

[327] *Ibid.*, p. 128.
[328] *Idem.*

SECTION II : L'ISSUE FAVORABLE POUR LE NOTAIRE : L'ACQUITTEMENT

« La persévérance est l'un des éléments principaux du succès. »

Longfellow

Par acquittement, nous entendons la libération totale du notaire de ses obligations ou dettes fiscales lors d'un contentieux fiscal devant le juge. Pour être précis, il s'agit pour le juge de l'impôt de déclarer cet officier public non coupable lors du contentieux fiscal. Néanmoins, l'organisation de cette partie divergera de l'approche que nous avons eue antérieurement, en enregistrant toujours la *summa divisio* entre l'administration et le juge. En effet, l'acquittement par l'administration se fait à l'appui de requêtes, telles que la décharge de responsabilité, la modération, la transaction et la compensation, qui ont déjà fait l'objet d'une longue analyse.

Nous préférons nous concentrer ici sur l'acquittement des litiges fiscaux par le juge. Si le notaire est mis en cause fiscalement pour un acte défaillant, il peut à l'issue d'un procès équitable être innocenté de ses charges fiscales. Il peut s'appuyer, pour être blanchi par le juge, sur les motifs suivants : l'absence de base légale[329] et le déni de lien de causalité, en prouvant au tribunal que le préjudice fiscal est dû en partie ou en totalité à une cause étrangère. Celle-ci doit être imprévisible, irrésistible et extérieure : en droit civil, il s'agit de la force majeure.

À proprement parler, les accusations fiscales de l'acte défaillant du notaire peuvent être contrées si certains événements plaident en sa faveur, comme le fait de personnes en relation directe avec son acte, à l'instar de collaborateurs ayant agi hors de leurs missions, de l'administration fiscale ou encore de l'usager de droit qui l'a exclu de la transaction. Dans la même perspective, la libération du notaire de ses accusations fiscales peut provenir d'événements ou de personnes extérieures à son acte, comme l'État, l'administration fiscale ou même une tierce personne.

Il ne faut pas oublier qu'en général, dans un procès pour contentieux fiscal, plusieurs principes de droit se côtoient. C'est la raison pour laquelle les principes pénaux, civils et même administratifs[330] peuvent être utilisés au

---

[329] Lorsque les motifs d'une décision de justice ne permettent pas à la Cour de cassation d'exercer son contrôle et de reconnaître si la loi a été ou non respectée dans le dispositif d'une décision judiciaire non susceptible de faire l'objet d'un appel ou d'un arrêt d'une cour d'appel, cette circonstance constitue un moyen de cassation « *pour défaut de base légale* ».

[330] Il est à noter que le juge fiscal, dans l'espace OHADA, a le souci de construire une jurisprudence fiscale sans ignorer le droit de la famille, le droit des sociétés, le droit des affaires,

cours d'un même procès. À titre d'exemple, dans le procès fiscal de l'acte notarié, les causes d'exclusion de la responsabilité extracontractuelle des notaires viennent des faits justificatifs, comme l'ordre, la permission de loi, le consentement de la victime[331] et l'état de nécessité.

La suite de notre travail nous amène à nous interroger sur les causes d'acquittement d'un notaire de ses charges fiscales lors du procès fiscal. Le notaire est libéré de sa responsabilité fiscale si la faute vient des personnes qui sont en lien direct ou qui sont extérieures à son acte (paragraphe 1), ou si certaines circonstances prévues par le législateur sont de nature à exclure le caractère fautif de sa faute (paragraphe 2).

PARAGRAPHE 1 : L'ACQUITTEMENT FISCAL DU NOTAIRE DU FAIT DES PERSONNES

Le notaire, lors de l'établissement de son acte, est souvent assisté de ses collaborateurs. En vérité, ce sont des personnes qui sont en lien direct avec son acte, car elles l'aident au quotidien à instrumenter ses actes. Il s'agit des notaires assistants, des notaires stagiaires, des notaires aspirants et d'autres collaborateurs de l'étude notariale, à l'instar des secrétaires ou des agents des formalités.[332] Il est aussi utile de rappeler que le client du notaire, l'usager de droit, fait aussi partie de l'acte du notaire, car à l'occasion de la confection de cet acte, il est celui qui fournit des informations déterminantes pour l'efficacité juridique de l'acte notarié.

Cependant, il arrive que le notaire n'ait pas été efficace dans son acte, du fait de ses collaborateurs ou d'informations erronées délivrées par son client. Il peut s'agir du clerc de notaire, du notaire assistant ou de l'agent des formalités, qui ont agi en dehors de leurs missions ou qui sont entrés en concert frauduleux avec les clients. Le notaire peut aussi avoir mal exécuté sa prestation du fait de son client, qui a choisi de lui donner de mauvaises informations ou de l'exclure complètement des opérations. Dans ces situations, le notaire peut demander que l'on dégage sa responsabilité fiscale du fait de ces personnes.

---

le droit du travail et le droit pénal. Dans certains cas, il concilie même la loi civile et la loi fiscale.

331 C'est ce que le Conseil d'État français a été amené à faire dans un cas où l'administration prétendait taxer d'office un contribuable dont la déclaration de revenus avait été signée par sa femme, alors que pour l'année d'imposition en cause, le concept de chef de la famille avait disparu du Code civil, mais avait été maintenu dans le Code général des impôts.

332 Il est utile de rappeler que les appellations divergent selon les aires géographiques. En effet, en Afrique centrale, au Cameroun par exemple, les appellations clercs et premiers clercs sont encore les plus usitées, en déphasage total avec le reste de la planète notariale.

Dans les faits, la libération de cet officier public de sa responsabilité fiscale advient s'il prouve que le personnel de son étude a agi en dehors de ses missions (A) ou s'il prouve que le client l'a exclu des opérations (B).

A- LE FAIT DU PERSONNEL DE L'ÉTUDE AYANT AGI HORS FONCTIONS

Le notaire n'est pas l'unique responsable des défaillances fiscales de ses actes dans toutes les situations. En effet, il est accompagné dans sa mission par un personnel qui est censé être qualifié et qui l'amène à accomplir sa mission avec délicatesse et efficacité. Ce personnel est indispensable dans la conduite de sa mission, car le notaire ne peut pas tout faire seul. Toutefois, la loi dans un souci de protection des usagers de droit, met à la seule charge du notaire la responsabilité des défaillances des actes de l'étude dont il a la charge. Par cette responsabilité, le notaire assure une garantie pour son client, en cas de défaillance de son acte. Cette garantie du notaire est assurément un gage de la sécurité juridique des actes passés par-devant lui. Cependant, les dysfonctionnements et certaines responsabilités lors de l'instrumentation de son acte ne peuvent pas, dans certaines circonstances, lui être imputés.

Il arrive souvent dans la pratique que les collaborateurs soient les auteurs principaux de ces défaillances, car ils ont exclu le notaire des opérations menées avec les clients ou avec l'administration. Dans de telles situations, le notaire peut demander à être innocenté sur le fait d'avoir été exclu des opérations par son personnel.

Quelles sont les conditions requises pour que cet officier public puisse être innocenté ? Doit-il avoir un contrat de subordination avec son préposé ? Selon la jurisprudence, dans quels cas son préposé peut-il bénéficier d'une immunité ?

En vérité, le notaire prudent dans ce type de procédure doit savoir que même s'il peut se désengager de sa responsabilité fiscale du fait de son collaborateur, le préposé peut bénéficier d'une immunité si certaines conditions ne sont pas remplies.

L'organisation de nos idées nous oblige, d'une part, à identifier les membres du personnel ainsi que les conditions d'engagement de leur responsabilité (1), afin de voir dans quelles hypothèses ils peuvent bénéficier d'une immunité contre le notaire (2).

1 - Les conditions d'engagement de la responsabilité du personnel

Les membres du personnel concernés sont tous ceux qui travaillent dans l'étude, contractuels ou non.[333] Il s'agit tout d'abord des collaborateurs qui aspirent directement à la profession, à l'instar des notaires stagiaires, des notaires assistants, des clercs et des premiers clercs dans certains pays de l'espace OHADA[334]. Cela concerne aussi d'autres collaborateurs de l'étude, comme les agents de formalité, les secrétaires de l'étude ou les réceptionnistes.

Nous tenons à rappeler que lorsque le litige est fiscal, cela n'empêche pas les principes du Code civil d'entrer en jeu dans le contentieux fiscal. Les parties à un acte notarié peuvent dégager leur responsabilité sur la base des articles 1382 et 1384 du Code civil. En effet, il s'agit pour la partie défenderesse (le notaire) de dire que certains événements ou certaines personnes l'ont empêché de mener à bien sa mission.

Concernant les conditions, nous pouvons dire que l'existence d'un rapport de superposition est requise, comme l'énonce l'article a 1384 al.5 du Code civil. Précisément, avant que le notaire puisse prétendre se désengager de sa responsabilité fiscale du fait de son collaborateur, il faut qu'il ait un pouvoir d'administration sur ce dernier : le pouvoir de lui donner des ordres. En réalité, si le notaire a plutôt un rapport de collaboration, comme dans les sociétés civiles professionnelles, les responsabilités sont partagées entre les notaires actionnaires.

Cependant, une question récurrente et insistante se pose en doctrine : un notaire avec un rapport de subordination avec son collaborateur, sans que celui-ci dispose d'un contrat le stipulant, peut-il valablement dégager sa responsabilité du fait de ce subordonné ? La jurisprudence française récente et les positions doctrinaires majoritaires africaines militent pour une subordination d'origine contractuelle, mais pas uniquement. En effet, il peut y avoir un contrat de travail[335]. Cependant, il est à noter que sans contrat de travail, la responsabilité du notaire peut aussi être dégagée. En effet, Philippe Brun, dans *La responsabilité extracontractuelle*, explique que la subordination peut être habituelle ou occasionnelle. Ainsi, il arrive que des personnes n'aient pas de contrat permanent, mais une tâche spécifique. Par exemple, un agent des formalités peut ne pas disposer d'un contrat de travail,

---

[333] BRUN (P.), *La responsabilité civile extracontractuelle*, 5e édition, Paris, LexisNexis, p. 234.

[334] Au Cameroun, par exemple, on utilise encore les appellations clerc de notaire et premier clerc de notaire, alors que dans la majorité des pays sous l'emprise du droit notarial, cette appellation est révolue.

[335] Art. 1242 al.5, Code civil français, qui est en avance sur certains pays africains de l'espace OHADA.

tout en effectuant régulièrement des tâches pour une étude. Dans des situations comme celle-ci, où il est possible de démontrer la permanence de la tâche du préposé, le notaire peut dégager sa responsabilité en s'appuyant sur la permanence et la régularité des tâches effectuées par ce préposé.

En clair, il peut exister des liens de subordination sans contrat. Il faut alors regarder la permanence de sollicitation du préposé collaborateur par le commettant (notaire). Si le notaire réussit à démontrer qu'il sollicite en permanence un préposé, même sans contrat, la jurisprudence récente a tranché en supposant l'autorité du notaire comme fondamentale pour dégager sa responsabilité[336]. Les lois les plus actualisées en matière de responsabilité contractuelle, comme en France, ont ajouté les contrats de mandat pour permettre à la responsabilité du notaire d'être dégagée. Il suffit que le notaire présente un contrat où il est stipulé que sa responsabilité est dégagée.

Il existe une autre condition, importante, pour que le notaire puisse dégager sa responsabilité fiscale du fait de son collaborateur : démontrer qu'il y a eu abus de fonctions de ce dernier. En effet, l'abus de fonctions consiste pour le collaborateur à aller au-delà des missions qui lui sont confiées. En général, trois conditions doivent être réunies pour prouver l'abus de fonctions : d'abord prouver que le préposé a agi hors de ses fonctions, ensuite démontrer qu'il n'en avait pas l'autorisation[337], enfin qu'il a agi à des fins étrangères[338].

Ces trois conditions sont cumulatives : si l'une d'elles n'est pas remplie, alors il n'y a pas abus de fonctions et le commettant (notaire) sera responsable. De surcroît, la jurisprudence tend à apprécier restrictivement ces trois conditions. Le préposé « *avait ainsi trouvé dans l'exercice de sa profession, sur son lieu de travail et pendant son temps de travail, les moyens de sa faute et l'occasion de la commettre* »[339]. Cependant, il est important de préciser que, dans la pratique, il est très difficile pour le notaire de prouver un abus de fonctions et d'échapper par ce biais à l'engagement de sa responsabilité fiscale.

À ce propos, Jean-Luc Aubert explique que la première hypothèse, qui exclut la responsabilité du notaire du fait de son préposé, est celle où le préposé a agi hors de ses fonctions. Il précise dans son livre *La responsabilité des notaires* que *« la responsabilité du notaire n'existe pas pour les opérations sortant indubitablement des fonctions dévolues au clerc par le*

---

336 BRUN (P.), *Responsabilité extracontractuelle*, Paris, éd. LexisNexis, p. 308.
337 « *Le préposé a agi sans autorisation* » veut dire que le commettant n'a pas autorisé le préposé à commettre l'acte considéré comme fautif.
338 « *Le préposé a agi à des fins étrangères à ses attributions* » signifie que le préposé doit avoir agi dans un intérêt personnel et non dans l'optique de mener à bien sa mission.
339 BRUN (P.), *Responsabilité extracontractuelle*, Paris, éd. LexisNexis, p. 308.

notaire. »[340] En effet, le titulaire de la charge notariale n'est pas responsable des agissements de collaborateurs qui ont agi à des fins personnelles.

Un cas inédit, jugé au Cameroun, illustre cette situation. En l'espèce, un clerc de notaire s'est fait consentir personnellement un prêt par un client de l'étude. Le clerc n'a pas pu s'acquitter de sa dette et le client a estimé qu'il devait engager la responsabilité du collaborateur du notaire et du notaire lui-même pour absence à son devoir de surveillance. Le juge a estimé que le collaborateur du notaire a agi en dehors des fonctions qui lui sont assignées et que la responsabilité du notaire ne pouvait pas être engagée. Dans cette situation, il est clair que la responsabilité du notaire est exclue, dans la mesure où le prêt n'a rien à voir avec les missions de l'étude. Cela rend le clerc du notaire personnellement responsable du dommage qu'il a causé au client de l'étude.

Autre situation juridique, plus courante dans la pratique : dans l'espace OHADA, il arrive que des collaborateurs de notaires, en mèche avec certains agents de l'administration fiscale, versent des dons et des pots-de-vin pour ne pas reverser l'intégralité de l'impôt dû par le notaire à l'État pour le compte de son client. Par ces agissements, le collaborateur se rend complice avec les agents des impôts de détournement des droits fiscaux. Mais le notaire peut-il dégager sa responsabilité dans de pareilles situations ? Précisément, peut-il invoquer que le détournement de l'impôt lui ait été imprévisible et qu'il s'agisse de la responsabilité de son collaborateur ? Justice est-elle rendue si le notaire paie un impôt qu'il n'a pas détourné et qui est l'œuvre d'un collaborateur véreux ?

Rappelons aussi le cas des collaborateurs qui surfacturent les émoluments du notaire ou les droits requis au fisc, falsifient les actes qui leur sont soumis ou encore réalisent des faux sur les actes authentiques. Ils engagent de ce fait la responsabilité du notaire, car celui-ci a un devoir de surveillance et de vigilance à l'égard de ses collaborateurs.

Par ailleurs, le collaborateur de notaire agit en dehors de ses fonctions s'il agit sans autorisation. Par exemple, s'il diligente à l'insu du notaire des actes qui ne sont pas de sa compétence territoriale.

À travers ces exemples, nous ne prétendons pas avoir dressé une liste exhaustive des situations de droit pouvant être considérées comme « hors de fonction » du clerc ou du préposé.

---

340 AUBERT (J.-L.), *Responsabilité professionnelle des notaires*, op. cit., p. 40.

Autre condition pour que le notaire puisse dégager sa responsabilité fiscale : il faut démontrer que le préposé a agi sans mandat et à des fins étrangères. Ceci renvoie à dire que le collaborateur de notaire a agi à des fins qui ne font pas partie des missions de l'étude, comme emprunter de l'argent à des clients ou corrompre les agents du fisc à l'insu de son parrain. Cette situation exige un acte dommageable objectivement, indépendamment des fonctions et des conséquences. Si la victime (le client) avait connaissance que le préposé (le collaborateur) agissait à l'encontre de ses missions, elle s'expose à la perte de sa protection légale de responsabilité.

Il faut noter que le collaborateur du notaire, même s'il agit dans les limites de sa mission, ne bénéficie pas d'une immunité. En effet, s'il a été condamné au pénal pour avoir commis une infraction intentionnelle, son immunité tombera[341]. Il verra sa responsabilité engagée même s'il bénéficie d'une immunité, parce qu'il a été reconnu coupable d'une infraction pénale. Mais si un préposé commet une infraction pénale intentionnelle sur ordre de son commettant, bénéficie-t-il d'une immunité, alors qu'il n'a pas excédé les limites de sa mission ?

Dans le même ordre d'idées, le collaborateur n'a pas d'immunité s'il a commis une faute civile intentionnelle[342], c'est-à-dire une faute commise avec l'intention de nuire ou de causer un dommage. Elle est réalisée en conscience des résultats[343].

Une autre situation, appliquée dans plusieurs pays de l'espace OHADA, libère les notaires. Elle est décrite dans l'article 975 du Code civil français. Il dispose : « *Ne pourront être pris pour témoins du testament par acte public, ni les légataires, à quelque titre qu'ils soient, ni leurs parents ou alliés jusqu'au quatrième degré inclusivement, ni les clercs des notaires par lesquels les actes seront reçus.* » Ceci signifie que les collaborateurs de notaires et les clercs ne peuvent en aucun cas être témoins dans les actes qu'ils diligentent pour le compte de leur parrain ou du titulaire de la charge. Le collaborateur qui enfreint cette règle est généralement considéré comme ayant agi en dehors de ses missions.

Pour étayer nos propos, voici l'arrêt de la cour d'appel de Pau du 28 mai 2019, n° 17/00651. Dans cette affaire, « monsieur E... H... et Madame K... A..., son épouse, souhaitant bénéficier de l'avantage fiscal prévu par le dispositif "de Robien", ont signé le 24 mai 2005, avec la SCI LES PORTES

---

[341] Nous tenons à préciser qu'il en va de même si cette infraction pénale intentionnelle n'a pas été condamnée au pénal.

[342] En revanche, la commission d'une infraction pénale non intentionnelle ne suffit plus, depuis un arrêt de 2014, à faire tomber l'immunité du préposé, contrairement à ce qu'avait pu affirmer la 2e chambre civile dans un arrêt de 2007.

[343] Art. 1240, Code civil français.

DES PYRÉNÉES, un contrat préliminaire à une vente en l'état futur d'achèvement concernant l'acquisition de deux lots identifiés sur le plan par les numéros B 336 et 327, constitués chacun d'un appartement de type T3 et d'un parking, situés dans la résidence des Pyrénées, devant être construite sur la commune d'OLORON-SAINTE-MARIE (64).

Pour financer leur projet immobilier d'un montant de 331 000 TTC, les époux H... ont souscrit un crédit de ce même montant auprès du CRÉDIT FONCIER DE FRANCE.

La signature du contrat de réservation a été accompagnée, le même jour, par la signature d'un mandat de gestion au profit de la société ELIENCE et d'une adhésion à un contrat d'assurance collectif souscrit par cette même société auprès de GAN/GFDP/LYONNAISE DE GARANTIE couvrant notamment les risques de loyers impayés.

La signature de l'acte définitif de vente en l'état futur d'achèvement est intervenue à DIJON le 28 novembre 2005, Monsieur et Madame H... étant représentés par un clerc de notaire.

La réception des biens immobiliers est intervenue le 17 septembre 2007.

À la demande de Monsieur et Madame H..., le président du tribunal de grande instance de PAU a, par ordonnance du 18 décembre 2013, désigné la SARL SIP en qualité de mandataire ad hoc de la SCI LES PORTES DES PYRÉNÉES, dissoute, liquidée et radiée, pour la représenter sur l'assignation en annulation de la vente immobilière.

Par acte d'huissier en date du 12 août 2014, Monsieur et Madame H..., estimant que leur consentement a été vicié lors de la signature de l'acte authentique de vente en raison d'un dol, ont fait assigner la société SIP, le CRÉDIT FONCIER DE FRANCE et la SA AXA devant le tribunal de grande instance de PAU aux fins d'annulation de la vente, d'annulation ou de résolution du contrat de prêt et de résiliation de leur adhésion au contrat d'assurance collective et, par acte d'huissier du 12 août 2014, ils ont fait assigner en intervention forcée la société SIP prise en sa qualité de mandataire ad hoc de la SCI LES PORTES DES PYRÉNÉES. »[344]

Nous venons de parler de l'hypothèse du collaborateur du notaire ayant agi hors de ses fonctions. Qu'en est-il du cas où la victime a exclu le notaire de ses opérations ?

---

[344] Décision de la cour d'appel de Pau, 28 mai 2019, n° 17/00651.

2- Les circonstances dans lesquelles le collaborateur du notaire bénéficie d'une immunité

On suppose qu'en cas de faute, aussi bénigne soit-elle, du préposé du notaire, celui-ci devient responsable de l'intégralité de la réparation. Il est évident que le commettant, qui est généralement le notaire, ne sera responsable que si le préposé (collaborateur) a commis la faute dans l'exercice de ses fonctions. Pour être certain que la faute du préposé ne puisse pas être rattachée à l'exercice de ses fonctions, l'assemblée plénière de la Cour de cassation a créé, en 1988, après quelques errements jurisprudentiels, la notion d'abus de fonctions : « *Le commettant ne s'exonère de sa responsabilité que si son préposé a agi hors des fonctions auxquelles il était employé, sans autorisation, et à des fins étrangères à ses attributions.* » Le collaborateur n'est donc fiscalement pas responsable à partir du moment où il a agi dans le cadre de ses missions, même s'il a commis des fautes. Précisément, le notaire a un devoir de surveillance et de vigilance sur ses collaborateurs, qui le rend automatiquement responsable de leurs agissements. Il assume seul la responsabilité de leurs fautes dans l'exercice de leurs missions.

Nous tenons à préciser que l'immunité ne rend pas le préposé irresponsable. Elle va simplement paralyser l'action de la victime dirigée contre le collaborateur du notaire, sans supprimer pour autant sa responsabilité. Cette précision terminologique n'est pas purement théorique, car l'action de la victime (client du notaire) dirigée contre l'assureur du collaborateur du notaire sera recevable, de même que l'action récursoire de l'assureur du notaire contre l'assureur du collaborateur.

Le notaire demeure le seul responsable si le collaborateur a commis des falsifications ou des faux en écriture authentique, s'ils n'ont pas encore été reconnus au pénal comme des fautes pénales intentionnelles, ou si le notaire dans sa défense ne s'en est pas prévalu. En vérité, le législateur, sachant que le notaire est le garant de la sécurité juridique, a laissé à la seule charge de ce dernier la responsabilité de l'entièreté de son acte. Il ne voudrait pas mettre à la charge d'autres personnes, moins outillées et moins solvables, la responsabilité de leurs actes. Le législateur, soucieux de la sécurité juridique, souhaite que les usagers de droit aient un seul responsable si l'acte faillit.

En résumé, le collaborateur du notaire bénéficie de l'immunité si trois conditions sont remplies. D'abord, il doit présenter un lien de subordination avec le notaire qui stipule exactement le cadre de ses missions. Ensuite, il doit justifier d'une faute fiscale commise à l'administration ou à l'usager de droit. Enfin, il doit prouver que la faute est commise dans le cadre de ses fonctions.

Après cette présentation des conditions d'immunité des collaborateurs, nous allons exposer les cas d'exclusion de la responsabilité du notaire du fait d'autres personnes.

B- ACQUITTEMENT DU NOTAIRE DU FAIT D'AUTRES PERSONNES

Le notaire, à part ses collaborateurs, peut voir sa responsabilité fiscale dégagée lors d'un procès fiscal du fait d'autres personnes, parties ou étrangères à son acte. Il peut sembler confus que cette éventualité soit possible dans la pratique, alors que les règles de la responsabilité extracontractuelle le permettent, notamment l'article 1384 du Code civil dans la majorité des pays de l'espace OHADA.

En effet, il arrive que la faillite de l'acte notarié vienne du client lui-même, qui a exclu le notaire de ses opérations. Précisément, il peut avoir mené des agissements dommageables pour son acte, sans prévenir le notaire ou sans écouter ses conseils. Il a alors agi consciemment, même s'il en ignorait les conséquences. Le notaire peut aussi chercher à se libérer de ses obligations fiscales s'il démontre qu'une tierce personne à l'acte est la cause majeure de l'échec de son acte.

La suite de notre travail nous permettra d'analyser les cas où le notaire est exclu de sa responsabilité fiscale du fait de son client, qui l'a exclu lui-même de ses opérations (1), puis les circonstances dans lesquelles le tiers peut être le fait générateur de l'exonération du notaire (2).

1- Le fait de l'usager de droit comme cause de libération du notaire

L'usager de droit correspond au client du notaire. En effet, dans la nouvelle conception du droit notarial et de la doctrine dominante, le notaire n'a pas des « clients », mais uniquement des « usagers de droit ». Cette terminologie est justifiée par le fait que le notaire se doit de travailler de façon impartiale avec eux, de manière occasionnelle ou permanente. Il ne doit jamais privilégier une personne à une autre et doit toujours veiller à l'équilibre entre les parties.

La victime peut être perçue comme une personne qui subit personnellement un préjudice, par opposition à celle qui le cause.[345] Ainsi, la faute de l'usager de droit, dans l'espace OHADA, peut être appréhendée comme le fait, pour une victime, d'avoir participé à son propre préjudice. C'est d'ailleurs pour cette raison qu'elle est perçue de la même manière que

---

[345] CORNU (G.), CAPITANT (H.), *Vocabulaire juridique*, *op. cit.*, p. 1071.

la faute de l'auteur du dommage[346]. Cette faute peut résider dans l'acceptation des risques. Tel est le cas du client qui, malgré les conseils avertis de son notaire, a tout de même consenti à prendre des risques. Il peut arriver que le notaire conseille à son client de payer sa taxe foncière lors d'une transaction immobilière, mais que celui-ci n'y satisfasse pas. Dans de telles hypothèses, le notaire peut dégager sa responsabilité du fait de l'usager de droit, en arguant qu'il a donné des conseils fiscaux que l'usager de droit n'a pas respectés.

Cela arrive souvent en matière de paiement de taxe foncière dans l'espace OHADA. En effet, les clients se doivent de reverser au fisc les droits fiscaux relatifs aux transactions immobilières. Ils doivent précisément s'acquitter de la taxe foncière avant de pouvoir faire une quelconque opération juridique. Cependant, rares sont ceux qui s'acquittent de leurs droits fiscaux avant de venir passer l'acte chez le notaire. De même, rares sont les acheteurs qui cherchent à savoir si la taxe a été acquittée avant de pouvoir acheter. La conséquence, souvent fâcheuse, est généralement que l'opération juridique piétine et cause des préjudices aux parties lors de la vente. La transaction ne peut pas avancer sans le paiement de cette taxe. Malheureusement, dans la plupart des cas, le vendeur ou l'acheteur engage souvent la responsabilité fiscale du notaire, soit pour manque de conseil, soit parce que l'acte demeure statique, estimant qu'il s'agit de la faute du notaire.

Encore faudrait-il que le notaire puisse prouver qu'il a donné des conseils fiscaux. Nous rappelons que la jurisprudence, à l'heure actuelle, n'admet toujours pas la preuve des conseils donnés annexés aux actes notariés dans la majorité des pays de l'espace OHADA. Le non-paiement de la taxe foncière n'incombe pas à la responsabilité du notaire, car il est tenu uniquement de conseiller, mais n'a aucune force dissuasive pour amener ses clients à payer.

Cette situation illustre bien le fait que le notaire peut voir sa responsabilité fiscale dégagée, du fait du demandeur qui n'a pas rempli ses devoirs impératifs d'acquittement de ses impôts.

Cela étant, la faute de la victime ne sera retenue que dans la mesure où elle a joué un rôle causal. Tel n'est pas le cas par exemple du notaire qui, sachant les risques qu'encourait son client, a dissimulé sous couvert du secret professionnel des informations capitales. Il est à noter que pendant un temps,

[346] S'agissant du consentement de la victime, il est dit que l'on ne fait pas du tort à qui consent. D'où la règle *volenti non fit injuria* ou encore *voluntas non excusat injuriam*. En réalité, si la victime consent, la responsabilité du notaire disparaît et il n'est plus le seul responsable. En fait, l'idée est qu'en certaines circonstances, la victime, en se livrant en connaissance de cause à une activité génératrice de risques particuliers, est considérée comme ayant accepté les risques inhérents à cette activité. Elle en accepte ainsi les effets.

la faute de la victime n'était jamais prise en considération lorsque l'auteur avait commis une infraction pénale intentionnelle contre les biens. Un revirement jurisprudentiel[347] a très vite été opéré dans ce domaine, considérant que la faute de la victime doit être prise en considération dans la détermination du montant de l'indemnisation. Cependant, il faut distinguer selon que la faute de la victime est constitutive d'un cas de force majeure ou non[348].

La responsabilité fiscale du notaire doit être écartée lorsque les parties, et notamment la victime, se sont entendues pour exclure l'officier ministériel de leurs opérations. Ainsi, quand une opération hypothécaire a été entièrement négociée par un tiers, agissant avec l'assistance d'un clerc de l'étude, lequel selon la constatation des juges avait utilisé, « dans le but lucratif en dehors de l'étude, les renseignements qu'il avait pu se procurer par sa fonction », la responsabilité fiscale du notaire ne saurait se trouver engagée. Il en va de même lorsqu'il est établi que le client a été « négligent », malgré les garanties *« d'honorabilité et de savoir que l'officier public lui présentait, [et qu'il] a préféré n'avoir à faire qu'au clerc dont il a imprudemment suivi la foi ».*

Un exemple, au Cameroun, est très discuté en doctrine : l'hypothèse du testament mystique, prévue par la loi. Le client peut sans consulter le notaire déposer un testament dit mystique, qui peut ne pas respecter le droit des successibles. Lorsque le testament est contesté par les ayants droit, la responsabilité du notaire est souvent invoquée. Heureusement, la jurisprudence camerounaise a estimé que le notaire était exonéré de toute responsabilité, non seulement parce que la loi permet au notaire de recevoir ce type d'acte, mais aussi parce que l'on doit considérer le fait que la victime a agi hors des fonctions du notaire[349].

---

347 Arrêt rendu par la chambre criminelle de la Cour de cassation du 19 mars 2014 dans l'affaire du courtier Jérôme Kerviel contre la Société Générale.

348 Dans la première hypothèse et suivant la formule de la jurisprudence : « *La faute de la victime n'exonère totalement le gardien que si elle constitue un cas de force majeure.* » Cela suppose que l'action de la victime a été imprévisible et irrésistible, auquel cas elle est la cause exclusive du préjudice fiscal.

Dans la seconde hypothèse, il faut souligner que si l'auteur du préjudice fiscal est poursuivi sur le fondement d'une faute prouvée, il y aura partage de responsabilité au prorata de la gravité respective des fautes.

349 Cour d'appel de l'Ouest, 20 octobre 2003, affaire TAYOU Isaac. YEPMO TCHIENDJOU DAVID, Me HAPPI MESSACK.

Dans le même sens : TGI centre administratif, Yaoundé, 22 novembre 2012, n° 1148/civ, EFFA HENRI/NKOUDOU HÉLÈNE, FOTSO MEKU.

Nous venons de voir le fait de l'usager de droit comme cause d'exonération. Qu'en est-il des causes d'acquittement du notaire du fait de tierces personnes à son acte ?

2 - Le fait du tiers comme cause de libération du notaire

Il arrive en droit, dans les pays OHADA, que le fait d'une tierce personne à l'acte notarié puisse influencer ou déterminer l'issue de l'acte et, de facto, libérer le notaire de sa responsabilité fiscale. En vérité, en matière fiscale, la responsabilité extracontractuelle du notaire peut être exonérée du fait d'une tierce personne qui n'est pas directement intéressée par l'acte, mais qui y a joué un rôle déterminant. Cette influence peut être tellement importante que le notaire peut demander la décharge de sa responsabilité fiscale du fait de cette tierce personne. Nous pouvons prendre pour exemples un agent de l'État, l'administration fiscale ou plusieurs autres types de personnes. Au demeurant, si certaines conditions cumulatives sont réunies, cet officier public peut demander l'exonération de sa responsabilité.

La notion de tiers peut être saisie avec un double sens. Au sens général du terme, il s'agit de toute personne étrangère à une situation juridique[350]. Au sens contractuel, c'est une personne n'ayant été ni partie ni représentée à un contrat, et qui n'est pas touchée par son effet obligatoire.[351] En clair : un tiers, dans ce contexte, est une personne étrangère à l'activité du notaire, par opposition aux personnes dont il doit répondre. En effet, un notaire dont la responsabilité contractuelle ou extracontractuelle est mise en cause peut y échapper, en démontrant que le dommage est tout ou partie imputable au fait d'un tiers, peu importe que ce fait soit ou non fautif. À cet effet, cet officier public ne saurait, pour échapper à sa responsabilité, invoquer comme fait d'un tiers celui de l'un de ses préposés ou celui d'un sous-traitant.

Sur un plan purement général, on peut admettre les principes suivants : si le fait du tiers a été imprévisible et irrésistible, il constitue une forme de force majeure et exonère totalement le notaire, quel que soit le fondement de la responsabilité. C'est la preuve qu'il n'avait pas commis de faute causale ou que la présomption de responsabilité qui pesait sur lui n'était pas justifiée.

Le fait d'un tiers implique qu'au moins deux personnes soient auteures du dommage. Plus précisément, le notaire est responsable avec une autre personne, à l'instar d'une banque lors d'une transaction immobilière ou lors d'une convention de crédit avec affectation hypothécaire. Il s'agit pour cet officier public de partager la défaillance de l'acte avec une autre personne qui

---

350 CORNU (G.), CAPITANT (H.), *Vocabulaire juridique*, op. cit., p. 1024.

351 *Idem.*

a contribué à l'échec de cet acte. Généralement, c'est là qu'intervient l'obligation *in solidum*.

Prenons deux cas de figure explicatifs. Dans le premier cas, le tiers est l'administration fiscale, le notaire le défendeur et le client le demandeur. Concrètement, il s'agit pour le client d'invoquer la responsabilité fiscale du notaire et du fisc pour préjudice. Lors de ce type de procès, le notaire et l'administration fiscale sont solidaires en cas de condamnation à payer l'intégralité de la dette. En vérité, le notaire peut essayer d'échapper au paiement total ou partiel de la créance fiscale en indexant, preuves à l'appui, l'administration fiscale. Le juge peut alors décider de faire payer seul le notaire ou en solidarité, pour dégager sa responsabilité fiscale, en indexant l'administration fiscale.

L'autre exemple est la situation où la banque a amené le notaire à commettre des erreurs. Il peut s'appuyer sur ce fait pour partager, en solidarité avec la banque, le préjudice causé à son usager de droit du fait de la banque. Il en est de même si l'administration fiscale a commis des erreurs dans le calcul des impôts ou dans la détermination de l'assiette, ou même dans l'interprétation erronée de la loi. Le notaire peut dégager fiscalement sa responsabilité en invoquant le fait de l'administration.

Il est important de rappeler que lorsque le fait du tiers ne revêt pas le caractère de la force majeure, il faut distinguer la recherche de responsabilité du défendeur sur le fondement de la faute et celle sur le fait des choses. Si la responsabilité est recherchée sur le fondement de la faute, la situation se présente ainsi : à l'égard de la victime (usager de droit), chacun est censé avoir concouru à la production du dommage en entier, si bien que les coauteurs seront tenus *in solidum* en matière extracontractuelle. La victime pourra donc poursuivre pour le tout l'un des coauteurs, sans qu'aucun puisse invoquer la faute du tiers comme une cause d'exonération partielle de sa responsabilité.[352]

En revanche, nous tenons à signaler que dans les rapports entre coauteurs, celui qui a indemnisé la victime disposera d'un recours contre l'autre, ce qui induit un partage de responsabilité entre ce tiers et le défendeur.

Face à ces principes du tiers et du client comme faits générateurs de l'exonération du notaire, que pouvons-nous dire de l'exclusion de la responsabilité fiscale du notaire du fait de certaines circonstances ?

---

[352] MALINVAUD (P.), FENOUILLET (D.), MEKKI (M.), *Droit des obligations*, *op. cit.*, p. 588.

PARAGRAPHE 2 : L'EXCLUSION DE LA RESPONSABILITÉ DU NOTAIRE DU FAIT DE CERTAINES CIRCONSTANCES

Le notaire, selon le droit positif, dans la majorité des pays de l'espace OHADA, n'est pas uniquement responsable du fait des personnes. Il peut arriver, du fait de certaines circonstances, que sa responsabilité fiscale soit dégagée. Comme ces hypothèses sont rares dans la pratique, il arrive qu'au procès fiscal le notaire cherche à demander l'exonération de sa responsabilité du fait d'un cas de force majeure ou d'une cause étrangère[353]. Précisément, cet officier public ne s'appuie plus sur les personnes physiques de droit pour dégager sa responsabilité, mais sur des circonstances qui l'ont empêché de travailler de façon optimale. En vérité, il ne pouvait pas faire autrement, car l'événement lui était extérieur, irrésistible et imprévisible. Il est vrai que l'assurance des notaires joue un rôle déterminant, car elle permet aux victimes des actes notariés d'être indemnisées. En effet, il faut le dire avec insistance, le notariat est l'une des rares professions en Afrique où un postulant est obligé de souscrire à une assurance pendant l'exercice de sa fonction[354]. Elle contribue sans aucun doute à l'efficacité juridique de l'acte notarié.

Certains événements empêchent le notaire d'élaborer efficacement son acte, comme les faits justificatifs[355]. En effet, il arrive dans certains cas que la loi autorise le notaire à agir d'une certaine façon, même si elle n'est pas considérée par l'administration fiscale. Il peut aussi arriver que des vices cachés aient donné un autre sort aux actes, que le notaire ne pouvait ni prévenir ni découvrir. Il en va de même si la force majeure, entendue comme en droit civil, c'est-à-dire un événement imprévisible et irrésistible, vient perturber son ministère. Le cas fortuit[356] n'est pas en reste. En effet, des manifestations ou

---

[353] Article 1240 du Code civil français et dans certains pays de l'espace OHADA ; article 1382 dans d'autres pays qui n'ont pas fait de réforme. Cet article dispose que l'auteur du dommage doit prouver l'existence d'un cas de force majeure. La force majeure en tant que cause d'exonération est un événement imprévisible et irrésistible. Il peut s'agir d'un événement, mais aussi du fait d'un tiers.

[354] Les différents statuts de la profession de notaire, dans l'espace OHADA, obligent les notaires à souscrire à une assurance responsabilité avant leur prise de fonction.
Dans le même sens : BIGOT (R.), *L'assurance des professionnels du procès*, RDGA 2010, n° 3, p. 904.

[355] Le fait justificatif a pour effet de retirer le caractère fautif au comportement dommageable. Concrètement, le fait justificatif neutralise, en quelque sorte, la faute commise par l'agent en raison de certaines circonstances très particulières, à l'instar du consentement de la victime, l'acceptation des risques, l'ordre de la loi ou l'état de nécessité. Le fait justificatif est une cause d'irresponsabilité objective.

[356] Il peut s'agir d'événements naturels (inondations, tornades, incendies…) ou d'actions humaines (guerres, manifestations, grèves…)

des grèves peuvent causer du tort à l'acte notarié, sans que le notaire puisse les prévoir. Peu utilisé dans la pratique, le cas fortuit peut efficacement libérer le notaire de sa responsabilité.[357]

Selon le législateur de la majorité des pays de l'espace OHADA, certaines considérations sont de nature à exclure le caractère fautif de la faute fiscale du notaire. En effet, dans le procès fiscal, il arrive que les parties usent de principes venant d'autres domaines du droit pour servir d'arguments afin de dégager leurs responsabilités fiscales. Généralement, ces arguments de droit n'ont souvent rien à voir avec les principes et règles relevant de la fiscalité ; ils sont pourtant valables. Nous pensons ainsi aux principes civils et pénaux, très souvent soulevés lors des contentieux fiscaux. Il arrive qu'un demandeur utilise les faits justificatifs du droit pénal ou les exonérations usitées en droit civil pour demander à ce que sa responsabilité soit dégagée dans un procès fiscal. La jurisprudence va en ce sens, car la majorité des décisions de justice montrent l'utilisation des principes pénaux et civils lors des contentieux fiscaux. Cette utilisation d'autres principes de droit que les principes fiscaux ne dérogent pas aux actes notariés. En effet, les parties aux actes notariés utilisent aussi ces principes pénaux et civils pour dégager leurs responsabilités. C'est ainsi qu'au procès fiscal, le demandeur peut s'appuyer sur les faits justificatifs ou les causes d'exonération pour dégager sa responsabilité fiscale. En clair, la partie demanderesse à l'acte notarié[358] utilise certaines circonstances de fait et de droit, et même la force majeure et la cause étrangère, pour dégager sa responsabilité fiscale.

Dans la suite de notre travail, nous pouvons déjà dire *a minima* qu'il existe des circonstances prévues par le législateur (A), ainsi que des circonstances imprévues, telles que la force majeure et la cause étrangère (B).

A- LES CIRCONSTANCES PRÉVUES PAR LE DROIT

Les circonstances de droit sont des événements ou des hypothèses prévus par le législateur dans les différents textes qui dégagent la responsabilité fiscale du notaire. Comme nous l'avons dit plus haut, dans le procès fiscal, il arrive qu'en plus des principes fiscaux, d'autres principes entrent en jeu ou soient valorisés par cet officier public pour dégager sa responsabilité fiscale.

---

[357] Beaucoup de notaires de pays francophones font face à ces difficultés, parce que les grèves, manifestations et guerres sont récurrentes et les empêchent dans bien des cas d'exercer efficacement leur ministère. Elles sont dans certains cas les causes de faillite de leurs actes. Malheureusement, peu de notaires pendant les procès utilisent ce moyen offert par le droit pour dégager leur responsabilité.

[358] Cette partie peut être n'importe quelle personne se sentant lésée dans l'acte notarié. Cela peut être le notaire lui-même, le client, l'administration fiscale ou un tiers à l'acte, par l'effet relatif des contrats.

Ainsi, les arguments varient sur les hypothèses ou les cas d'exclusion de responsabilité prévus par le législateur. Les faits justificatifs ont pour effet de retirer son caractère fautif au comportement dommageable.

Le fait justificatif neutralise, en quelque sorte, la faute commise par l'agent en raison de certaines circonstances très particulières, à l'instar du consentement de la victime, de l'acceptation des risques, de l'ordre de la loi ou encore de l'état de nécessité. En plus de cela, certains principes fiscaux peuvent être utilisés par le notaire, comme les principes d'inspiration constitutionnaliste (égalité et légalité) ou les principes généraux du droit (non-rétroactivité, territorialité, contradictoire et compétence liée de l'administration).

La compréhension de cette partie exige, d'une part, d'étudier les principes fiscaux souvent usités par les notaires lors des litiges fiscaux (1) et, d'autre part, les autres principes de droit utilisés dans le procès fiscal, à l'instar des principes civils et pénaux (2).

1- Les circonstances prévues par les principes fiscaux

Si le législateur se doit de respecter les grands principes budgétaires lors de l'élaboration des lois de finances, il est aussi soumis aux principes du droit fiscal, qui trouvent leur source dans le bloc de constitutionnalité. En effet, la Constitution, et plus précisément son préambule, consacre des principes ayant vocation à encadrer l'action du législateur, organe de décision principal en matière fiscale. Le notaire, pour se libérer des accusations fiscales, doit évoquer les principes constitutionnels qui à cette occasion n'ont pas été respectés. Nous voulons prendre pour exemple les principes tels que le principe de la légalité devant l'impôt, le principe de l'égalité devant l'impôt, le principe général du respect du droit de la défense et le principe de la non double imposition. Ces principes ne sont pas tous des principes fiscaux, mais nous avons sélectionné ceux qui peuvent être utilisés par ces officiers publics pour se libérer de leur responsabilité. Les principes à valeur constitutionnelle côtoient les principes généraux du droit, tels que la non-rétroactivité de la loi pénale, la territorialité, le contradictoire et la compétence liée de l'administration. Cette liste n'est pas exhaustive : nous avons fait le choix de sélectionner les principes les plus pertinents. Cependant, nous regrouperons les moyens de défense des notaires autour des principes constitutionnels qui encadrent le droit fiscal, à l'instar de la légalité et de l'égalité, avant d'évoquer les principes qui tiennent aux droits fondamentaux et libertés reconnues aux contribuables, ainsi que le principe de la rétroactivité en droit fiscal.

La légalité signifie que tous les impôts, taxes et redevances doivent être prévus par les textes en vigueur[359]. On ne saurait invoquer le fiscal en l'absence de textes, toute défense devant s'appuyer sur les textes fiscaux. En clair, l'essentiel du régime des impôts doit relever de la compétence législative. La légalité prend sa source dans l'article 14 de la Déclaration des droits de l'homme et du citoyen (DDHC) de 1789. Dans plusieurs pays de l'espace OHADA, elle est définie dans l'article 34 de la Constitution, précisant que « *les règles concernant l'assiette, le taux et les modalités de recouvrement des "impositions de toutes natures"* » sont fixées par la loi et sont donc nécessairement votées par le Parlement. En réalité, il s'agit lors des contentieux fiscaux de démontrer, par exemple, que l'impôt réclamé n'a pas de base légale ou ne figure pas dans un texte en vigueur, et de signifier que l'administration fiscale a utilisé des considérations non légales. Dans la pratique, il s'agit pour le notaire défendant son acte de dire que l'administration fiscale ne s'est pas fondée sur les textes fiscaux en vigueur. Il en va de même pour le client en litige avec son notaire : il s'agit pour lui de dire que le notaire ne s'est pas fondé sur des motivations et considérations légales[360].

Le principe d'égalité devant l'impôt vient du fait que tout le monde doit être égal devant la loi, même l'État à travers l'administration fiscale. Ce principe d'égalité fiscale consiste en l'égalité des contribuables devant la loi fiscale. Mais il s'agit ici davantage d'une égalité par l'impôt, utilisé comme outil de redistribution pour assurer une répartition plus juste de la charge fiscale et favoriser une égalité de sacrifices financiers. Il découle des articles 1 et 6 de la DDHC, qui proclament respectivement l'égalité des hommes et l'égalité devant la loi. Un même régime fiscal doit alors s'appliquer à tous les contribuables placés dans la même situation. L'administration fiscale doit se plier aux règles fiscales.

Le principe d'égalité devant l'impôt comporte deux branches : d'une part le principe d'égalité devant la loi fiscale (article 6 de la DDHC de 1789) et d'autre part le principe d'égalité devant les charges publiques (à son article 13). Dans certains pays de l'espace OHADA, tout comme en France, le Conseil constitutionnel doit veiller à la cohérence des dispositifs fiscaux à caractère discriminatoire, ainsi que sur la proportionnalité de ces traitements différenciés de l'impôt, qui est le fondement de la justice fiscale. Il s'agit précisément et davantage d'une égalité utilisée par l'impôt comme source de travail. En effet, dans un acte notarié, le notaire défendant son acte ou son

---

[359] Selon Rousseau : « Les impôts ne peuvent être établis légitimement que du consentement du peuple ou de ses représentants. »

[360] À proprement parler, le gouvernement ne dispose pas du pouvoir de créer des impositions de toute nature par voie réglementaire. Certains impôts, comme les cotisations sociales, sont exclus et peuvent se faire de façon réglementaire.

client peut invoquer que l'égalité de tous devant les impôts n'a pas été respectée, en s'appuyant sur le motif que les impôts réclamés soient discriminatoires et arbitraires et ne visent pas la justice fiscale. Dans la pratique, les exemples ne manquent pas. En effet, on observe souvent des erreurs de l'administration, qui font subir des taxations différentes sur des citoyens soumis au même régime fiscal. Malheureusement, certains vont plus loin : ils taxent « à la tête du client » sans respecter le principe d'égalité de tous devant la loi fiscale. Les notaires, lors de la rédaction de leurs actes, doivent être particulièrement vigilants. Lors des litiges fiscaux, ils doivent évoquer ce moyen de défense si les conditions sont réunies.

À côté de ces principes, le notaire peut efficacement utiliser les principes généraux du droit, tels que la non-rétroactivité de la loi fiscale, la territorialité, le contradictoire et la compétence liée de l'administration.

Concernant la rétroactivité du droit fiscal, nous pouvons dire que ses fondements, dans l'espace OHADA comme en France, se trouvent dans la DDHC. En effet, dans la décision n° 98-404 DC du 18 décembre 1998, le Conseil constitutionnel a estimé : « *Le principe de non-rétroactivité des lois n'a valeur constitutionnelle, en vertu de l'article 8 de la Déclaration des droits de l'homme et du citoyen, qu'en matière répressive ; que néanmoins, si le législateur a la faculté d'adopter des dispositions fiscales rétroactives, il ne peut le faire qu'en considération d'un motif d'intérêt général suffisant et sous réserve de ne pas priver de garanties légales des exigences constitutionnelles.* »[361] Il ressort de cette décision qu'une distinction doit être faite entre la loi fiscale en matière répressive et la loi fiscale en matière non répressive.

Il est utile de rappeler que c'est précisément sur le fondement de l'article 8 de la DDHC que la rétroactivité prend son sens. Elle dispose en effet que « *nul ne peut être puni qu'en vertu d'une loi établie et promulguée antérieurement au délit, et légalement appliquée.* » En d'autres termes, ces articles voudraient dire qu'en matière fiscale, le droit applicable est celui qui est en vigueur au moment du fait générateur de l'impôt, c'est-à-dire le moment où la dette d'impôt du contribuable est effectivement constituée.[362] Le législateur signifie qu'en matière fiscale, les projets d'articles législatifs ou amendements gouvernementaux ne devront plus s'appliquer aux faits générateurs antérieurs

---

[361] AURÉLIEN (B.), « La rétroactivité de la loi fiscale », en ligne, in site, https://aurelienbamde.com/ 2016/09/07/la-retroactivite-de-la-loi-fiscale (consulté le 8 septembre 2019).

[362] Compte tenu des spécificités de certains impôts, une loi même non rétroactive peut s'appliquer à des situations intervenues avant son vote : cette situation est qualifiée de rétrospective.

à la publication de la loi au Journal officiel.[363] Conformément à cette disposition, le législateur ne saurait édicter de nouvelles sanctions applicables aux contribuables pour des agissements antérieurs à la publication de la loi nouvelle et qui ne tombaient pas sous le coup de la loi ancienne.

Dans les actes notariés, il existe des cas où les notaires sont punis ou leurs actes sont sanctionnés, en vertu d'une loi établie antérieurement au délit, alors que la loi précise qu'ils devraient être sanctionnés en vertu du droit en vigueur. Ainsi, les actes notariés ne doivent pas être sanctionnés sur la base de nouvelles lois appliquées aux erreurs qu'ils auraient commises sur leurs actes antérieurs. En effet, dans la pratique, on découvre des décisions curieuses de l'administration fiscale, sur la base de nouvelles sanctions appliquées sur des fautes ou erreurs fiscales posées par les notaires avant la nouvelle loi.

La territorialité pose le problème de l'application de la loi fiscale dans l'espace. Pour l'instant, on retiendra que la territorialité fiscale, dans ce premier usage fonctionnel, se définit comme le pouvoir de taxer sur un territoire donné. Généralement, l'administration fiscale exerce ses prérogatives de perception des impôts dans un État. Il est vrai que cela dépend du type d'impôt, certains impôts et taxes étant plutôt perçus par les collectivités territoriales décentralisées.[364] L'application de la loi fiscale dans chaque pays de l'espace OHADA ne pose pas de problème dans la pratique. Car le Code général dans chaque pays de l'espace OHADA organise la perception des droits fiscaux. Les problèmes arrivent dans les actes notariés, par exemple, quand surviennent des éléments d'extranéité dans les successions. Une personne peut avoir des biens dans plusieurs pays aux lois fiscales différentes, alors que la loi des conflits n'indique pas précisément la loi qui s'applique.

Cependant, dans la majorité des pays de l'espace OHADA, comme au Niger, au Mali, au Cameroun ou au Tchad, sont ainsi considérées comme ayant leur domicile ou foyer fiscal les personnes qui y exercent une activité professionnelle (salariée ou non, à moins qu'elles n'établissent que cette activité soit exercée dans ces pays à titre accessoire), celles qui ont dans ces pays le centre de leurs intérêts économiques, ou encore les agents de l'État

---

363 L'annonce de certaines mesures fiscales est susceptible d'entraîner des comportements d'optimisation de la part des contribuables, ces derniers prenant des décisions entre l'annonce de la mesure et le vote de la loi afin de bénéficier du régime antérieur. Compte tenu des effets néfastes découlant d'un décalage entre l'annonce de telles mesures et l'adoption de la loi les mettant en œuvre, les projets d'articles fiscaux comportant des dispositions susceptibles d'entraîner des comportements d'optimisation pourront continuer à entrer en vigueur à la date du Conseil des ministres au cours duquel elles sont annoncées.

364 C'est le cas au Cameroun, au Niger, au Tchad et dans la majorité des pays de l'espace OHADA.

exerçant leurs fonctions ou chargés de mission dans un pays où ils ne sont pas soumis à un impôt personnel sur l'ensemble de leurs revenus.

Nous savons les dégâts et les litiges que causent les éléments d'extranéité dans les actes notariés en matière fiscale, comme l'identification de la loi applicable. Néanmoins, nous devons reconnaître que les notaires qui utilisent bien les textes ont peu de problèmes et, au contraire pour eux, le principe de la territorialité est plutôt un élément de défense impitoyable. En effet, maîtrisant la « loi du fort » et les exceptions, ils savent préventivement empêcher la survenue des litiges et, de façon curative, se défendre efficacement en se fondant sur le principe de la territorialité.

Le principe du contradictoire en matière fiscale (ou principe de la contradiction) est un principe de droit existant dans toute procédure. Il signifie que chacune des parties a pu discuter l'énoncé des faits et les moyens juridictionnels que ses adversaires lui ont opposés[365]. Ce principe est également invoqué par la locution latine *audiatur et altera pars* (ou tourné à l'actif *audi alteram partem*), qui signifie « que soit entendue aussi l'autre partie ». Selon le principe du contradictoire en matière notarié, le demandeur doit informer en temps utile le défendeur de ses prétentions ainsi que des moyens de fait, des moyens de droit et des éléments de preuve qui sont invoqués à l'appui des prétentions. Généralement, les parties au contentieux fiscal échangent leurs conclusions et leurs pièces en temps utile, sous bordereau récapitulatif. Spécifiquement, les mesures de recherche de preuve sont menées en présence des parties et de leurs conseils.

Il faut préciser que quand le juge soulève d'office un moyen de droit ou lorsqu'il requalifie juridiquement les faits, il informe préalablement les parties afin que celles-ci puissent en discuter.

Précisément, le contradictoire permet au notaire ou à son acte de ne pas être sanctionné sans avoir été entendu, que ce soit dans la phase administrative, par le recours gracieux préalable, ou devant le juge fiscal. Aussi, le principe du contradictoire est un instrument que le notaire peut utiliser pour faire tomber une procédure contre lui, en arguant qu'il n'a pas été entendu.

---

[365] Le principe du contradictoire est également protégé par le Code de procédure pénale, qui dispose en son article préliminaire que « *la procédure pénale doit être équitable et contradictoire et préserver l'équilibre des droits des parties.* » Voir aussi l'article 5 du statut des avocats de certains pays de l'espace OHADA : « *L'avocat se conforme aux exigences du procès équitable. Il se comporte loyalement à l'égard de la partie adverse. Il respecte les droits de la défense et le principe du contradictoire.* »

2- Les circonstances prévues par le législateur au pénal et au civil

Les relations entre la fiscalité et le pénal sont intimes, car ils se côtoient beaucoup lors des procès fiscaux. En effet, beaucoup de comportements antisociaux fiscaux se retrouvent sanctionnés au pénal. Dans cette optique, un bon fiscaliste doit être aussi un bon pénaliste. Néanmoins, la libération du notaire lors du procès fiscal dépend de la maîtrise des principes pénaux. Ainsi, le notaire qui veut se libérer des infractions pénales en relation avec ses obligations fiscales lors de la réalisation de son acte doit mettre en cause l'élément matériel[366] ou attaquer l'élément intentionnel.[367] En effet, c'est la réunion de ces deux éléments qui engage la responsabilité pénale du notaire. L'idée fondamentale est que l'infraction doit se matérialiser extérieurement pour qu'elle soit punissable.

Concernant l'élément matériel, le notaire doit essayer de dégager sa responsabilité en arguant soit qu'il n'y a pas eu consommation de l'infraction, soit que la tentative n'était pas encore punissable, soit qu'il bénéficie des faits justificatifs qui peuvent dégager sa responsabilité.

La consommation de l'infraction est l'exécution achevée de l'acte matériel. En d'autres termes, le fait délictueux condamné par le texte pénal a été complètement réalisé. Par exemple, dans le cas de l'acte notarié, si le notaire a réalisé complètement l'infraction, à l'instar d'une fraude à l'impôt, ce n'est plus une supposition : l'acte délictueux a été posé. Cependant, la manifestation de cette infraction peut se faire par un acte d'omission ou de commission.

S'agissant de l'acte d'omission[368], il s'agit généralement d'un acte négatif, d'une inertie que l'agent a posée sans volonté de nuire. Il s'agit, pour une personne, de s'abstenir de faire ce qu'elle aurait dû faire[369]. Cela peut se manifester par le fait d'avoir oublié de remplir une exigence fondamentale.

---

366 En droit pénal français, l'élément matériel est l'événement entrant dans les prévisions d'une incrimination. L'élément matériel est particulièrement la partie visible, extériorisée, de l'infraction. Il se manifeste par la réalisation concrète des faits incriminés. ROYER, éminent pénaliste, dit à ce propos que la preuve matérielle est celle qu'un juge perçoit par ses propres sens, et non par l'intermédiaire d'un témoin ou d'un document. La présentation d'un élément matériel constitue un moyen de preuve qui permet au juge de faire directement ses propres constatations. Cet élément matériel peut consister en un objet, de même qu'en la représentation sensorielle de cet objet, d'un fait ou d'un lieu. L'élément matériel a été identifié comme un objet tangible pouvant être amené devant le tribunal ou auquel le tribunal peut être amené.

367 L'élément moral fait référence à l'attitude psychologique de l'auteur vis-à-vis de la commission des faits réprimés par la loi pénale. L'auteur peut avoir agi avec intention (dol) ou par imprudence ou négligence. La faute est dite intentionnelle ou non intentionnelle.

368 Affaire de la séquestrée de Poitiers, 20 novembre 1901.

369 À titre d'exemple, ne pas porter secours à une personne en danger ou ne pas allumer ses phares la nuit.

Dans le cas des notaires, il peut s'agir d'oublier de conseiller son client ou de faire les vérifications nécessaires à un acte notarié. Le problème qui se pose généralement dans la pratique est l'abstention, punissable chez le notaire. Quels sont les critères pour estimer qu'une abstention est punissable ? En l'absence de jurisprudence précise, nous pouvons dire que le juge tranche selon les éléments en sa possession. Les cas de condamnation des notaires pour omission sont essentiellement subjectifs et sources d'incompréhensions.

S'agissant de l'acte de commission, il s'agit d'un acte positif, souvent volontaire, mais qui va constituer la faute du responsable. Il s'agira des actes nuisibles prévus par le Code pénal.

En ce qui concerne l'élément intentionnel, il faut voir si le notaire a eu la volonté de commettre l'infraction et d'atteindre le résultat, en connaissance de l'illégalité. À n'en point douter, pour engager la responsabilité pénale du notaire, il faut que les faits lui soient imputables ou que la culpabilité puisse être valablement utilisée. Concernant l'imputabilité, il s'agit de savoir s'il était en capacité de discerner. Concrètement, il faut vérifier son état de lucidité et de liberté lorsqu'il posait son acte délictueux. La lucidité ne peut valablement pas être utilisée par le notaire, car il s'agit de s'exonérer en évoquant des critères comme les problèmes de faculté intellectuelle. Or il n'est pas censé avoir de difficulté intellectuelle en raison de son niveau élevé de connaissance en matière de droit.[370] Il ne peut pas non plus utiliser les critères de lucidité, tels que les troubles psychiques ou neuropsychiques, ou encore l'altération ponctuelle de ses facultés mentales. En effet, le notaire doit être en bonne santé mentale pour exercer et ne peut pas invoquer un état d'ivresse pour justifier son exonération, parce qu'il s'agit d'une faute éthique et déontologique[371].

Cependant, le notaire peut utiliser la privation de liberté lors de l'établissement de son acte, en s'appuyant sur des violences ou des pressions économiques. Il peut s'agir d'ordonnances prises par des autorités légales. En effet, il suffit pour lui de prouver qu'une menace a supprimé son libre choix[372]. La liberté de choix se manifeste à travers certaines caractéristiques, à l'instar

---

[370] En plus, on soulève généralement les facultés intellectuelles concernant les mineurs et leur âge. On parle en général de cause subjective de responsabilité.

[371] Il en est de même en ce qui concerne l'impossibilité du notaire ou du collaborateur d'échapper à sa responsabilité en évoquant l'hypnose, l'ivresse ou la somnolence. La jurisprudence précise qu'en ce qui concerne l'ivresse, il faut vérifier si elle était ou non recherchée par l'agent. Le notaire, en tant que garant de la sécurité juridique, ne doit pas et ne peut pas se prévaloir de ce motif juridique, qui est plutôt une situation aggravante.

[372] Il s'agit de justifier que c'est une contrainte à laquelle il ne pouvait pas résister.

de la prévisibilité du résultat[373], le désir de résultat[374] et l'intention en connaissance d'illégalité[375]. Ces trois éléments sont importants pour déterminer l'intention et la culpabilité.

En clair, pour dégager sa responsabilité, le notaire peut s'appuyer sur l'erreur de fait de l'administration et l'erreur de droit dans certaines circonstances. Il faut rappeler que certains notaires peuvent bénéficier et se prévaloir d'une immunité, ou peuvent s'appuyer sur les causes justificatives. Les faits justificatifs et les immunités sont souvent des moyens de droit utilisés par les notaires pour dégager leur responsabilité. Plus précisément, il s'agit des immunités dues à certaines fonctions qu'ils occupent, cumulativement au notariat, par exemple une fonction d'élu (sénateur, député…).

L'ordre et la permission de la loi sont prévus à l'article 122-4 du Code pénal français et dans certains pays de l'espace OHADA. Il dispose que « *n'est pas pénalement responsable la personne qui accomplit un acte prescrit ou autorisé par les dispositions législatives ou réglementaires* ». Cependant, la jurisprudence française la plus récente précise qu'une telle autorisation ne relève pas de l'obligation générale de prudence et de diligence, civilement sanctionnée par l'article 1382[376], ceux à qui elle est donnée. En réalité, l'autorisation ne dispense pas le notaire d'agir dans les règles de l'art, en respectant ses obligations, même déontologiques, et de ne pas se contenter de faire seulement ce que la loi édicte. Parce que la faute n'implique pas seulement la violation à une norme précise.

Les cas de complexité arrivent généralement en matière fiscale dans les actes notariés quand la loi fiscale est floue et que l'autorité – ou l'agent des impôts compétent – se trouve obligée de donner une interprétation que

---

[373] Il faut que l'agent ait eu la possibilité de prévoir le caractère délictueux ou illicite de son acte.

[374] L'agent, généralement, ne peut pas être condamné s'il n'a pas souhaité le résultat. À ce moment-là, il faut vérifier si l'on n'est pas dans la situation du *praeter-intentionnel* pour savoir si le résultat réel ne dépasse pas le résultat qu'il a voulu. Généralement, en matière d'acte notarié, le notaire ne peut pas utiliser valablement cet argument, car il est un professionnel du droit.

[375] Il s'agit ici de l'erreur de droit et de l'erreur de fait. L'erreur de droit est impossible, car on ne peut pas invoquer son ignorance de la loi pénale pour s'exonérer : le fameux *nemo censetur ignorare legem*. Cependant, le notaire peut l'utiliser comme moyen de droit, s'il a préalablement demandé à l'administration fiscale de lui répondre sur une question de droit et que, dans sa réponse, l'administration fiscale s'est trompée.

L'erreur de fait est complexe, car il s'agit pour une personne de se tromper, par exemple, sur la propriété d'une chose. Elle peut avoir cru, à tort, qu'une chose lui appartenait. Cela arrive dans les actes notariés où un client, sur la base de certains documents, croit à tort être propriétaire d'un bien. C'est souvent le cas avec plusieurs titres fonciers sur la même parcelle, qui amènent le notaire à passer l'acte sans savoir l'inconvénient. Ainsi, le notaire peut dégager sa responsabilité en appelant l'erreur de fait.

[376] BRUN (P.), *Responsabilité civile extracontractuelle*, 5e édition, LexisNexis, p. 232.

devraient respecter les notaires. Dans certains cas, l'interprétation cause des injustices et les clients se retournent contre les notaires, en estimant qu'ils ont perçu plus de droits qu'il n'en fallait. Dans la majorité des cas, le notaire doit se libérer de ses accusations fiscales, soit en disant que la loi le lui a permis, ou encore qu'il a agi sur la base d'un document de l'autorité compétente.

Il est utile de préciser que les notaires qui s'appuient sur la demande d'une autorité légitime doivent veiller à ce que le commandement de cette autorité ne soit pas illégal. Il doit vérifier s'il a la compétence et sur quel texte il s'appuie pour délivrer ses actes. Il doit faire la distinction entre l'autorité compétente et l'autorité publique[377]. Dans la responsabilité extracontractuelle, il y a eu une transposition des solutions du droit pénal et, vu la mixité des principes dans le procès fiscal, on peut avancer que le notaire peut voir sa responsabilité dégagée si la loi ou une permission de loi l'a amené à agir comme il l'a fait, ou encore si l'état de nécessité s'y prête.

L'état de nécessité, en matière d'acte notarié, s'appuie sur l'article 122-7 du Code pénal français : « *N'est pas pénalement responsable la personne qui, face à un danger actuel ou imminent qui menace elle-même, autrui ou un bien, accomplit un acte nécessaire à la sauvegarde de la personne ou du bien, sauf s'il y a disproportion entre les moyens employés et la gravité de la menace.* » Certains seront surpris de comprendre que l'état de nécessité est un moyen de défense dans les actes notariés. En effet, dans la pratique, dans les litiges fiscaux opposant le notaire à l'administration ou le notaire aux usagers de droit, il arrive que le notaire, dans son souci de justice fiscale, ait agi dans le souci d'éviter un péril grave à son client ou à son acte. En effet, dans son acte, le notaire peut avoir cherché à protéger les parties de risques fiscaux qui mettraient en péril, par exemple, leur activité. En général, le notaire le fait en optimisant les impôts que devraient payer ses clients, précisément en leur donnant des conseils pour leur éviter de payer de trop lourds impôts. Il s'agit pour le notaire dans son acte de protéger une des parties par rapport à un péril plus grave, en lui évitant par exemple la double imposition par des conseils avisés. Il est bon de savoir que les juges, souvent sur le plan civil, n'admettent cette justification que si l'intérêt sacrifié est nettement moindre que l'intérêt sauvegardé.[378]

Nous venons de voir les circonstances prévues par le législateur. Qu'en est-il des circonstances imprévues ?

---

[377] Une autorité peut être publique sans être compétente. La compétence, ici, renvoie aux prérogatives légales attribuées à une personne par le législateur, lui donnant le pouvoir de faire ou de ne pas faire quelque chose.

[378] BRUN (P.), *Responsabilité civile extracontractuelle*, Paris, 5e édition, LexisNexis, p. 234.

B- LES CIRCONSTANCES IMPRÉVUES : LA FORCE MAJEURE ET LA CAUSE ÉTRANGÈRE

« Un gagnant est juste un perdant qui a tenté une fois de plus. »

George M. Moore

Les circonstances imprévues sont les événements ou hypothèses que la loi n'a pas expressément prévus et qui permettent à un usager de droit de dégager sa responsabilité. La loi se contente de parler de force majeure pour qualifier en général tous les événements et circonstances imprévues qui viennent faire obstacle à la bonne exécution des rapports d'obligation entre individus. Elle concerne les contrats, les quasi-contrats et la responsabilité civile délictuelle. Les justiciables, en dehors de la force majeure, utilisent aussi la cause étrangère[379]. Nous retiendrons ici que les éléments ou caractères de la force majeure et de la cause étrangère sont liés à des circonstances et non du fait des personnes.

Il s'agira dans cette partie de nous appuyer sur les événements qui ne sont pas précisément, particulièrement ou nommément prévus par le législateur, mais qui peuvent être utilisés par le notaire pour dégager sa responsabilité. Il s'agit de l'utilisation de la force majeure comme argument pour dégager sa responsabilité. Précisément, il s'agit d'exposer au juge qu'un événement imprévisible, extérieur et contraignant l'a empêché de travailler de façon optimale. En vérité, le notaire exige qu'on écarte sa responsabilité, qui aurait normalement dû être retenue au vu de la règle de droit applicable, en invoquant les circonstances exceptionnelles qui entourent l'événement. Parce que, malgré les exigences de perfection que le législateur impose aux actes notariés, il existe dans bien des cas des facteurs extérieurs qui viennent perturber l'acte.

Le notaire, pour dégager sa responsabilité, pour le cas de force majeure, peut démontrer les trois éléments cumulatifs que nous avons cités, à savoir l'extériorité, l'imprévisibilité et l'irrésistibilité. En ce qui concerne la cause étrangère, nous exclurons deux caractéristiques majeures, à savoir le fait d'un tiers et le fait de la victime, étudiés plus haut. Nous nous concentrerons sur le cas fortuit, qui correspond aux événements et circonstances que nous analysons présentement. Nous parlerons davantage de l'hypothèse de la nature délictuelle de la responsabilité. En effet, en matière fiscale, le rapport entre l'administration, le notaire et les usagers de droit est plus d'ordre délictuel que contractuel. Ajoutons à cela que l'évolution doctrinale et jurisprudentielle

---

379 La cause étrangère est un événement imprévisible, extérieur et irrésistible. Cependant, il est à noter que depuis deux arrêts de l'assemblée plénière en France du 14 avril 2006, la Cour de cassation ne mentionne plus la condition d'extériorité.

s'organise autrement, en s'appuyant sur une autre triple logique qui paraît plus juste. Il s'agit de l'appréciation du comportement du défendeur en trois étapes : avant, pendant et après la réalisation de l'événement.

Nous commencerons par aborder succinctement la force majeure, ses caractères et ses effets (1), avant d'analyser la cause étrangère (2).

1- La force majeure

La Commission européenne, dans un document intitulé « Conditions générales applicables aux conventions de subventions pour des actions cofinancées par la Commission européenne », a tenté de définir la force majeure. Son article II-8-1 stipule : « *On entend par force majeure toute situation ou tout événement imprévisible et exceptionnel, indépendant de la volonté des parties à la convention et non imputable à une faute ou à une négligence de l'une d'elles, qui empêche l'une des parties à la convention d'exécuter l'une de ses obligations conventionnelles et qui n'a pas pu être surmonté en dépit de toute la diligence déployée.* »[380]

Effectivement, les critères d'imprévisibilité, d'indépendance, et d'exception sont importants pour avancer la force majeure afin de dégager sa responsabilité. Surtout, comme le dit le document de la Commission européenne, elle ne doit pas être consécutive d'une faute ou d'une négligence. Comme nous l'avons dit plus haut, la force majeure doit s'appuyer sur trois nouveaux caractères apportés par la jurisprudence et la doctrine. Les avocats, lors de la défense des actes notariés, doivent les maîtriser. En effet, la doctrine préconise que l'événement doive être inévitable ou imprévisible. Ceci veut dire que l'admission ou la recevabilité dépend de l'imprévisibilité de l'événement. Si l'événement était raisonnablement prévisible et donc évitable, le notaire ne peut pas efficacement utiliser ce moyen de droit. C'est l'irrésistibilité à cet événement qui est mise en exergue : pendant la réalisation de l'événement, celui-ci doit laisser l'individu impuissant. De nombreuses cours de cassation donnent plus d'importance à cet événement. Le troisième critère, qui prend en compte ce qui se déroule après la réalisation de l'événement, est plutôt utilisé en matière contractuelle, ce qui est rare en matière fiscale.

Il est important de rappeler que la force majeure, comme cause principale d'exonération de la responsabilité du notaire, ne saurait produire ses effets que si un certain nombre de caractères extérieurs sont présents, notamment son imprévisibilité, son irrésistibilité et son extériorité.

---

[380] Dans la même perspective, le Code civil français, suivi par certains pays de l'espace OHADA à l'article 1148, fait référence expresse à la notion de force majeure.

On entend par imprévisibilité tout événement qui empêche que l'on puisse reprocher à quiconque de n'avoir pas pris les précautions utiles : nul ne peut en effet se prémunir de ce qui est imprévisible. S'agissant de l'acte du notaire, la force majeure imprévisible est celle où le notaire n'avait pas la possibilité, matériellement et intellectuellement, de prévoir l'événement. En effet, la surprise doit être pour les deux parties, autrement dit le notaire et son client. Mais dès lors qu'il existe le moindre indice de nature à éveiller les soupçons du notaire sur l'existence d'un risque, il doit effectuer les vérifications nécessaires à sa levée. À défaut, il commet une faute susceptible d'engager sa responsabilité.

Pour étayer nos propos, prenons l'exemple d'un notaire qui essaie de dégager sa responsabilité fiscale en arguant la force majeure, au motif que l'événement extérieur, imprévisible et irrésistible est le fait de l'administration fiscale. En réalité, il arrive que l'administration fiscale accuse des retards dans l'exécution des actes notariés, ou même qu'elle perde des documents régulièrement envoyés par les notaires, ce qui engendre un préjudice important au notaire et à son client. Dans ces cas-là, le notaire peut-il valablement utiliser l'argument de la force majeure pour s'exonérer de sa responsabilité ?

Qu'en est-il du notaire qui tombe malade pendant une longue période ou, ayant eu un accident, n'a pas pu exercer son ministère convenablement ? Si ce dernier, comme le prévoient les textes, a délégué la signature à un premier clerc ou un autre notaire, ses actes pendant cette période restent sous sa responsabilité. Pendant cette période, des fautes peuvent avoir été commises et donc sa responsabilité fiscale engagée pour un acte. Est-il possible, en l'espèce, d'invoquer la maladie comme cas de force majeure ?

L'analyse simple est que la force majeure comme cause d'exonération de la responsabilité du notaire doit non seulement être imprévisible, mais aussi être irrésistible et extérieure. L'irrésistibilité de la force majeure s'entend par l'impossibilité d'exécuter l'engagement souscrit ou de se conformer au devoir légal. Comme l'imprévisibilité, l'irrésistibilité doit être en principe absolue, surtout en matière contractuelle. En tout cas, le fait que l'exécution soit plus difficile que prévu ne suffit pas à constituer l'irrésistibilité ; sans cela, il serait trop facile d'échapper à ses engagements. Le caractère extérieur de la force majeure renvoie à dire que l'événement constitutif de la force majeure doit résulter d'une cause étrangère. En d'autres termes, il doit être indépendant de la qualité de l'agent. En réalité, il empêche que le débiteur puisse se prévaloir d'un événement qui serait lié à son activité.

Nous tenons à souligner qu'en France, les décisions de justice et la doctrine majoritaire tentent d'enlever le caractère d'extériorité.[381] Il est marginalisé et rarement considéré comme un élément important d'exonération de la responsabilité. Cependant, dans l'espace OHADA, en matière d'acte notarié, les critères d'extériorité et d'imprévisibilité sont institués et, surtout, sont encadrés par le juge.

En somme, il en découle que la force majeure, pour être retenue comme cause d'exonération de la responsabilité fiscale du notaire, doit avoir un certain nombre de caractères. Une fois ces caractères observés, la force majeure produit des effets.

Les effets de la force majeure seront analysés selon que l'on se situe dans l'exécution des contrats ou en dehors de tout contrat.

La force majeure comme cause d'exonération du notaire produit des effets en matière d'exécution des contrats. Elle peut notamment entraîner une inexécution du contrat, soit de façon momentanée, soit de façon définitive. Si l'exécution est momentanée, par exemple avec une maladie constitutive de force majeure, on pourra admettre que le contrat est seulement suspendu, si et seulement si son exécution tardive présente encore un intérêt pour le créancier.

Si l'exécution est définitive, le contrat n'ayant plus d'objet disparaît. Pour les contrats à obligations réciproques, une résolution aura lieu. Le débiteur se trouve ainsi dégagé de son obligation, sans encourir de responsabilité, c'est-à-dire sans avoir à payer des dommages et intérêts. Il en va autrement si le débiteur a été mis en demeure d'exécuter avant l'arrivée de la force majeure. En cas d'inexécution du contrat due à un cas de force majeure ou d'une autre cause légitime, un projet de loi de Pierre Catala, en France, opère une distinction suivant que l'inexécution est irrémédiable, auquel cas le contrat est résolu, ou temporaire, auquel cas l'exécution peut être suspendue. Il est important de préciser que ces règles ne sont pas d'ordre public. À cet effet, les cocontractants sont donc libres de stipuler dans le contrat que le débiteur répondra de toute inexécution, y compris celle due à la force majeure.

La doctrine, en matière d'actes notariés, est divisée sur la nature de la responsabilité du notaire : contractuelle ou délictuelle. La doctrine reconnaît des hypothèses où la responsabilité fiscale du notaire est née en dehors de tout contrat. En effet, en matière d'acte notarié et en droit des obligations en général, lorsque la force majeure est la cause unique du dommage, il y a exonération totale du notaire. Il en va de même si le dommage est dû pour le tout du fait d'un tiers ou par la faute de la victime.

---

[381] Deux arrêts de l'assemblée plénière du 14 avril 2006.
Dans le même sens : Cour de cassation, 2e chambre civile, 21 décembre 2006.

Lorsque le dommage est dû pour une part à la force majeure et pour une autre part à la faute prouvée ou présumée du notaire, une jurisprudence admet que la responsabilité de ce dernier sera atténuée en conséquence : il y a alors force majeure partielle. Cette jurisprudence opère ici une sorte de partage de dommages entre l'auteur du dommage et la force majeure, étant entendu qu'en définitive, la part de la force majeure n'est payée par personne, sinon par la victime qui en garde la charge.

En clair, il apparaît que la force majeure, au regard de ses caractères et de ses effets, est la principale cause d'exonération du notaire. Toutefois, elle n'est pas la seule, à l'instar du cas fortuit dans la cause étrangère.

2 - La cause étrangère : le cas fortuit

Le cas fortuit n'a pas été expressément prévu par le législateur de la majorité des pays de l'espace OHADA. C'est la jurisprudence qui en a donné une définition. Les juges, en fonction de la situation, déterminent le cas fortuit ou la force majeure. Le « cas fortuit » est l'appellation que l'on donne à un événement dont il est impossible de prévoir la venue, compte tenu des connaissances acquises et des techniques actuelles.[382] Il s'agit d'événements naturels (inondations, tornades, incendies...) ou d'actions humaines collectives (grèves, guerres, manifestations...). Précisément, le cas fortuit échappe aux prévisions humaines, mais se rattache au fonctionnement même de l'entreprise ou du service.

En matière d'acte notarié, il s'agit de demander au juge l'exonération de responsabilité sur la base de ces cas imprévisibles et insurmontables, qui ont affecté l'exécution de l'acte par le notaire. Il peut s'agir de mouvements de grève dans certains corps de métier, en lien direct ou indirect avec l'activité des notaires : au sein de leur propre corporation, chez les professionnels du droit ou chez les fonctionnaires – notamment l'administration fiscale ou le cadastre –, qui neutralisent pendant une longue période l'activité du notaire.

En tout cas, le juge se fonde généralement sur le fait que l'événement était imprévisible et que même le notaire le plus performant ou diligent n'aurait pas pu, dans ces conditions, surmonter l'événement. Il faut ainsi prouver qu'il s'agit d'un événement imprévu, sur lequel le notaire n'a aucun pouvoir et qui de fait n'a pas pu être évité, malgré toutes les précautions imaginables afin d'en éviter les conséquences. Précisément, le notaire peut demander à être exonéré sur la base du cas fortuit, qui l'a empêché de travailler

---

[382] « Définition cas fortuit », disponible en ligne, in site, https://www.dictionnaire-juridique.com/definition/cas-fortuit.php (consulté le 5 novembre 2019).

convenablement. Le cas fortuit est donc, comme la force majeure, une cause d'exonération totale de responsabilité.

Afin d'être reconnus par les juges, le cas fortuit et la force majeure doivent correspondre à un événement répondant à plusieurs conditions : il doit être extérieur, imprévisible et irrésistible.

L'extériorité signifie tout d'abord que l'événement ne doit pas être du fait de la victime ou d'une chose sous sa garde. Il ne peut ainsi pas y avoir force majeure lorsqu'une voiture qui provoque un dommage a perdu momentanément l'usage de ses freins, par exemple. Cependant, il faut souligner que l'affaiblissement du critère d'extériorité par la jurisprudence française, pour le renforcement du critère d'irrésistibilité, explique sans doute pourquoi la notion de cas fortuit a été absorbée par celle de la force majeure, et que la jurisprudence judiciaire tient souvent pour synonymes les deux notions.

Il doit aussi s'agir d'un événement imprévisible. La jurisprudence est sévère sur ce point. Elle a pu être retenue à diverses occasions, au cas par cas, comme une tempête soudaine.

Enfin, le dernier élément est l'irrésistibilité de l'événement. Ce dernier n'étant pas évitable, la personne devra prouver que même si elle a tout mis en œuvre pour l'éviter, c'était chose impossible.

Ainsi, afin que le cas fortuit ou la force majeure soient retenus par les juges et permettent à l'auteur d'un dommage d'être déclaré irresponsable de ce dernier, il faut impérativement que ces trois conditions soient réunies. Il s'agit de ce fait d'une appréciation au cas par cas des juges afin de déterminer l'existence de cette cause d'irresponsabilité.

Il est important pour nous de souligner que trop souvent la cause étrangère est confondue avec la force majeure, alors que ce sont deux notions bien distinctes[383]. La cause étrangère consiste en un fait, un événement dont la survenance a pour effet de rompre le lien de causalité entre le fait générateur de la responsabilité et le dommage. La force majeure consiste, quant à elle, non pas en un fait, mais en plusieurs caractères que la cause étrangère est susceptible d'endosser. Autre distinction : alors la force majeure est essentiellement insurmontable, le cas fortuit est principalement imprévisible.

---

[383] Dans les relations du droit civil, il n'y a pas grand intérêt à les distinguer, parce que les règles du droit civil, fondées sur la théorie des fautes, les réunissent en général pour en faire des causes équivalentes d'exonération de la responsabilité. Il faut voir, à cet effet, l'article 1148 du Code civil français.

CONCLUSION DU CHAPITRE II

Dans ce chapitre, abordant l'issue de la responsabilité fiscale du notaire dans l'espace OHADA, nous avons montré dans un premier temps que la responsabilité fiscale de cet officier public peut se terminer par une issue favorable devant le juge. On parle alors de l'élargissement, de l'exonération ou de l'acquittement du notaire. Dans un deuxième temps, nous avons exploré l'hypothèse qui lui est défavorable : la condamnation par le juge. Elle peut aboutir au paiement d'amendes ou de dommages-intérêts par le notaire, voire à son emprisonnement.

Après avoir effectué cette distinction entre exonération et condamnation du notaire, nous avons accentué l'analyse sur les modalités pratiques de l'issue d'un procès en responsabilité fiscale de l'acte notarié dans l'espace OHADA. Précisément, nous avons cherché à présenter les règles de procédure dans un procès fiscal. Nous avons alors décrit le déroulement d'un procès fiscal devant le juge administratif et devant le juge judiciaire.

À l'issue d'une telle analyse, nous sommes en mesure de dire que la rareté des procès fiscaux contre les actes notariés, dans la majorité des pays de l'espace OHADA, n'est pas seulement due à l'exclusivité de l'administration fiscale dans les procédures fiscales de recouvrement, mais aussi au flou juridique et à la complexité des procédures et des règles de compétence, sans oublier le « verrou de Bercy ». Nous avons ainsi constaté une certaine rareté des décisions de justice condamnant fiscalement les actes notariés. En effet, certains professionnels, à cause de l'imprécision de certains législateurs de l'espace OHADA, ne connaissent pas les règles qui déterminent la compétence des tribunaux administratifs et judiciaires en général et pour un acte notarié en particulier. À cette méconnaissance des règles de procédure et de la répartition des compétences judiciaires, il faut rajouter qu'il est difficile en pratique d'apporter les preuves d'un préjudice subi fiscalement dans un acte notarié. L'exemple du préjudice fiscal consécutif à un défaut de conseil fiscal du notaire est édifiant à ce niveau-là.

Cette complexité décourage la plupart des contribuables et usagers de droit qui ont besoin de justice fiscale. Pour y remédier, nous suggérons aux différents législateurs de l'espace OHADA de simplifier les procédures, d'apporter des éclaircissements indispensables sur les zones de flou en matière fiscale et de consacrer par des textes, spécifiques à chaque pays, le droit de porter plainte des justiciables en cas d'injustice fiscale.

CONCLUSION GÉNÉRALE

« Quand Dieu t'ouvre des portes, évite de penser
que les autres sont paresseux...
Le travail est humain, mais la réussite est divine. »

Auteur inconnu

« En persévérant, on arrive à tout. »

Théocrite

Il n'est un secret pour personne que la fiscalité et le notariat entretiennent une relation complexe, diversifiée, enchevêtrée, tortueuse et inextricable. Pourtant, ces deux entités devraient être l'incarnation parfaite d'une relation harmonieuse qui joue et danse la même musique : la symphonie fiscale. Le notaire, avec sa casquette de collecteur bénévole des impôts pour le compte de ses clients, est un intermédiaire de confiance entre l'administration fiscale et les usagers de droit. Il bénéficie ainsi aux contribuables, qui ne désirent que la sécurité, la fluidité et un trafic juridique performant pour leurs transactions par-devant notaire.

Cependant, la relation entre le notaire, l'administration fiscale et l'usager de droit est plutôt laborieuse en Afrique, en particulier au sein de l'espace OHADA. En effet, lors de la défaillance fiscale d'un acte notarié, chacune des parties rejette systématiquement la faute sur les autres, profitant du silence de la loi et de l'utilisation d'un régime de droit commun inadapté. Ces recherches nous permettent d'avancer, en toute assurance, que cette absence de textes spécifiques, organisant l'ensemble de l'activité fiscale notariale dans l'espace OHADA, pose un réel problème.

En plus de cela, nous avons identifié une autre source de troubles : la non-maîtrise, par certains acteurs autour de l'acte du notaire, du rôle que chacun devrait jouer pour l'efficacité fiscale des transactions faites chez cet officier public. Qui doit faire quoi ? Qui est responsable de quoi ? La méconnaissance des règles fiscales n'est pas isolée. Qu'il s'agisse des usagers de droit, de certains notaires ou de certains agents de l'administration fiscale, on constate une méconnaissance et une négligence des règles, cumulées à une utilisation de textes inadaptés pour organiser cette activité. Cette négligence fatale, préjudiciable pour la sécurité juridique et l'acte du notaire, a pour conséquence d'encourager le comportement de certains acteurs à piétiner et mépriser la loi.

L'autre argument de poids est que les textes qui encadrent la responsabilité fiscale des notaires ne sont ni adaptés ni appropriés à cette profession. Cette situation conduit systématiquement à des imbroglios juridiques et fiscaux auxquels le législateur des différents pays OHADA n'a pas su apporter des réponses satisfaisantes. L'absence d'un régime spécifique est une autre cause de ces difficultés susévoquées, provoquant une responsabilité infinie et indéfinie qui gouverne l'activité notariale. Ces insuffisances juridiques sont la cause de dommages considérables subis par les clients, les notaires et l'administration fiscale. Pour réaliser à quel point ce mal est profond dans l'espace OHADA, il suffit de regarder la quantité d'actes notariés annulés par les juridictions, redressés par les administrations fiscales ou ayant écopé de sanctions très souvent discutables.

Notre travail s'est articulé autour de la définition du régime de responsabilité des notaires en matière fiscale. En l'absence d'un régime de responsabilité spécifique à la profession de notaire, il s'agit du régime de droit commun, que ce soit pour l'administration fiscale ou le juge. Pour mieux comprendre ce régime de responsabilité, nous avons précisé dans la première partie que pour engager la responsabilité du notaire en matière fiscale, il faut préalablement réunir trois conditions : prouver l'existence d'une faute fiscale du notaire, prouver que cette faute fiscale du notaire a produit un dommage et prouver qu'il existe une causalité ou un lien de causalité entre la faute fiscale et le dommage. En d'autres termes : prouver que la faute fiscale est bien à l'origine du préjudice.

La deuxième partie a concerné la mise en œuvre de la responsabilité fiscale du notaire. Nous avons abordé, d'une part, les règles d'exercice de l'action en responsabilité, puis les règles de compétence en matière d'acte notarié.

Dans le dernier acte de notre travail, nous avons étudié l'issue de ce procès en responsabilité fiscale. Nous avons pu constater qu'en matière civile, l'action en responsabilité fiscale du notaire débouche soit sur une condamnation partielle ou totale, soit sur une exonération totale ou partielle du notaire. Quel que soit le litige, le notaire est soit exonéré, soit condamné. Dans les cas défavorables, les notaires sont le plus souvent condamnés à des dommages et intérêts devant le juge et aux sanctions prévues par le Code général des impôts devant l'administration ; même si le juge s'appuie aussi sur ce même Code général des impôts.

Il faut avouer que l'étude de la responsabilité fiscale du notaire est un véritable casse-tête pour les juristes, les doctrinaires et les spécialistes de la question. Il suffit pour cela d'observer les tergiversations autour de la jurisprudence, qui se matérialisent par l'abondance de décisions contradictoires sur le notaire. Il est à noter que la controverse doctrinale sur cette question n'est plus à démontrer. Depuis 1995, on constate une certaine sévérité du juge envers cet officier public, qui se retrouve presque avec un régime de responsabilité illimitée, ce qui rend le notaire presque responsable de tout. Cela proviendrait-il de la garantie individuelle dont il dispose, contrairement à plusieurs professions ? Cela ferait-il de lui le coupable idéal ?

Nous pensons que la construction d'un régime de responsabilité spécifique adapté à la responsabilité du notaire serait la bienvenue pour tenter de résoudre les problèmes de cette responsabilité fiscale du notaire trop imprécise. L'adoption d'un tel régime serait une réponse à la responsabilité infinie, indéfinie et frustrante de ces officiers publics. C'est la quête de justice, la recherche de la sécurité juridique pour le notaire et ses actes, ainsi que la transparence, qui amènent à penser qu'il faut faire quelque chose concernant la responsabilité de cet officier public.

La fin de notre analyse, au vu du casse-tête que représente la responsabilité fiscale des notaires, consiste en une série de propositions de solutions idoines.

Nous proposons, face aux difficultés juridictionnelles de la responsabilité fiscale des notaires, l'institution d'un juge spécialisé en matière fiscale avec l'utilisation des modes alternatifs de règlement des conflits.

À notre avis, détacher la fiscalité du droit commun et instituer des règles juridictionnelles propres, tant du point de vue du fonctionnement, de la compétence des juges ou de l'organisation, permettrait de résoudre efficacement une très grande partie des problèmes fiscaux.

Cependant, tout ce montage juridique doit être réalisé à la lumière des modes alternatifs de résolution des conflits. En clair, nous proposons comme solution que les litiges fiscaux soient, dans la mesure du possible, traités par les modes alternatifs de résolution des conflits avec un caractère coercitif. Nous pensons particulièrement à la transaction, l'arbitrage ou encore la médiation. Nous nous inscrivons dans l'arrangement des litiges en matière fiscale par des juges fiscaux indépendants et formés dans ces spécialités, pour juguler les injustices et travers actuels.

Nous pensons également que les notaires devraient recevoir des primes pour les prestations qu'ils ont effectuées dans le cadre du recouvrement des impôts. Une telle mesure permettrait d'augmenter leur indépendance et de les éloigner des tentations de corruption. À l'instar des agents des impôts, le notaire devrait être payé de frais de recouvrement. Cela constituerait, à notre avis, une justice fiscale pour les prestations réalisées pour l'État.

Par ailleurs, nous pensons que le notaire doit assister son client dans les litiges fiscaux auprès de l'administration ou auprès du juge, pour défendre les impôts qu'il a établis dans son acte. Et, dans certains cas d'injustice, il devrait se joindre au client dans les procédures judiciaires afin de faire triompher la justice fiscale. Nous tenons à préciser que le notaire ne saurait être avocat, mais il doit être un acteur majeur dans la défense contre l'injustice des actes qu'il a établis.

Nous militons également pour que le paiement des droits fiscaux des transactions par-devant notaire se fasse exclusivement chez cet officier public. Cela aurait pour vertu majeure d'éviter que l'État soit trompé par des usagers de droit ne présentant pas de garanties de solvabilité. Une seule et unique comptabilité chez le notaire pour tous les droits des transactions et d'enregistrement nous paraît idoine. En effet, le notaire est dans la majorité des cas solvable et plus stable que les clients.

Face aux problèmes liés à la perte de documents et à la lenteur administrative, nous proposons une informatisation de l'administration et de l'activité notariale, permettant plus de transparence et de sécurité. Nous pensons précisément que la technologie doit s'inviter dans les opérations par-devant notaire, pour contribuer à plus de sécurité et de transparence juridique. La création de logiciels spécialisés – et leur financement – dans les activités notariales par les organismes des notaires ou par les gouvernants est une urgence capitale pour l'efficacité juridique. En général, l'administration en Afrique gagnerait à s'informatiser, pour une plus grande transparence et une meilleure fluidité dans le traitement administratif des demandes des particuliers.

S'agissant des frais de notaire, il faut reconnaître que dans la majorité des pays de l'espace OHADA, un mythe entoure la connaissance des frais par le grand public, pourtant avide de transparence à ce sujet. S'il est vrai qu'il existe le statut des notaires, qui présente la manière de calculer les frais notariaux dans chaque pays de l'espace OHADA, cela semble très insuffisant au vu des problèmes d'ordre pratique. La connaissance de ces frais par toutes les parties nous semble incontournable pour la sérénité, la sécurité, la transparence et l'efficacité de l'acte notarié. La création d'un simulateur de frais de notaire, disponible et consultable en ligne par tous, permettrait à notre avis d'apporter la transparence nécessaire au public et un respect des tarifs par les notaires. Cette solution paraît idoine pour la transparence, la fluidité et l'efficacité fiscale. Elle découragerait même beaucoup d'officiers publics de tenter de frauder le fisc ou de fourvoyer leurs clients. Elle réinstallerait également une certaine sérénité pour le notaire, son acte, les contribuables et les usagers de droit. Cette mesure est déjà appliquée au Maroc, pour citer un pays africain[384]. Promulguée le 1er novembre 2016[385], par le décret 2-16-375, elle encadre les

---

[384] Simulateur de frais de notaire, en ligne, disponible sur https://www.bankeo.ma/Simulator/NotaryFees (visité le 24 août 2019).

[385] Les frais de notaire incluent l'ensemble des frais engagés pour l'acquisition définitive du bien (frais d'enregistrement, frais d'hypothèque, honoraires du notaire…)

frais de notaire, qu'il s'agisse des frais d'enregistrement et d'hypothèque, liés à l'acquisition d'un bien.

Concernant les plaintes des professionnels du droit concernant les délais d'enregistrement en matière de succession, nous pensons qu'il faudrait aménager les délais d'enregistrement des déclarations de succession. Par exemple, aussi bien par souci de diligence judiciaire que de réalisme socio-économique et juridique, nous pensons qu'il serait justifié de porter le délai à douze mois, lors d'un décès survenant dans le pays, et dix-huit mois lorsqu'il survient hors du territoire national.

Les notaires devraient également être consultés chaque fois que l'on étudie une nouvelle loi de finances et qu'une nouvelle loi touche à leur domaine. En effet, dans certains pays de l'espace OHADA, on note une absence d'uniformité des lois fiscales avec les activités notariales et les droits à percevoir par le notaire. Il arrive même que les tarifs des notaires datant de 1995 ne correspondent plus en rien à la réalité monétaire, économique et sociale de l'activité actuelle du pays. L'uniformisation et l'adéquation des textes avec l'activité notariale nous paraissent indispensables.

Nous suggérons la création d'une institution régionale, au niveau de l'espace OHADA, avec des sièges dans chaque pays. Composée d'anciens notaires, de juristes et de personnes experts en questions notariales, elle aurait deux missions principales. L'une de ses vocations serait de conseiller les notaires sur leurs actes en rapport avec la loi, à l'aide de publications consultables en ligne. Sa seconde mission, primordiale, serait de penser le notariat de demain, comme un grand centre de recherche en matière notariale.

Nous avons de fortes raisons de penser que les législateurs OHADA et les administrations fiscales devraient être particulièrement vigilants et identifier les zones à risque dans l'activité notariale. Cela permettrait de résoudre et d'anticiper les litiges fiscaux, au grand bénéfice des usagers de droit. Nous espérons par cet ouvrage avoir participé à cette identification.

S'agissant des problèmes du devoir de conseil du notaire, nous pensons qu'il faudrait que les législateurs des différents pays de l'espace OHADA le consacrent comme un devoir obligatoire. En effet, le notaire doit éclairer ses clients sur les conséquences juridiques et fiscales des actes qu'il instrumente. Il doit obligatoirement les annexer à ses actes comme preuves du conseil donné. Il ne doit pas seulement conseiller en matière fiscale, mais dans tous les domaines utiles à son acte.

Nous sommes aussi arrivés à la conclusion que le problème du notariat africain se trouve dans l'assiette. En effet, le combat des notaires africains devrait se porter sur l'extension de leur domaine de compétence, par un lobbying auprès des institutions décisionnaires, afin d'effectuer ou de faire financer des recherches pour que l'assiette du notaire augmente.

Nous pensons qu'il est urgent de renforcer le système d'identification fiscale[386] dans certains pays de l'espace OHADA. Cette identification fiscale est le socle de tout système fiscal. Outre le fait qu'elle permette d'identifier les contribuables aux fins d'accomplissement de leurs obligations, elle permet de collecter les informations auprès de diverses sources afin d'élargir l'assiette et garantir l'équité et la justice fiscale. Dans ce sillage, il est proposé le renforcement des systèmes d'immatriculation à travers l'exigence du Numéro Identifiant Unique (NIU) pour certaines opérations économiques courantes réalisées par les contribuables, notamment :

- l'ouverture d'un compte bancaire ;
- la souscription d'un contrat d'assurance ;
- la signature des contrats de branchement ou d'abonnement au réseau d'eau et d'électricité ;
- l'immatriculation foncière ;
- l'agrément à une profession réglementée.

L'absence d'organismes spécialisés chargés de délivrer des conseils aux notaires – tels que le CRIDON ou l'INAFON en France ou le Conseil supérieur du notariat – est une situation à laquelle il faudrait remédier, soit au niveau interne de chaque pays, soit au niveau régional.

Face à la complexité, avec les difficultés rencontrées par les chambres nationales et organisations notariales pour faire avancer la profession, nous souhaitons en dernier lieu que les textes qui organisent le fonctionnement soient rédigés au niveau communautaire, par le législateur OHADA.[387] En vérité, le législateur OHADA doit légiférer sur l'activité notariale, car le notaire est un acteur majeur du monde des affaires et de la sécurité juridique des transactions faites entre les usagers de droit. De surcroît, les difficultés rencontrées par les notariats africains sont presque les mêmes dans la majorité des pays membres du traité OHADA. De ce fait et pour y répondre efficacement, la conceptualisation, l'harmonisation et l'uniformisation des textes encadrant les notariats africains doivent être réalisées au niveau communautaire ; précisément par le législateur OHADA, qui doit apporter à un problème global des notariats africains une solution globale. Il faut souligner que les notariats des autres continents l'ont compris, à l'instar de

---

[386] Art. L 1 bis et L 100 du Code général des impôts du Cameroun, qui décrit le renforcement du système d'identification fiscale.

[387] Les chambres de notaires se heurtent au manque de volonté politique, à la lenteur administrative des gouvernants pour faire adopter leurs solutions face aux difficultés du notariat.

l'Europe, qui a initié l'uniformisation de plusieurs procédures au niveau européen[388].

Assurément, en tenant compte des propositions de la doctrine et de la jurisprudence, le législateur OHADA possède les outils nécessaires et un intérêt légitime pour réguler le notariat, au grand bénéfice du monde des affaires.

En clair, l'activité des notaires devrait être régulée par les textes OHADA, en accordant des marges de manœuvre aux spécificités des notariats de chaque pays membre.

[388] Règlement européen n° 650/2012 en matière de succession internationale.

BIBLIOGRAPHIE

OUVRAGES

ATECK A DJAM (Félix.), *Droit du contentieux fiscal camerounais*, Paris, 2e édition, réédition, Harmattan 2009. 420 p.

AUBERT (Jean-Luc), *Responsabilité professionnelle des notaires,* Paris, Defrénois- Lextenso, 5e édition, 2008, 177 p.

BASTARD DE CRISNAY (Christian), *Petits et grands secrets d'un notaire,* Paris, Archipel, 2012, 220 p.

BEIGNER (Bernard), *L'honneur et le droit*, Paris, Édition, LGDJ, 2014, 674 p.

BERGEL (Jean Louis), *Méthodologie juridique,* Paris, Presses universitaires de France, 2016, 400 p.

BIGOT (Rodolphe), *L'indemnisation par l'assurance de responsabilité civile professionnelle l'exemple des professions du droit et du chiffre*, éditeur Defrénois, collection Doctorat et notariat, tome 53, 2014, 786 p.

BIGUENET-MAUREL (Cécile), *Le devoir de conseil des notaires*, Paris, Defrénois, 2006, 352 p.

BISSARDON (Sébastien.), *Guide du langage juridique*, 4e édition, LexisNexis, Objectif droit, Litec, 2013 p.

BOULARD (Denis) et CHARRETTE (Laurence), *Les notaires : enquête sur la profession la plus puissante de France,* Paris, Points, 2012, 306 p.

BOURSEAU, *Chroniques du droit à usage du notariat*, Paris, Larcier, 2003, 326 p.

BRAHINSKY (Corinne), *L'essentiel du droit des obligations*, Éd. Gualiano, collection Carrés Rouge, 15e édition, 2019, 160 p.

BRANLARD (Jean-Paul), *L'essentiel des règles de procédures civiles*, 7e édition, Gualiano Lextenso, 2006, 120 p.

CHARLES (Aimé) et ROCHEDY (Marc), *Droit fiscal,* Paris, Syrey, collection aide-mémoire, 2017, 322 p.

FERRAN (F.), Le *notaire et le règlement de la succession*, Pratique notariale, 3e édition, Lexis Nexis, 2014, 220 p.

FIORI (Debora), *Les métiers du droit,* Paris, L'Étudiant, 2011, 160 p.

GOMEZ-BASSAC, PIDOUX (Estelle), *Droit notarial*, Paris, Vanves, 2011, 223 p.

GRAWITZ (Madeleine), *Les méthodes des Sciences Sociales,* Paris, Précis Dalloz, 11e édition, 2000, 1019 p.

GUEGUANG et GUEGUANG GHOMO, La responsabilité des notaires pour un régime spécifique de responsabilité, Ed. Harmattan Cameroun, 2018, 213 p.

HARMEL (Pierre) et BOURSEAU, *Les sources et la nature de la responsabilité des notaires en droit belge,* de 1830 à 1962, liège, Faculté de droit, 1964, Collection scientifique de la Faculté de droit de l'Université de Liège, n° 18, 786 p.

HOUCINE SEFRAOUI, *L'acte privilégié la paix sociale et prêt hypothécaire*, Casablanca, collection des études juridiques, 2007, 60 p.

KUHN (Jean Pierre), *Le manuel de la responsabilité notariale : la jurisprudence en matière de responsabilité civile notariale a la lumière de nombreuses décisions récentes*, Paris, Dalloz, collections manuelles de droit usuel, Dalloz, 1962, 216 p.

LEFÈVRE (Denis), VACHET (Thierry) et VIDALENC (Silvie), *Droit fiscal*, Paris, Hachette supérieur, 2009, 271 p.

LOTZ (François), *La responsabilité civile des notaires*, Paris, librairies Techniques, 1971, 128 p.

MAGNAN (Jean-Louis), *Le notariat et le monde moderne*, Paris, FeniXX réédition numérique LGDJ, 2016, 765 p.

MALINVAUD (Philippe), FENOUILLET (Dominique) et MEKKI (Mustapha), *Droit des obligations,* Paris, LexisNexis, 13e édition, 2014, 593 p.

MARAIN (Gaëtan), *Méthodologie et aspects formels de la recherche*, Paris, Harmattan, 2015, 172 p.

MARQUIS (Paul-Yvan), *La responsabilité civile du notaire, officier public, causes principales*, Université d'Ottawa, Yvon Blais, 1977, 768 p.

MOREL JOURNEL (Christel), *Droit général et droit notarial*, Paris, Ellipses, 2014, 410 p.

PHALIP (Clémence), *La gestion du risque fiscal par la profession notariale*, Paris, édition LexisNexis, 2011, 203 p.

POULPIQUET (Jeanne.), *Responsabilité des notaires. Civile. Disciplinaire. Pénale,* édition Dalloz- Sirey, collection Dalloz référence, 2003, 429 p.

POULPIQUET (Jeanne) et BIGUENET-MAUREL (Cécile), *Le devoir de conseil des notaires,* Paris, Répertoire Defrénois, 2006, 333 p.

RENAULT-BRAHINSKY (C.) *L'essentiel de la procédure pénale*, Paris, édition Gualino, Les carrés, 2019, 156 p.

ROUZET (Gilles), *Précis de déontologie notariale*, Bordeaux, Presses Universitaires de Bordeaux, 1999, 359 p.

SAGAUT (Jean-François), LATINA (Mathias), *Déontologie notariale,* Paris, Defrénois, 2014, 272 p.

SAVATIER (René), *Traité de la responsabilité civile en droit français civil, administratif, professionnel, procédural*, Paris, L.G.D.J, collection anthologie du droit, 1939, 580 p.

TCHAKOUA (Jean-Marie), *Introduction générale au droit camerounais*, Yaoundé, Presses de l'UCAC, collection apprendre, 2008, 448 p.

VANHALEWYN (Chrysole), *La responsabilité civile professionnelle du notaire, Dix années de jurisprudence belge (1980-1989)*, édition Altiora, 1991, 690 p.

VOIRIN (Pierre), GOUBEAUX (Gilles), *Droit notarial : régimes matrimoniaux, successions, libéralités*, Paris, LGDJ, 2017, 210 p.

YAIGRE (Jean), PILLEBOUT (Jean François), *Droit professionnel notarial*, Paris, Lexis Nexis, 9e édition, 2009, 186 p.

YAIGRE (jean), *Droit professionnel notarial*, Paris, librairies techniques, 1975. 105 p.

THÈSES ET MÉMOIRES

BOUVARD (Alain), *La couverture des risques nés de la profession notariale*, thèse de doctorat, université de Lyon, 1990, 414 p.

CALLATAY (Marie-Hélène), *La responsabilité professionnelle du notaire en particulier dans le cadre des contrats de mariage et dans les conventions préalables au divorce consentement mutuel*, université catholique de Louvain, Louvain, 2015, 90 p.

CLÉMENT (Laurent), *Notariat et secret professionnel*, thèse de doctorat, université de Lyon, Lyon, 1938, imprimerie C, Annequin, 921 p.

DEWA, *La garantie collective de la responsabilité professionnelle des notaires*, thèse de doctorat, université de Paris-II, Paris, 1973, 804 p.

ESPAGNO (Pierre -Leon), *La Responsabilité civile du notaire*, thèse de doctorat, université de Toulouse, Toulouse, 1953, 963 p.

FRADIN (Jean-Pierre), *Le secret professionnel et le fisc*, thèse de doctorat, université de Poitiers, Poitiers, 1980, 798 p.

FROMAGE (Sophie), MARGAUX LIATTI, *Le secret professionnel du notaire travers le prisme du droit patrimonial de la famille*, mémoire soutenu le 4 septembre 2014 à Grenoble-Alpes, faculté de droit.

G'SELL-MACREZ, *Recherches sur la notion de causalité dans la responsabilité juridique* (dir.), Horiata Muir watt, thèse, université de Lille, 2005.

HOUELLEU (Jacques), *La responsabilité pénale des notaires*, thèse de doctorat, université de Paris, Paris, 1950, 963 p.

TRECA (Joseph), *De la Responsabilité civile des notaires,* thèse de doctorat, université de Paris, librairie nouvelle de droit et de jurisprudence, Arthur ROUSEAU, éditeur, 14, rue SOUFFLOT, et RUE TOULLIER, 1899.

ARTICLES ET REVUES

ALBAN (A.), « La responsabilité professionnelle des notaires pour manquement à leur devoir de conseil en matière fiscale » Defrénois, n° 3, 15/022011, p.249.

BIGUENET-MAUREL (Cécile) « Responsabilité notariale : Panorama de la jurisprudence récente », *Solution Notaire Hebdo*, 17 octobre 2019, n° 33, p.15 -20.

BOCCARA (Bruno), « Pistes sur la responsabilité des rédacteurs d'actes et de conseils », *JCP G* ,1993. p.12.

BOURSEAU (Robert), HARMEL (Pierre), « Les sources et la nature de la responsabilité civile des notaires en droit belge de 1830 à 1962 », *Revue internationale de droit comparé année 1966*, volume 18, n° 3, pp. 763-764.

CASMAN (Hélène), « Quelques réflexions en matière de responsabilité professionnelle du notaire », *Revue pratique du notariat belge*, n° 2979, 2004, p.450-465.

COLIN (Frédéric), « Le notaire salarié : un hybride à têtes multiples », *JCP N*, 1993, p.11.

CORNELIS et BEERENS, « Réflexions sur l'obligation d'information, d'avertissement de conseil et d'assistance du notaire », *Revue note belge*, 2003, p.20-96.

COZIAN (Maurice), « Éloge de l'habileté fiscale », *Revue Notariale Fiscale*, n° 1, janvier 2006, p. 10-15.

CRONE (Richard), « La responsabilité pénale du notaire », *Solution notaires*, n° 6, édition Lefebvre Francis, 2016, p. 20-26.

DALCQ (Roger), BOURSEAU (Robert), WATELET (Pierre), « Le notaire : un conseil non un détective », *Revue Lamy droit civil*, novembre 2005, n° 21, p.11-23.

DEBOISSY (Florence), « Le secret professionnel et l'administration fiscale », LPA, 3 février 2005, n° 24, p. 12-32.

DOOH (Collins), « Transactions immobilières privées la loi, toute la loi, rien que la loi », *Lettre des notaires,* édition Chambre nationale des notaires du Cameroun, n° 3, mai-juin-juillet 1997, p. 4-5.

DUBUISSON, CALLEWART, CONNICK, GATHEM, « La responsabilité civile », *Chronique de jurisprudence,* 1996-2007, p. 23-96.

ENGANALIM (Marceline), « Qu'est-ce qu'un titre foncier ? », *Lettre des notaires*, édition Chambre nationale des notaires du Cameroun, n° 2, mars-avril 1997, p. 1-3.

FONT (Giralt), « Le notaire face aux exigences de l'État », *Lettre des notaires*, n° 8, janvier- février-mars 1999, p. 2-6.

GENEVIÈVE (Patrice), « Traité de droit civil », Université Paris 1, centre de recherche en droit privé, 12 place Panthéon, p. 2-8.

GHESTIN (Jacques), « La responsabilité individuelle et collective des notaires en raison de l'insuffisance des gages », *Répertoire du notariat Defrenois*, 28 février 2004, n° 4, D 1971, CHRO, p.117.

GOEMAERE (J), « La responsabilité notariale », *Chroniques notariales*, vol. 58, 2009, p. 307.

GOEMAERE (Jean), « La responsabilité du notaire est-elle contractuelle ou aquilienne ? », *Revue not belge*, 2009, p. 41-65.

GUEGUANG, « Le notaire, sa fonction, la force de ses actes et sa responsabilité », *Lettre des notaires,* Chambre nationale des notaires du Cameroun, n° 10, juillet-août-septembre 2000, p. 8-14.

HARRISOU (Abdoulaye), « L'enjeu immobilier », *Lettre des notaires,* chambre des notaires du Cameroun, n° 2, mars-avril 1997, p. 2-5.

HARRISOU (Abdoulaye), « Le notaire face aux exigences de l'État », *Lettre des notaires,* édition chambre des notaires du Cameroun, n° 8, janvier-février-mars 1999, p. 2-4.

HARRISOU (Abdoulaye), « Pour une modernisation du droit immobilier », *Lettre des notaires,* édition Chambre des notaires du Cameroun, n° 3, mai-juin-juillet 1997, p. 2-8.

KHUN (Jean-Pierre), « Le devoir de conseil face à un client expérimenté », *La semaine juridique notariale et immobilière*, 3 mai 2002, n° 18, Cass. 3e civ. 21 nov. 2001, p.16.

KUHN (Jean-Pierre), « Préface du Comité notarial d'information Manuel », Paris, édition *Dalloz de droit usuel Dalloz*, 1962, mise à jour au 1er juin 1970, p. 21.

LOTIN (Emmanuel), « Le rôle du notaire dans les transactions immobilières », *Lettre des notaires,* édition Chambre nationale des notaires du Cameroun, n° 2, mars-avril 1997, p. 3-6.

MANA (Jean), « Un mode de sécurité renforcée par l'OHADA », *Lettre des notaires*, édition Chambre des notaires du Cameroun, n° 8, 1999, p. 5

MAZEAUD et TUNC, « Traité théorique et pratique de la responsabilité civile : délictuelle et contractuelle », tomes 1 et 2, *Revue internationale de droit comparé*, 1959, volume 11, n° 4, p. 824.

MELOTTE (Catherine), « La responsabilité professionnelle des notaires », *Responsabilités*. Traité théorique et pratique, titre II, dossier 28, 2005, p.15- 152.

MENYE ONDO (Xavier), « La procédure d'attribution des lots communaux et domaniaux : une garantie précaire pour les citoyens », *Lettre des notaires,* édition Chambre nationale des notaires du Cameroun, n° 3 mai- juin-juillet 1997, p. 4

OLLARD (Romain), « La distinction du dommage et du préjudice en droit pénal », *Revue de science criminelle et de droit pénal comparé*, 2010, n° 3, p. 561 -585.

OMARJEE (Irmane), « Personnes et familles », *Revue juridique*, RJPF Édition du JNA, janvier 2009, n° 1, p. 60-95.

PARANCE (Béatrice), « La confirmation très nette du caractère absolu du devoir de conseil des notaires », *Lamy droit du contrat*, septembre 2007, p.2-16.

PIÉDELIÈVRE (Stéphane), « Plaidoyer pour une application raisonnée du devoir de conseil du notaire », *Lamy droit de la responsabilité*, décembre 2006, p. 12-23.

PILLEBOUT (Jean-François), « Déclaration de succession – Information des héritiers sur leurs obligations fiscales », *Revue Notariale fiscale*, n° 5, mai 2008, p. 4.

POULPIQUET (Jeanne), « La responsabilité civile et disciplinaire des notaires (de l'influence de la profession sur les mécanismes de responsabilité) », *Revue internationale de droit comparé,* année 1975, volume 27, numéro 1, pp. 291-292.

SAGAUT (Jean-François), « Notaires : la religion du secret », *Droit et patrimoine*, septembre 2000, p.1- 65.

SAVATIER (Robert), « Traité de la responsabilité civile en droit français civil, administratif, professionnel, procédural » *Revue internationale de droit comparé*, 1950, volume 2, n° 4, p. 799-802.

SOME ALAM EBOUTOU (Marquise), « Quelle garantie pour votre patrimoine immobilier ? », *Lettre des notaires,* édition Chambre nationale des notaires du Cameroun, n° 2, mars-avril 1997, p. 5-9.

TAYSMANS (Jean-François), « Quand le notaire peut-il légitimement refuser de prêter son ministère ? », *Revue du notariat,* éditions Larcier, p.12-90.

ARTICLES ET LOIS

Acte uniforme OHADA 2014, 4e édition, Juriscope, 2014, 1752 p.

Code civil Cameroun

Code civil Niger

Code Civil Sénégal

Code civil Togo

Code général des impôts Cameroun 2014

Code général des impôts Congo 2019

Code général des impôts Cote d'ivoire 2018

Code général des impôts Gabon 2017

Code général des impôts Mali

Code général des impôts Niger 2019

Code général des impôts Tchad 2018

Code général des impôts Togo 2018

Code pénal Cameroun 2016

Code pénal Niger

Constitution du Cameroun, 1996

Décret n° 2002/356 du 23 juillet 2002 fixant modalité et application de la loi 04 septembre 1997

Décret n° 2002-1032 du 15 octobre 2002, portant organisation de la profession de notaire au Sénégal

Décret n° 2009-328 du 8 avril 2009, portant organisation de la profession de notaire au Sénégal

La loi n° 2006/015 du 26 décembre 2006 portant organisation judiciaire au Cameroun

Loi 32- 09 du 22 novembre 2011 au Maroc, publiée le 24 novembre 2012, organisant le notariat marocain

Loi n° 017-89 du 29 septembre 1989, portant institution du notariat en République populaire du Congo

Loi n° 034/1995 portant statut et organisation de la profession de notaire au Cameroun

Loi n° 2001-009 du 16 novembre 2001 fixant statut des notaires au Togo

Loi n° 2002-15 du 30 décembre 2002 portant statut des notaires au Benin

Loi n° 2006/015 du 29 décembre 2006 portant organisation judiciaire au Cameroun

Loi n° 2016/007, 12 juillet 2016, Code pénal camerounais

Loi n° 2016-12 du 15 juillet 2016 portant création et organisation de la fonction de notaire en République démocratique du Congo

Loi n° 2018-35 du 24 mai 2018 portant statut des notaires au Niger

Loi n° 69-372 du 12 août 1960 portant statut du notariat en Côte d'Ivoire, modifiée et complétée par la loi n° 97-513 du 4 septembre 1997

Loi n° 8/73 du 20 décembre 1973 fixant statut des notaires au Gabon

Loi n° 82-01 du 4 janvier 1982 fixant le statut des notaires en Centrafrique

Loi n° 96-023 du 4 décembre 1995 portant statut des notaires au Mali

Loi n° 2006/003 du 25 avril 2006 relative à la déclaration des biens et avoirs Cameroun

Loi ventôse de l'An 11 X1

Ordonnance n° 45-2590 du 2 novembre 1945 en France

Ordonnance n° 92-052/PRES/PM/MJ du 21 octobre 1992 modifié par la loi du 7 mai 2019

Règlement intérieur des notaires Cameroun

WEBOGRAPHIE

ABDOULAYE HARISSOU, « La création du notariat », disponible sur le site, www.radiookapi.net (consulté en avril 2016)

ANF, « Le notaire » en ligne, disponible sur le site, www.notariat francophone.org (consulté en mai 2016)

ANF, « Le notaire », en ligne, disponible sur le site, www.notariat francophone.org (consulté en avril 2016).

ASSOUS LEGRAND (Marie-Lise), « Notaire : absence de responsabilité en cas de promesse de vente non publiée » disponible sur le site www.juritravail.com, 22 -01-2013 (consulté septembre 2017).

ASSOUS LEGRAND (Marie Lise), « Seuls les notaires doivent procéder aux vérifications nécessaires à l'efficacité des actes », disponible sur le site blogavocat.fr, publié le mardi 26/02/2013 (consulté en septembre 2017).

Aurélien (B.), « La rétroactivité de la loi fiscale », en ligne, in site, https://aurelienbamde.com/2016/09/07/la-retroactivite-de-la-loi-fiscale (consulté le 8 septembre 2019)

BERLAUD (Catherine), « Responsabilité du notaire en matière de fiscalité de l'opération immobilière », www.fr.viadeo.com, disponible en ligne, publié le 11 janvier 2018 (consulté le 3 février 2019)

BOLUZE Léa, « Taxation d'office définition, règle et procédure », en ligne, in site, https://www.capital.fr/votre-argent/taxation-d-office-1345219 (visité le 18 novembre 2019)

BRAUDO (Serge), « Dictionnaire du droit privé », en ligne, disponible sur le site www.dictionnaire-juridique.com (consulté en octobre 2016)

BRAUDO Serge, « Définition cas fortuit », disponible en ligne, in site, https://www.dictionnaire-juridique.com/definition/cas-fortuit.php (consulté le 5 novembre 2019)

CAAF, « Le rôle du notaire » en ligne, disponible sur le site, www.notariatafrique.org (consulté en avril 2016)

CAAF, « Université des notaires d'Afrique à Cotonou », 23 au 27 mai 2016, en ligne, disponible sur le site www.notairedubenin.org (consulté en avril 2016).

CAAF, « Université des notaires d'Afrique à Yaoundé », 22 avril 2009, en ligne, disponible sur le site www.africapress.over-blog. com, (consulté en avril 2016).

CAAF, « Le rôle du notaire », en ligne, disponible sur le site www.notariatafrique.org (consulté en avril 2016)

CAAF, « Université des notaires d'Afrique à Cotonou », 23 au 27 mai 2016, en ligne, disponible sur le site www.notairedubenin.org, (consulté en juin 2016)

CAAF, « Université des notaires d'Afrique à Yaoundé », 22 avril 2009, en ligne, disponible sur le site www.africapress.over-blog.com (consulté en avril 2016)

YADAN PESAH (Caroline), « Absence de responsabilité du notaire dans la rédaction du projet d'acte », en ligne, disponible sur le site www.juritravail.com, modifié le 27/04/2015 (consulté en avril 2016)

YADAN PESAH (Caroline), « Irresponsabilité du notaire informant mal ses clients », en ligne, disponible sur le site www.legavox.fr, modifié 16/05/2014 (consulté en avril 2016)

YADAN PESAH (Caroline), « Le notaire échappe à sa responsabilité bien qu'il ait mal informé ses clients », en ligne, disponible sur le site www.juritravail.com, modifié le 16/05/2014 (consulté en avril 2016)

YADAN PESAH (Caroline), « Le notaire n'est pas responsable de ce que les parties font d'un projet acte » en ligne, disponible sur le site www.documentissime.fr, modifié 11/12/2012 (consulté en février 2016)

CNPL, « Définition des professions libérales », en ligne, disponible sur le site, www.cnpl.org, (consulté avril 2016)

UINL, « Le notaire et le rôle de la chambre », en ligne, disponible sur le site www.uinl.org, (consulté en mars 2016)

CNPL, « Définition des professions libérales », en ligne, disponible sur le site, www.cnpl.org, (consulté en mars 2016)

Cour de cassation française « Caractérisation du préjudice », en ligne, in site, https://www.courdecassation.fr/publications_26/rapport_annuel_36/rapport_2007_2640/etude_sante_2646/dommages_survenus_2650/reparation_dommages_2652/caracterisation_prejudices_11384.html#2.2, (consulté le 21 décembre 2019)

CSN, « Le notaire », en ligne, disponible sur le site www.notaire.fr (consulté en février 2016)

DECARRE (Olivier), « Transactions immobilières : combien touche réellement le notaire ? », en ligne, in site, www.argent boursier.com, publié le 28/07/2014 (consulté avril 2015)

Direction générale des impôts au Niger, « Le recouvrement », en ligne, in site, en ligne, http://www.dgi.ga/recouvrement, (consulté le mardi 10 septembre 2019)

Direction générale des impôts du Niger, « Le recouvrement fiscal des impôts au Niger », en ligne, in site http://www.impots.gouv.ne/missions/recouvrement (consulté le 9 septembre 2019)

Direction générale des impôts du Niger, « Le recouvrement », en ligne, in site http://www.dgi.ga/recouvrement (consulté le mardi 10 septembre 2019)

Droit-finances, « Réclamation fiscale et recours », en ligne in site, https://droit-finances.commentcamarche.com/contents/847-reclamation-fiscale-et-recours,en ligne, publié en novembre 2019 (visité le samedi 16 novembre 2019)

DUSSAUD, GALLINE, GARCIA, GRUMBERG et JIRSA, « Responsabilité notariale », en ligne, disponible sur le site www.village-notaires.com (consulté en septembre 2017)

GABRIEL NEU-JANICKI, « Responsabilité du notaire : levée d'un état hypothécaire », en ligne, disponible sur le www.neujanicki.com, publié le vendredi 9 avril 2010 (consulté en avril 2016)

GABRIEL NEU-JANICKI, « Responsabilité du notaire et vices cachés », en ligne, disponible sur le site www.neujanicki.com, publié le mercredi 27 mai 2009 (consulté en mai 2019)

GABRIEL NEU-JANICKI, « Responsabilité du notaire », en ligne, disponible sur le site www.actualites.belles.demeures.com (consulté en avril 2016)

GABRIEL NEU-JANICKI, « Vente et responsabilité du notaire en cas de moindre surface » en ligne, disponible, sur le site www.delegimo.com publie en 2016 (consulté en août 2018)

GABRIEL SIGNALET, « La responsabilité civile du notaire », en ligne, disponible sur le site www.conseil-droitcivil.com (consulté en août 2018)

GILDAS NEGER, « La responsabilité civile des notaires », en ligne, disponible sur le site http://www.village-justice.com/articles/responsabilité-civile-notaires,14861.html, mis à jour le jeudi 11 juillet 2013 (consulté en mars 2018)

HACENE Anaïs, « Redressement fiscal : manquement du notaire à son obligation d'information et de conseil », en ligne, in site, www.dalloz-actualite.fr (visité le mardi 3 décembre 2019)

HARISSOU (Abdoulaye), « La création du notariat », en ligne, disponible sur le site, www.radiookapi.net (consulté en avril 2016)

ROY (Laurence), « Notaires, banquiers, etc., quelle responsabilité ? », en ligne, disponible, in site www.leparticulier.fr (consulté le 14 février 2018)

ROY (Laurence), « Responsabilité professionnelle : le devoir de conseil s'étend aux risques financiers », en ligne, disponible, in site, le site www.leparticulier.fr (consulté en janvier 2017)

DUSSAUD (Laurie), GALLINE (Axelle), GARCIA (Solange), ÉLÉONORE GRUMBERG et JIRSA (Louis), « Responsabilité notariale », en ligne, disponible sur le site www.village-notaires.com (consulté en avril 2019)

SABOT-BARCET (Maître Sophie) et BOISSET (Jean-Michel) « Les notaires et la transformation digitale », club du droit, en ligne, disponible in www.notaires.fr (consulté le 17 décembre 2019)

ASSOUS LEGRAND (Marie-Lise), « Notaire : absence de responsabilité en cas de promesse de vente non publiée », en ligne, disponible sur le site www.juritravail.com, publié le 22/01/2013 (consulté en janvier 2019)

ASSOUS LEGRAND (Marie-Lise) « Seuls les notaires doivent procéder aux vérifications nécessaires à l'efficacité des actes », en ligne, disponible sur le site blogavocat.fr, publié le mardi le 26/02/2013 (consulté en janvier 2019).

NEGER (Gildas) « La responsabilité civile des notaires », en ligne, in site, www.village-justice.com (visité le 10 décembre 2019).

NEU-JANICKI (Gabriel), « Responsabilité du notaire et vices cachés », en ligne, disponible sur le site www.neujanicki.com, publiée mercredi 27 mai 2009 (consulté en juin 2016)

NEU-JANICKI (Gabriel), « Responsabilité du notaire : levée d'un état hypothécaire », en ligne, disponible sur le www.neujanicki.com, publié le vendredi 9 avril 2010 (consulté en juin 2016)

NEU-JANICKI (Gabriel), « Agent immobilier, notaires, des professionnels responsables », en ligne, disponible sur le site www.leparticulier.fr (consulté en mars 2017)

NEU-JANICKI (Gabriel), « Vente et responsabilité du notaire en cas de moindre surface », en ligne, disponible sur le site www.delegimo.com, publié en 2016 (consulté en août 2016)

NEU-JANICKI (Gabriel), « Responsabilité du notaire », en ligne, disponible in site, www. Responsabilité du notaire.fr, juin 2016

Rédaction *Vie publique*, « Qu'appelle-t-on le verrou de Bercy ? », disponible en ligne, in site, https://www.vie-publique.fr/fiches/24152-quappelle-t-le-verrou-de-bercy, modifié le 7 juin 2019 à 13 h 8 (visité le 18 janvier 2020)

REDOUTEY (Pierre), « Responsabilité civile du notaire peut être engagée en raison d'un écrit fait en dehors de ses fonctions », disponible sur le site www.legalnewsnotaires.com (consulté en septembre 2015)

REDOUTEY (Pierre), « Responsabilité du notaire dans le cadre de la distribution de fonds remis en vertu d'un prêt », disponible sur le site www.legalnewsnotaires.fr (consulté en octobre 2017)

ROY (Laurence), « Notaires, banquiers, etc., quelle responsabilité ? », disponible sur le site www.leparticulier.fr (consulté en avril 2017)

ROY (Laurence), « Responsabilité professionnelle : le devoir de conseil s'étend aux risques financiers (commentaire de jurisprudence) » disponible, in site, en ligne, http://leparticulier.lefigaro.fr/jcms/c_127556/responsabilite-professionnelle-le-devoir-de-conseil-s-etend-aux-risques-financiers-commentaire-de-jurisprudence, publié le 06/05/2011 à 16 h 8 (visité le 29 août 2019)

BRAUDO (Serge), « Dictionnaire du droit privé », disponible sur le site www.dictionnaire-juridique.com

SIGNALET (Gabriel), « La responsabilité civile du notaire » en ligne, disponible sur le site www.conseil-droitcivil.com (consulté en avril 2016)

Simulateur de frais de notaire au Maroc, en ligne, disponible sur, https://www.bankeo.ma/Simulator/NotaryFees (visité le mercredi 24 août 2019)

U.I.N.L, « Le notaire et le rôle de la chambre », disponible sur le site www.uinl.org (consulté en septembre 2016).

YADAN PESAH (Caroline), « Irresponsabilité du notaire informant mal ses clients », en ligne, disponible sur le site www.legavox.fr, modifié le 16/05/2014 (consulté en avril 2017).

YADAN PESAH (Caroline), « Le notaire échappe à sa responsabilité bien qu'il ait mal informé ses clients », en ligne, disponible sur le site www.juritravail.com, modifié le 16/05/2014, (consulté en juillet 2016).

YADAN PESAH (Caroline), « Absence de responsabilité du notaire dans la rédaction du projet d'acte », en ligne, disponible sur le site www.juritravail.com, modifié le 27/04/2015 (consulté en avril 2016).

YADAN PESAH (Caroline), « Le notaire est responsable de ce que les parties font d'un projet acte », en ligne, disponible sur le site www.documentissime.fr, modifié le 11/12/2012 (consulté en mai 2015).

ENTRETIENS

Entretien avec Maître TCHOUKEU Raoul, notaire au Tribunal de première instance de YAOUNDÉ- EKOUNOU, entretien recueilli par conversation internet en septembre 2019, inédit.

Entretien avec Maître WANKOYE Ramatou, sur le notariat, Niamey, Niger, entretien recueilli par conversation internet le 18 juin 2019, 10 h-15 h, inédit.

Entretien avec DIONY Gabriel, 22 mars 2017 à Yaoundé, université Yaoundé II, 15 h 45 - 16 h, inédit.

Entretien avec Adamou Hima Djibril, 4 septembre 2019, université Abdou-Moumouni, Niamey, 15 h 30, inédit.

Entretien avec Adamou Hima Djibril, 4 septembre 2019, Université Abdou-Moumouni, Niamey, 15 h 30, inédit.

Entretien avec NAVANGA, AKONO OLINGA, GUEGUANG Jacky, GUEGUANG WAKA, vendredi 22 novembre 2019, 22 h 30, Niamey, entretien recueilli par conversation internet, inédit.

AUTRES DOCUMENTS

« Chambre inter-régionale des notaires de l'Ouest et Nord-Ouest » (Journées portes ouvertes, Bafoussam, les 1er et 3 avril 2012), 12 p.

La Revue du notariat, Defrénois, n° 10, 30 mai 2011, bimensuel, 1016 p

La Lettre des notaires, n° 002, mars-avril 1998, 24 p.

La Lettre des notaires, n° 003, mai-juin-juillet 1998, 25 p.

La Lettre des Notaires, n° 004, juillet-août-septembre 2000, 22 p.

La Lettre des Notaires, n° 003, mai-juin-juillet 1997, 23 p.

La Lettre des Notaires, n° 002, mars-avril 1997, 24 p.

La semaine juridique notariale et immobilière, 21 mai 2010, hebdomadaire, n° 20, 68 p

Programme d'appui au secteur de la justice, (PAJ) projet 10 FED EUROPEAID/127791/D SER/CM, sur le thème « Les contours de la fonction notariale : missions », limbe 16 au 19 juillet 2012, 30 p.

Rapport du 26e congrès des notaires 2014, Rabat, 107 p.

Rapport du Togo, Congrès de Brazzaville, février-mars 1999, Lomé, 45 p.

Rapport et les 15 propositions du 110e congrès des notaires de France du 11 mai 2015, 1022 p.

Rapport général du 27e congrès des notaires d'Afrique, *Pratique notariale et développement économique*, Oran, CAAF, 11-14 décembre 2015, 105 p.

Rapport, *Sécurité juridique, un défi authentique*, 111e congrès de France, Strasbourg, 10-13 mai 2016, 1022 p.

Solution notaires, le mensuel, édition Francis LEFÈVRE, juin 2016, n° 6, 32 p.

Solution notaires, le mensuel, édition Francis LEFÈVRE, juin 2011, n° 1, 38 p.

INDEX

P

Q

R

S

T

TABLE DES MATIÈRES

Structures éditoriales du groupe L'Harmattan

L'Harmattan Italie
Via degli Artisti, 15
10124 Torino
harmattan.italia@gmail.com

L'Harmattan Hongrie
Kossuth l. u. 14-16.
1053 Budapest
harmattan@harmattan.hu

L'Harmattan Sénégal
10 VDN en face Mermoz
BP 45034 Dakar-Fann
senharmattan@gmail.com

L'Harmattan Cameroun
TSINGA/FECAFOOT
BP 11486 Yaoundé
inkoukam@gmail.com

L'Harmattan Burkina Faso
Achille Somé – tengnule@hotmail.fr

L'Harmattan Guinée
Almamya, rue KA 028 OKB Agency
BP 3470 Conakry
harmattanguinee@yahoo.fr

L'Harmattan RDC
185, avenue Nyangwe
Commune de Lingwala – Kinshasa
matangilamusadila@yahoo.fr

L'Harmattan Congo
67, boulevard Denis-Sassou-N'Guesso
BP 2874 Brazzaville
harmattan.congo@yahoo.fr

L'Harmattan Mali
ACI 2000 - Immeuble Mgr Jean Marie Cisse
Bureau 10
BP 145 Bamako-Mali
mali@harmattan.fr

L'Harmattan Togo
Djidjole – Lomé
Maison Amela
face EPP BATOME
ddamela@aol.com

L'Harmattan Côte d'Ivoire
Résidence Karl – Cité des Arts
Abidjan-Cocody
03 BP 1588 Abidjan
espace_harmattan.ci@hotmail.fr

Nos librairies en France

Librairie internationale
16, rue des Écoles
75005 Paris
librairie.internationale@harmattan.fr
01 40 46 79 11
www.librairieharmattan.com

Librairie des savoirs
21, rue des Écoles
75005 Paris
librairie.sh@harmattan.fr
01 46 34 13 71
www.librairieharmattansh.com

Librairie Le Lucernaire
53, rue Notre-Dame-des-Champs
75006 Paris
librairie@lucernaire.fr
01 42 22 67 13

www.ingramcontent.com/pod-product-compliance
Lightning Source LLC
LaVergne TN
LVHW011301061026
849535LV00005B/1341
* 9 7 8 2 3 4 3 2 4 7 5 7 1 *